> 지은이 **콜린 베번** Colin Beavan

환경에 '임팩트'를 주지 않고 사는 것이 과연 가능한 일일까? 역사 분야 저술가이며 환경에는 문외한인 콜린 베번이 이 책 『노 임팩트 맨』을 통해 해답을 찾아나선다. 그는 환경위기로부터 지구를 구하기 위해 플라스틱 사용을 금지하고, 유기농 식단을 고집하며, 자전거 마니아가 되고, 전기를 끊는다. 게다가 어린 딸과 프라다를 사랑하는 부인까지 이 1년 프로젝트에 동참시킨다. 바로 그가 노 임팩트 맨이고, 이 책은 그가 펼친 모험담이다. 공약을 실천에 옮기고, 환경에 근본적으로 아무런 영향을 끼치지 않으면서 다른 곳도 아닌 뉴욕에서 평범한 일상을 살아가기로 결심한 한 남자의 놀랍고 유쾌하고 감동적인 이야기이다.

환경에 영향을 주지 않는 생활방식이란 어떤 것일까? 따라할 수 있을까? 이렇게 살면 만족스러울까 아니면 분통이 터질까? 우리는 모두 쓰레기가 헤픈 소비자가 될 수밖에 없는 운명일까, 아니면 이 사회의 장벽이 낮아져서 친환경적인 생활이 전구를 바꾸는 것처럼 쉬운 일이 될 수 있을까? 이 황당한 시도의 한복판에 그 해답이 들어 있는데, 환경에 영향을 미치지 않는 생활이 살아볼 가치가 있을 뿐 아니라 더욱 풍요롭고 충만하고 만족스럽다는 사실을 알리는 것이 콜린 베번의 바람이다.

콜린 베번은 www.noimpactman.com에 정기적으로 환경에 대한 글을 올리고 있다. 현재 뉴욕 시의 아파트 9층에서 아내와 어린 딸, 강아지 한 마리와 살고 있다.

노 임팩트 맨

No Impact Man
Copyright © 2009 by Colin Beavan
All rights reserved including the rights of reproduction in whole or in part in any form.

Korean Translation Copyright © 2010 by Bookhouse Publishers Co., Ltd.
This translation is published by arrangement with Janklow & Nesbit Associates
through Imprima Korea Agency

이 책의 한국어판 저작권은 Imprima Korea Agency를 통해
Colin Beavan c/o Janklow & Nesbit Associates와의 독점 계약으로
(주)북하우스 퍼블리셔스에 있습니다.
저작권법에 의해 한국 내에서 보호를 받는 저작물이므로
무단전재와 무단복제를 금합니다.

노 임팩트 맨
NO IMPACT MAN

뉴욕 한복판에서
환경에 영향을 주지 않고 살아남기
1년 프로젝트

콜린 베번 지음 | 이은선 옮김

북하우스

미셸, 당신에게, 내 가장 깊은 사랑과
언제까지나 벽에 글을 썼으면 하는 바람을 담아서

한국어판 서문

나는 한국에 한 번도 가본 적이 없기 때문에 그곳 생활에 대해 아는 척할 수 없지만, 이곳 미국 생활에 대해서는 이야기할 수 있다. 이곳에서는 다들 행복하고 건강하게 살지 못한다.

내 친구들을 보면 대부분 이른바 '아메리칸 드림'을 이루었다. 그들은 미국적인 가치관에 걸맞게 살고 있다. 근사한 직업에 돈도 많다. 하지만 사랑하는 사람들과 충분한 시간을 보내지 못한다. 대부분 자기와 추구하는 바가 다른 회사에서 일을 한다. 그 때문에 의미 없는 삶을 사는 것처럼 공허하게 느껴진다.

그런데 우리는 이렇게 만족스럽지도 않은 생활을 하면서 너무 많은 석탄과 기름을 소비해 대기를 온실가스로 채우고 있다. 이렇게 사느라 우리 별의 온도를 바꾸고 있다. 신나게 즐기지도 못하면서 우리가 사는 곳을 난장판으로 만들고 있는 것이다.

그래도 희소식이 있다. 인류는 지금 수많은 위기에 직면해 있다. 기후위기도 있고, 경제위기도 있다. 하지만 이런 위기는 현재를 다시 점검하고 새롭게 시작할 수 있는 좋은 기회가 된다. 우리는 더 나은 생활방식을 찾을 수 있다. 우리 자신을 위해 그리고 우리 별을 위해.

나는 이 책에 소개한 프로젝트를 진행하면서 그럴 수 있다는 믿음을 가지게 되었다. 예전에는 환경을 생각하면 많은 것을 포기하면서 살아야 하는 줄 알았다. 그런데 소비주의에서 한 걸음 물러서는 순간, 정신없이 살던 예전에는 누릴 수 없었던 수많은 즐거움을 발견했다.

이것은 전세계 모든 나라에 적용되는 이야기다. 지금까지 우리가 이룩한 놀라운 과학기술의 혜택을 조금 누리면서 자연과 더불어 살았던 우리 조상들의 지혜를 기억하면 더 잘 살 수 있다. 더 행복하게 살 수 있다. 더 건강하게 살 수 있다.

이 문제는 사회 지도층에 맡기면 되는 것이 아니라 우리들 각자가 노력을 기울여야 하는 일이다. 노 임팩트 맨은 내가 1년 동안 이 세상에 기여할 방법을 생각하다 탄생시킨 황당한 발상이었다. 여러분도 나처럼 노 임팩트 맨이 될 필요는 없다. 하지만 전세계적으로 더 나은 생활방식을 찾는 일에 여러분도 동참해주었으면 좋겠다. 여러분도 굿 임팩트 맨 아니면 굿 임팩트 우먼이 될 수 있는 방법을 찾았으면 좋겠다.

여러분과 나와 우리 모두가 아니면 어느 누가 나설 수 있겠는가.

뉴욕에서
콜린 베번

추천사

대도시 한복판에서
지구를 위해 산 사람의 놀라운 이야기

 결론부터 말하자면 나는 노 임팩트 맨처럼 못 살 것이다. 아니 못 산다. 그래서 이 책의 원고를 받아들였을 때 추천사를 쓰겠다고 선뜻 나서지 못했다. "이 책 한번 읽어보세요. 지구에 '노 임팩트'하는 삶, 도전해볼 만합니다"라고 말하기가 스스로부터 어려웠던 탓이다.
 직업이 환경운동가인 나는 글쓴이처럼 환경에 아무런 영향을 끼치지 않는 생태적인 삶을 살지 못한다. 커피를 제외한 테이크아웃 음식은 사먹지 않고, 설거지와 세탁에 합성세제를 쓰지 않으며, 수입과일은 거의 사먹지 않지만(외식할 때 나오는 외국산 과일을 골라내진 않는다) 핵발전소와 화력발전소에서 생산된 전기를 사용하고 있고, 거의 매일 지하철과 택시(주말엔 KTX)를 이용하며, 긴 겨울의 끄트머리에서 주택난방을 하고 살기 때문이다.
 그렇다고 해서 나처럼 사는 모든 이들이 '나는 환경적으로 루저인가봐. 내가 어떻게 살든 지구는 더 나아지지 않아' 하며 물질다소비주의에 편승하고 지구를 위한 작은 실천들을 중단할 일은 아니다. 지구는 다른 행성으로 대체할 수 없으며, 정치·경제·사회 시스템의 생태적 전환 못지않게 우리 모두의 생활습관이 생태적으로 재구성되어야만 현상유지가 가능하기 때문이다.

우리에게 그 가능성을 보여준 이가 나타났다. 노 임팩트 맨이다. 하지만 그처럼 살기가 녹록해 보이지는 않는다. 지구환경에 영향을 주는 어떤 선택도 거부하겠다고 굳게 결심하고 가족을 설득한 글쓴이도 1년의 실험적 삶을 통해서 도저히 목표에 도달하기 어려운 상황이 있음을 고백한다. 왜 안 그렇겠는가? 점점 뜨거워지는 지구가 안타까워서 지구와의 관계 개선을 도모하기 시작했는데 반대로 친구나 이웃, 가족과의 관계가 멀어지고(물론 새로운 관계도 형성됐지만), 쇼핑센터나 첨단 빌딩에서 문명인으로 살기에 부적합한 인물로 낙인찍히기도 하며, 아내의 소소한 행복을 가로막는 나쁜(?) 남편이 되어 괴로움을 맛봐야 했는데.

그런데 놀라운 일이다. 우여곡절은 있었지만 대도시 한복판에서 아이와 부부로 구성된 한 가족이 사는 데 화장실 휴지, 화석연료와 전기, 일회용품을 집 안에서 몰아내도 되더라는 것이다. 대중교통도 이용을 극소화하고, 새로운 소비를 창출하지 않으며, 친환경 지역농산물로 매일 건강한 음식(슬로 푸드)을 해먹으며 행복하더라는 것이다. 단절됐던 가족과 이웃과 생산자와의 관계가 회복되고, 새로운 유대가 다른 공간과 차원에서 만들어지더라는 것이다.

그래서 나는 이 프로젝트가 도전 가능하다고 생각한다. 평범한 사람들을 가르치거나 혼내지(운동가들의 충고를 그렇게 생각하는 시민들이 종종 있다) 않고, 일상적인 삶의 방식을 조금만 바꾸면 이상적인 삶을 추구할 수 있다는 것, 그리고 당신도 그렇게 살 수 있다는 것을 노 임팩트 맨은 보여준 것이다. 다만, 한 가지 글쓴이처럼 '노 임팩트 맨'에 도전할 것인가 아니면 '어 리틀(a little) 임팩트 맨'으로 만족할 것인가 하는 선택이 남아 있을 뿐.

지금까지 지구를 살리고 구할 방법을 다룬 지혜와 아이디어, 경험담을 담은 책은 많았다. 세상에 알려진 지구를 살리는 지혜도 세어보면 수천 가지는 될 것이다. 지구인들이 그대로만 살았다면 지금 우리가 목도하고 있는 급격한 기후변화와 그에 따른 생태계, 제3세계 민중들의 삶의 위기는 없었을 것이다.

그러나 그 많은 지혜들을 우리가 외면하고 부담스러워한 나머지 2010년의 지구는 곳곳에서 몸살을 앓는다. 급속도로 늘어나는 커피 소비량 때문에 나무에서 이산화탄소로 산화될 운명의 일회용 컵들이 한반도를 뒤덮고, 에너지 소비량이 절정에 달해 겨울철 전력수급에 비상이 걸리는 자원 과소비 사회에서 과연 우리는 어떤 삶을 살아야 하는가, 이대로 계속 살아도 되는 것인가 하는 고민을 하지 않을 수 없다. 그 고민을 도와줄, 조금은 불편한 친구(나는 기꺼이 그를 친구라고 부른다)가 여기 있다. 바로 노 임팩트 맨이다.

2010년 봄
환경운동연합 사무총장 김종남

한국어판 서문 • 7
추천사 • 9

하나 나처럼 어리석은 인간이 이와 같은 허세에 말려든 사연 • 17
둘 모든 게 엄청난 실수로 밝혀진 첫날 • 37
셋 쓰레기 속에서 내 인생을 발견했을 때 드는 생각 • 57
넷 피자를 종이접시에 놓고 팔지만 않았던들 • 77
다섯 탄소 배출량을 줄이는 동시에 엄마를 자극하는 방법 • 105
여섯 양배추 요리가 세상을 구한다 • 147
일곱 과시적 비(非)소비 • 193
여덟 딸깍 불이 꺼지고 • 223
아홉 피해를 보상하고 남을 만큼 훌륭한 일 • 259
에필로그 화장지 없이 한 해를 지내고 나서 • 283

제작 후기 • 301
부록_ 당신도 세상에 기여할 수 있다! • 303
한국어판 부록_ 한국의 환경단체들 • 333
주석 • 341
감사의 말 • 359
찾아보기 • 363

우리 현인께서 말씀하시길,
자기 땅의 돌을 공유지로 옮기지 말라 하셨다.
그런데 자기 땅에서 공유지로 돌을 옮기는 어떤 남자를
보고 독실한 사람이 말했다.
"어리석은 자여, 어찌하여 네 것이 아닌 땅에서 네 땅으로
돌을 옮기느냐?"
남자는 독실한 사람을 보고 웃었다.
그로부터 며칠 뒤에 남자는 자기 땅을 팔게 되었는데,
공유지를 걸어가다 자기가 옮긴 돌에 발이 걸려 비틀거렸다.
그러자 남자가 말했다.
"독실한 사람이 나에게 말하길 '어찌하여 네 것이 아닌 땅에서
네 땅으로 돌을 옮기느냐고 하더니 정말 그 말이 맞구나."

『바빌로니아 탈무드』, 마세케트 바바 카마 50b

하나

나처럼 어리석은 인간이 이와 같은 허세에 말려든 사연

아내와 어린 딸과 나는 1년 동안 뉴욕 시 한복판에서 살며 환경에 아무런 영향을 미치지 않는 생활을 시도해보았다. 이것은 결국 쓰레기를 만들지 않고(따라서 테이크아웃 음식은 먹을 수 없었다), 이산화탄소를 배출하지 않고(따라서 자동차나 비행기를 이용할 수 없었다), 유독성 화학물질을 하수구로 흘려보내지 않고(따라서 세탁세제를 쓸 수 없었다), 먼 지역의 농산물을 구입하지 않도록(따라서 뉴질랜드 산 과일은 먹을 수 없었다) 최선을 다했다는 뜻이다. 두말할 필요 없겠지만 엘리베이터, 지하철, 포장된 제품, 플라스틱, 에어컨, 텔레비전, 새 물건 구입도 당연히 금지사항이었다.

그런데 좀더 자세히 들어가기 전에 무엇 때문에 '노 임팩트 맨'이 되기로 결심했는지 설명부터 해야겠다. 먼저, 바꾸기 이전의 나에 대한 평가랄지, 회개한 탕아의 과오 인정이랄지, 고백 비슷한 것을 하려고 한다.

발단은 내가 아내 미셸과 벌인 협상이었다.

먼저 배경 설명: 미셸은 아빠의 아멕스 골드 카드, 택시회사와의 외상 거래, 큼지막한 보트, 컨트리클럽 세 군데, 국기에 대한 맹세 속에서 자랐다. 반면에 나는 어깨까지 머리를 기르고, 명품을 한심하게 여기고, 징병을 기피하고 LSD(환각제―옮긴이)를 할 수 있을 만큼 나이가 들기를 바라고, 대안학교에 다니고, 돈에 쪼들리고, 고래를 살리고, 물질만능주의라면 질색이니 부자로 살고 싶지 않다고 생각하며 자랐다.

한번은 매사추세츠 주 웨스트포트에 있는 우리 어머니 집에 찾아갔을 때 미셸이 내가 살던 방 침대에 누워 보기 흉하게 기포가 생긴 천장 타일을 물끄러미 바라본 적이 있었다.

"내가 자란 방 천장은 이것보다는 훨씬 상태가 좋았는데."

그녀의 이 말과, 이 말을 할 때의 표정이 모든 것을 말해주었다.

한편 나와 가장 친한 친구 태너는 어느 날 전화로 말하길 심리치료사에게서 "미셸과 콜린의 여러 차이점에 절망하고 있다"라는 말을 들었다고 했다. 태너의 심리치료사가 내 결혼생활을 분석한 이유는 다음번 상담시간에 알아보도록 태너에게 맡겨야겠지만, 요지는 미셸과 내가 극복해야 하는 부분들이 많다는 것이었다. 내가 이 책에서 소개하려는 이야기도 우리가 맺은 협상과 연관이 있다.

내 쪽에서는 〈브라이드질라〉〈배철러〉, 기타 욕 나오는 수많은 텔레비전 프로그램들을 미셸이 연달아 시청하는 데서 비롯되는 소음공해를 참기로 했다. 나로 말할 것 같으면 리얼리티 쇼를 혐오하는 사람이다. 미셸은 쇼핑 잔치를 벌일 때 모피로 만들었거나 모피가 조금이라도 들어간 물건은 사지 않기로 했다. 그것이 우리의 타협안이었다.

미셸은 모피를 좋아했다. 기다란 모피 코트 자체가 아니라 모피 모자나 모피 안감, 그런 것들을 좋아했다. 미셸은 〈데일리 캔디〉(최신 트렌드와 세일 정보 등을 알려주는 이메일 뉴스레터—옮긴이)와 마크 제이콥스의 하얀색 스텔라 핸드백을 사랑하는 여자였고, 〈섹스 앤 더 시티〉의 캐리 브래드쇼가 나이를 먹어서 결혼을 하고 딸을 낳으면 딱 저렇겠다 싶은 여자였다.

반면에 나는 계집애 같다고 놀림을 당해도 할 말 없지만, 펠리세이즈 파크웨이에서 내장이 다 드러난 너구리나 주머니쥐를 볼 때마다 속이 울렁거렸다. 그리고 오로지 가죽 때문에 죽임을 당하는 조그만 동물들을 생각만 해도 속이 울렁거렸다.

그런데 당시만 해도 가죽구두만큼은 동물에 대한 사랑보다 허영심을 우선시하는 인간의 속성에 대한 걱정에서 제외되었다. '나도 사고 싶다'는 욕망이 서늘한 눈빛을 보내면 명품과 소비지상주의에 대한 경멸은 살짝 물렁해졌다. 나는 52인치 텔레비전을 사놓고 전시용을 싸게 샀으니 소비지상주의에 반기를 들었다고 생각하는 그런 남자였다.

내가 입만 살아 있는 진보주의자였던 것은 아니다. 나는 2000년과 2004년 대선 때 펜실베이니아에 가서 선거운동을 벌였다. '무브온(MoveOn.org)'의 부탁을 받고 투표를 권유하는 전화도 돌렸다. 일종의 서비스 정신을 일상에 도입했고, 남에게 해가 되는 일은 되도록 피했다. 9·11 사건이 있은 뒤에는 세계무역센터 현장에서 자원활동을 했다. 심지어 그를 미워하면 미움으로 가득한 세상을 만들게 된다는 전제 아래 조지 부시를 위해 기도까지 했다.

문제는 세상 돌아가는 정황을 놓고 보았을 때 내가 무언가를 좀더 했어야 하지 않느냐는 것이었다.

텔레비전과 모피 협상을 마치고 몇 개월이 지났을 때 미셸의 고향인 미니애폴리스에서 모피업자를 아버지로 둔 친구가 미셸에게 여우털로 만든 1천 달러짜리 새하얀 숄을 선물했다.

공짜인 데다 여우는 이미 죽었다는 게 미셸의 주장이었다.

여우가 한 마리도 아니고 열 마리가 들어갔다는 게 내 주장이었다. 나는 당신의 그 고약한 텔레비전 때문에 이미 괴로워하고 있고, 이 문제에 대해서는 이미 이야기가 끝나지 않았느냐고 했다.

하지만 그건 당신 생각이라고 미셸이 맞받아쳤다. 그러더니 비장의 카드를 꺼냈다. 부부 상담을 통해 이 문제를 의논하고 싶다는 것이었다.

우리가 실제로 부부 상담을 받은 것은 아니었다. 미셸이 심리치료사에게 상담을 받는 동안 내가 가끔 들렀을 뿐이다. 어찌 되었건 나는 어퍼 이스트 사이드에 있는 상담소로 끌려갔고, 미셸이 상황을 설명했다. 한쪽은 공짜로 받은 여우 숄. 또 한쪽은 남편이 주장하는 모피 절대금지. 미셸은 왜 자기가 남편의 도덕관을 따라야 하느냐고 물었다.

심리치료사가 내 쪽으로 고개를 돌리고 "콜린 씨?" 하고 물었을 때 나는 미셸이 모피를 마음껏 사도 된다고 대답해 두 사람을 깜짝 놀라게 만들었다. 하지만 우리가 맺은 협정에서 해방시켜주는 대신 한 가지 조건이 있는데 — 이 부분에서 나는 살짝 맛이 간 인간처럼 보였을 것이다 — PETA(동물을 윤리적으로 대하려는 사람들의 모임—옮긴이) 책자에서 내가 초록색 형광펜으로 표시한 부분을 미셸이 큰 소리로 읽어야 한다는 것이었다.

"집에 가서 읽을게."

미셸이 말했다.

"안 돼. 우리가 맺은 모피 협정을 취소하고 싶으면 여기 이 자리에서 큰 소리로 읽어."

내가 말했다.

미셸은 장난스럽게 책자를 들고 헛기침을 한 다음 읽기 시작했다. 이로 인해 얻은 성과는 두 가지. 첫째, 미셸은 더 이상 모피를 사지 않기로 했다. 그녀로 말할 것 같으면 인류역사상 가장 마음이 넓은 사람이고, 우리 둘이 겉보기와 다르게 속은 그렇게 극과 극이 아니기 때문이었다. 그리고 둘째, 이것이 이 이야기의 핵심인데, 이 사건을 통해 내가 얼마나 잘난 체하는 멍청이인지가 만천하에 드러나고 말았다. 나만의 지능적이고 설득력 있는 방법을 동원해 부인의 태도를 바꾸게 만들면서 내 태도에 대해서는 전혀 개의치 않았으니 말이다.

사실 나는 가끔 세상을 바꾸려고 애를 쓰기는 했지만, 생각해보면 나의 정치적 견해로 미셸 같은 다른 사람을 바꾸려고 한 경우는 너무 많았던 반면 나를 바꾸려고 한 경우는 거의 없었다.

나는 남의 잘못을 꾸짖으면 내가 고결해진다고 착각하고 있었다. 생각해보니 나는 정치적인 의사를 표시하거나 생활방식을 양보하는 일은 거의 없이 슬그머니 지나가버리면서도, 그 정도도 안 하는 것처럼 보이는 다른 사람들 앞에서 우쭐거리는 데 남은 에너지를 쏟아붓는, 그런 진보주의자가 되어 있었다.

그로부터 1년쯤 뒤에 지구 온난화 이야기가 나왔다. 실제로 그 이야기가 나오기 시작한 건 20년 전부터였지만, 내 진보주의적인 의식 속으로 들어온 게 그 무렵이었다는 뜻이다. 과학자들은 이런 식으로 살면 안 된다고, 그러면 세상이 견딜 수 없다고 말했다. 만년설이 녹고 해수면이 높아지고 가뭄이 올 거라고 했다. 한마디로 지구가 끝장나고 수많은 사람들이 고통을 겪을 거라고 했다.

세계 각국이 유엔기후변화협약에 교토의정서를 추가해 서명국의 온실가스 감축량을 강제적으로 정했다. 하지만 서명국이자 세계에서 온실가스를 가장 많이 배출하는 미국은 의정서 비준을 거부했다.

환경문제에 귀를 닫고 있는 내 조국 미국을 위해 내가 무엇을 했을까? 폭우가 쏟아지면 아무나 붙잡고 우울한 목소리로 "이 이상한 날씨는 조지 부시 때문이야"라고 했다. 대화 도중에 누가 지구 온난화는 하나의 가설에 불과하다고 하면 "과학자들의 이야기에 따르면 사실이야"라고 말하면서 내가 얼마나 단호한지 보여주기 위해 정말로 화난 표정을 지었다. 밖이 너무 더워서 에어컨을 양쪽 다 틀어야 될 것 같으면 내가 그 문제에 일조하고 있다는 사실에 잠깐 의기소침해진 적도 가끔 있었다.

각설하고 2006년. 마흔두 살의 내게는 돌이 되어가는 딸 이자벨라가 있다. 우리는 그리니치 빌리지 5번가의 남쪽에 살고 있다. 1월이건만 바깥 기온이 21도이다. 한겨울인데 사람들이 반바지를 입고 조깅을 한다. 인근 뉴욕대학교 기숙사에 사는 젊은 아가씨들이 탱크톱을 입고 우리 건물 앞을 어슬렁어슬렁 지나간다.

나는 길거리에 나와 있다. 우리 애완견 프랭키를 산책시키는 중이다. 내 주변 사람들은 행복해하지만 나는 아니다. 오히려 걱정이 된다. 나는 우리 건물 현관에 열쇠를 꽂는다. 바닥에 화강암이 깔린 로비를 지나간다. 엘리베이터에 들어선다. 머리가 희끗희끗하고 나이 많은 그리스 출신의 엘리베이터 기사 토미가 말한다.

"너무 따뜻하지 않은가요?"

"그러게요. 지구 온난화 같은 게 벌어지면 얼마나 더 따뜻해질지 생각해보세요."

내가 말한다.

물론 빈정거리는 뜻에서 하는 말이었다. 당시만 해도 사람들은 지구 온난화가 실제로 존재하는지 여부를 놓고 계속 논쟁이 벌였다. 나는 그렇지 않았다. 그 무렵 나는 정말로 불안해지기 시작했다. 뉴스를 보면 내가 이미 피부로 느끼고 있던 사실이 더욱 분명해질 뿐이었다.

여름이 겨울과 곧장 연결된 듯했고, 겨울이 지나면 다시 여름이었다. 내 어린 시절에 겪었던 기나긴 가을과 봄은 사라져버렸다. 나는 그해 12월에 겨울 폭풍을 목격했다. 천둥소리가 미친 듯이 사방을 울렸고, 번개가 번뜩이면 새하얀 눈밭이 섬뜩한 초록색으로 바뀌었다. 나는 북동부에서 겨울을 지내는 동안 천둥과 번개를 동반한 눈보라를 한 번도 본 적이 없었다.

토미는 내가 빈정거리면서 한 말을 듣고 쿡쿡 웃었다. 그가 레버를 앞으로 잡아당기자 엘리베이터가 덜컹거리며 위로 올라갔다. 이러니저러니 해도 우리가 할 수 있는 일은 없었다.

지난 몇 개월 동안 나는 여러 지방을 돌아다니며, 제2차 세계대전 당시 연합군이 프랑스에서 벌인 비밀작전에 대해 집필 중인 책에 대해 사람들과 의견을 나누었다. 그러니까 다른 말로 하면 오늘 어떤 일이 벌어질지 죽을 만큼 두려워하면서 지난 몇 개월 동안 60년 치 과거에 대해 이야기하고 다녔다는 뜻이다.

그날 내가 엘리베이터 안에서 이런 생각들을 했다.

나는 북극의 얼음이 너무 빠르게 녹아서 먹이를 찾으러 나선 북극곰들이 몇 백 킬로미터로 멀어져버린 유빙 사이를 헤엄치다 익사하고 있다는 기사를 읽은 적이 있었다. 연구원들은 축 늘어진 북극곰들의 하얀 몸뚱이가 바다 한가운데에서 아래위로 까딱거리는 것을 보고 이 사실을 알게 되었다.

그보다 더 심각한 것은 굶주린 북극곰들이 서로 새끼를 잡아먹는다는 사실이었다. 우리가 태우는 숱한 화석연료 때문에 하늘이 이산화탄소와 기타 온실가스로 뒤덮이고, 기온이 높아지고, 만년설이 녹고, 북극곰들이 먹이를 구할 수가 없어 서로 새끼를 잡아먹고 있다.

여러분도 다 들어본 이야기일 것이다. 하지만 2006년 당시에 적어도 나에게는 새로운 사실이었다.

하지만 내가 정말로 절망한 것은 지구를 꾸준히 파괴하는 생활방식이 우리를 행복하게 만들지도 못한다는 사실이었다. 어마어마한 파티를 벌이고 아침에 일어나보니 집이 난장판인 경우라면 그래도 떠들썩하고 신나는 시간을 보냈다고 말할 수 있겠다. 하지만 일반적으로 보았을 때 우리 별에 사는 65억의 인구는 전혀 행복하지 못했다.

식량과 깨끗한 식수가 심각하게 부족한 사람들은 둘째 치고, 뉴욕을 비롯해 신속한 소비문화로 점철된 이 세계 곳곳에 사는 수많은 나의 지인들조차 그들이 노력 끝에 얻은 인생, 그들이 바라던 인생에 만족하지 못하고 있었다.

우리는 너무 열심히 일을 하느라 사랑하는 사람들과 보낼 시간이 부족하기 때문에 외로워진다. 우리가 하는 일에 확신이 없기 때문에 몸을 판 듯한 기분을 느낀다. 우리의 독창적인 능력이 회사에서는 무용지물이기 때문에 성취감을 느끼지 못한다. 좀더 넓은 세계와 맞닿아 있는 부분이 거의 없기 때문에 의미를 찾지 못한다.

운이 좋은 사람들은 이런 희생의 대가로 값비싼 장난감과 모험— 대형 자동차와 보트, 플라즈마 텔레비전, 비행기를 타고 다니는 세계여행— 을 누릴 수도 있다. 하지만 이와 같은 위로를 통해 불만이 일시적으로 잊혀질지는 몰라도 완전히 없어지지는 않는다.

때 아니게 따뜻했던 그날 나는 엘리베이터에서, 많은 사람들이 좋아하지도 않는 생활방식을 유지하려고 오랜 세월 동안 일에 매달리고 있는 현실을 깨달았을 뿐 아니라, 나의 희망사항일지는 모르겠지만, 이런 생활방식이 지구를 죽이고 있다는 사실에 눈을 뜨고 있다고 생각했다. 지구 온난화 덕분에 세계는 말라리아의 공격, 그 어느 때보다도 강력하고 빈번한 계절풍과 허리케인, 수많은 사람들의 조국을 앗아갈 해수면 상승에 직면하고 있다.

어떤 것들을 고민해야 할까?

한겨울에 찾아온 그 여름날, 나는 오도 가도 못하게 된 듯한 심정이었다. 처음에는 세계정세가 문제라고 생각했다. 그런데 엘리베이터 안에서는 그게 아닌 듯한 기분이 들었다.

나는 아무나 붙잡고, 지금이 비상사태라고 불평하곤 했다. 그런데 그렇게 불평을 늘어놓으면서도 모든 게 아무 문제 없는 것처럼 생활하고 행동하고 있었다. 평소처럼 평범한 일상을 보냈다. 일어나서 우리 딸 이자벨라를 베이비시터에게 맡기고, 하루 종일 글을 쓰다 딸아이를 데리러 가고, 텔레비전을 보는 생활의 반복이었다. 내가 세계문제를 위해 무엇을 할 수 있다는 생각조차 하지 않았다. 어찌되었건 정부가 아무것도 하지 않는데, 내가 무엇을 할 수 있을까 싶었다. 역사책을 또 한 권 쓰면 되려나?

하지만 이게 과연 내가 원하는 나의 모습일까? 이런 상태를 나는 받아들일 수 있을까? 절망하면서 절대 아무것도 하지 않는 것을? 나는 세계정세 때문에 오도 가도 못하게 된 걸까? 아니면 자초한 무력감 때문에 오도 가도 못하게 된 걸까?

무슨 이유에서인지 모르겠지만, 나는 따뜻했던 겨울의 그날 엘리베이터 안에서 나의 문제는 세계정세가 아닐지 모른다는 사실을 문득 깨달았다. 나의 문제는 게으름이었다. 나는 어떤 문제에 대해 병이 날 정도로 걱정을 하면서 아무것도 안 하고 있었다. 내가 신물이 난 건 세상이 아니었다. 나 자신이었다. 편안하고 느긋하게 무기력한 척하는 내 모습이었다.

내가 사는 9층에서 토미가 엘리베이터를 세워주었다. 나는 그저 엘리베이터를 탄 것에 불과했다. 걸린 시간도 몇 초에 불과했다. 영하 1도여야 하는데 21도를 기록한 날에 불과했다. 그런데 문득 이런 궁금증이 생겼다.

내가 정말 아무것도 할 수 없을까? 나 같은 사람은 세상에 기여할 수 없는 걸까? 아니면 내가 너무 게으르거나 겁이 많아서 시도조차 하지 않는 걸까?

겨울이 훌쩍 지나 여름이 시작되었고 — 봄은 또다시 실종되었다 —

나는 저작권 업무를 대행해주는 에이전트 에릭 사이머노프와 점심을 먹었다. 우리는 수많은 출판계 인물들이 즐겨찾는 맨해튼 한복판의 '비컨'에 갔다. 유리잔들이 쨍하고 맞부딪쳤다. 동료들이 고개인사를 했다. 우리가 만난 이유는 내 차기작을 의논하기 위해서였다.
"역사물은 더 이상 쓰지 않겠어요."
내가 말한다.
"소설을 쓰고 싶다는 말은 하지 말아주세요."
그가 말한다.
에릭은 나 같은 사람들이 글을 써서 그럭저럭 먹고살 수 있도록 돕는 데는 베테랑이다.
"아니, 소설은 싫습니다."
나는 이렇게 말하고, 지구 온난화에 대해 디너파티 용 일장연설을 늘어놓는다.
나는 점심을 맛있게 먹고 싶을 따름인 가엾은 에릭에게, 환경문제의 시급함을 알리는 보고가 쏟아지고 있는데 정부와 대기업이 대응하는 속도는 기껏해야 거북이걸음이라고 이야기한다. 긴급 보고서에 따르면 2050년까지 온실가스 배출을 최소한 80퍼센트 줄여야 지구 온난화가 걷잡을 수 없이 악화되는 것을 막을 수 있다. 그런데 엑손 같은 기업들은 대처방안을 마련하기는커녕 은밀한 PR전략을 동원해 경고를 전하려는 기관들을 깎아내린다. 그런가 하면 정치인들은 "지구 온난화가 기정사실이 아니라 하나의 가설로 다시 자리매김하도록" 애를 쓰고 있다.
당시에 나는 민주당원이 백악관 주인이 되면 환경문제에 대응하는 속도가 눈 돌아가게 빨라지지 않을까 생각했다. 기표소에 들어가면 유권자는 빨간 손잡이를 당기든 파란 손잡이를 당기든 결국에는 '큰일'에 한 표 던지는 것이다. 그런데 지구 온난화에 대해 무슨 수를 써달라고 정치인들의 후원금 모금함을 돈다발로 채워주는 것이 큰일은 아니다.

"에릭, 지금 우리가 우리 별에 무슨 짓을 하고 있는 걸까요?"

나는 울부짖으며 계속 야단법석을 떨었다.

하와이에서 요트를 타고 서쪽으로 출발하면 얼마 안 있어 태평양 한 가운데서 뱅글뱅글 제자리를 돌며 둥둥 떠 있는, 크기가 미 대륙의 두 배에 달하는 거대한 플라스틱 쓰레기장을 통과한다. 1만4천 개의 캐나다 호수로 낚시를 떠나더라도 산성비 덕분에 더 이상 수중생물이 살지 않기 때문에 빈손으로 돌아오게 된다. 새 구경을 한답시고 숲 속으로 산책을 나서더라도 우리가 화장지와 일회용 종이컵을 만드느라 삼림지를 해마다 1295만 헥타르씩 잘라내고 있기 때문에 노란색의 커다란 불도저만 목격하게 된다.

우리가 우리 자신에게 저지르고 있는 짓은 이것뿐만이 아니다. 예를 들어 여기 이 뉴욕 시만 해도 사우스 브롱크스에 사는 아이들은 네 명 중 한 명 꼴로 천식을 앓고 있는데, 대개 뉴욕 시민들의 쓰레기를 실어 나르는 트럭의 매연 때문이다. 한편 전문가들의 밝힌 결과에 따르면 간질환, 불임, 파킨슨병, 유방암, 전립선암, 유아기 자폐증을 비롯한 수많은 질병의 원인이 우리 몸에서 공기와 물과 흙으로 배설되는 유독성 화학물질 때문이라고 한다.

따라서 우리는 지구를 파괴하며 신나는 파티를 즐기고 있는 게 아니다. 오히려 정반대이다. 우리가 느끼는 불안감과 죄책감이 다른 시대 같으면 행동으로 표출되었을 텐데, 요즘 시대에는 오히려 끔찍한 무력감으로 연결되고 있다.

나는 에릭에게 말하길, 그러니까 요점이 뭔가 하면 나의 가치관에 부합되는 일을 하고 싶다는 것이었다. 나는 의미 있는 글을 쓰고 싶었다. 사람들의 발상을 바꾸는 데 도움이 되고 싶었다. 방종은 조금 줄이고, 서로를 위해 그리고 이 지구를 위해 인정은 조금 더 베푸는 방향으로 사회를 자극할 수 있는 방법을 찾고 싶었다.

에릭은 이렇게 말하는 수밖에 없었다.

"그런 책이라니 좌절인데요. 따분하겠어요. 선생님 말씀이 틀렸다는 게 아니라, 독자들이 24달러 95센트를 내고 자기가 얼마나 헛살았는지 깨우쳐주는 책을 살 거라고 제가 무슨 수로 출판사를 설득할 수 있겠습니까? 그리고 만의 하나, 자기가 얼마나 헛살았는지 듣고 싶어하는 독자가 있더라도 이쪽 방면에는 경력이 전혀 없는 역사책 저술가인 선생님을 찾을 이유가 없지 않겠습니까? 차라리 소설을 쓰는 건 어떠세요?"

에릭은 농담을 했다.

그날 오후에 우리 아파트 현관문을 여는데, 인위적인 냉기가 불어오는 게 느껴졌다. 에릭의 말이 맞다는 건 나도 알고 있었다. 집에 아무도 없는데 에어컨을 켜놓는 사람이라면 전문가적인 측면에서 환경을 운운할 자격도 없거니와 윤리적인 측면에서도 그럴 자격이 없었다. 미셸과 모피코트 사건의 재연이었다. 다른 사람들을 바꾸고 싶어하면서 거울을 들여다볼 마음은 없거나, 아니면 들여다보지도 못하는 것과 다름없었다.

내가 아직 학생이었다면 나를 상대로 데모를 벌였을 것이다.

내가 처한 난감한 상황을 한마디로 요약하는 선문답이 있다. 오래전 중국에서 남천선사의 절로 흘러들어간 길 잃은 고양이가 있었다. 고양이는 어떨 때는 동관에 거처하는 선승들의 무릎에 누웠고, 또 어떨 때는 서관에 거처하는 선승들의 무릎에 누웠다. 그런데 선승들은 이 고양이를 함께 잘 돌보지 못하고 서로를 질투하기에 이르렀다.

"우리가 너희보다 더 사랑하니 이 고양이는 우리와 함께 지내야 한다."

"무슨 소리. 우리가 고양이 기르는 법을 더 잘 알고 있으니 우리와 함께 있어야 한다!"

하루는 선승들이 명상을 하는 선방 한가운데에서 말다툼이 벌어졌다. 결국 남천선사가 선방으로 들이닥쳤다. 그는 고양이를 집어 그 목에 칼을 겨누고 말했다.

"너희들, 이 고양이를 얼마나 사랑하는지 한마디로 말할 수 있으면 내가 이 고양이를 살려둘 것이다. 그렇지 못하면 죽일 것이다."

남천은 선승들을 시험하는 중이었다. 그들은 정말로 고양이를 사랑했을까, 아니면 그저 상대방을 이기고 싶을 따름이었을까? 고양이의 목숨을 정말로 책임질 마음이 있었을까, 아니면 싸움에 너무 정신이 팔려서 통제가 되지 않았을까? 결론부터 말하자면 무슨 말을 하거나 행동을 보인 선승은 단 한 명도 없었다. 다들 상대방이 틀렸다는 걸 입증할 방법만 열심히 연구했다. 그래서 남천은 고양이의 목을 땄다.

내가 걱정되기 시작했던 것은 지구의 건강에 관한 한 나와 내가 속한 정치체제도 선방의 선승들과 다를 바 없지 않나 하는 점이었다. 양쪽 모두 논쟁에서 이기는 것 말고는 그 어떤 것에도 에너지를 쏟아붓지 않았다. 실질적인 행동으로 옮기는 경우도 거의 없었다. 누가 기를 것인지를 놓고 다투는 동안 우화 속 고양이의 생명이 위태롭다는 것을 잊고 있었다.

이 사건을 계기로 나는 인정과 자제라는 측면에서 내 위치가 어느 정도인지 돌아보게 되었다. 나는 스스로 진화하고 있을까, 아니면 저 잘난 맛에 살고 있을까?
우리 사회의 방종은 줄이고 인정은 늘리는 데 기여하고 싶다는 생각은 벌써부터 하고 있었다. 그런데 이제 생각해보니 남을 바꾸는 책을 쓸 게 아니었다. 먼저 나부터 바꿀 걱정을 해야 하는 것이었다. 나는 에릭에게 전화를 걸어 또 한차례 점심 약속을 잡았다.

"어떻게 하면 환경문제를 이야기하되 모두들 변해야 한다는 식으로 말하지 않는 책을 쓸 수 있을지 새로운 아이디어가 떠올랐어요."
"격렬하게 비판하지도 않고요?"
"격렬하게 비판하지도 않고요. 내가 새로운 생활방식을 시험하는 차원에서 가족들과 함께 최대한 환경 친화적으로 살아볼 생각이에요."
"한 사람이 세계를 구한다는 겁니까? 슈퍼맨이나 스파이더맨처럼?"
"'노 임팩트 맨'이라고 하면 어때요?"
만화처럼 슈퍼히어로를 운운하지 않더라도, 환경위기가 찾아왔을 때 내가 앞장서서 모범을 보일 수 있다면 어떨까? 세상을 위에서부터 바꿀 능력은 없어도 제한된 틀 안에서나마 밑에서부터 변화를 시도해보면 어떨까?

나는 앞으로의 시도를 책으로 집필하고, 그러는 한편으로 인터넷에 블로그를 운영할 작정이었다. 투명한 막으로 둘러싸인 소비 지향적인 우리 사회의 전형을 파고들어 처음에는 소수의 블로그 방문객들에게, 나중에는 더 많은 독자들에게 공개할 생각이었다.

설교는 하지 않을 것이다(적어도 그렇게 노력할 것이다). 시험 삼아 나와 아내, 아장아장 걸어다니는 아이, 개 한 마리로 이루어진 우리 핵가족이 뉴욕 한복판에서 살면서 환경에 최대한 영향을 미치지 않는 방법을 찾고 개발하고 습득하는 데 1년을 할애할 것이다. 그러면 어떤 기분일까? 현대 사회에서 환경을 보호하며 사는 게 과연 가능한 일일까? 너무 힘든 일이라 내 선례를 따르는 사람이 아무도 없을까? 내가 괴상한 일을 벌이는 걸까? 아니면 정말로 가치 있는 일을 시작하는 걸까?

나는 환경을 보호하는 데 도움이 되는 손쉬운 미봉책을 쓰겠다는 게 아니었다. 단순히 에너지 절약형 형광등을 쓰거나 재활용을 열심히 하겠다는 게 아니었다. 환경에 미치는 영향을 최대한 줄일 수 있도록 가능한 모든 방법을 동원하겠다는 것이었다. 이산화탄소는 물론이고 지상에 버리는 쓰레기와, 대기 중으로 배출되는 오염물질과, 흙에서 착취하는 자원과, 수중으로 유출되는 유독성 화학물질까지 제로로 만드는 게 나의 목표였다. 나의 바람은 단순히 이산화탄소 수치에 아무런 영향을 미치지 않는 게 아니었다. 환경에 아무런 영향을 미치지 않는 것이었다.

쉬운 일은 아니었다. 따라서 아내를 비롯해 우리 가족과 계속 같이 살고 싶으면 단계별로 강도를 높여야 했다.

일회용품과 포장용품 사용을 자제하는 등 쓰레기를 만들지 않고 사는 방법을 연구하는 것이 1단계였다. 이산화탄소를 배출하지 않는 교통수단만 이용하는 것이 2단계였다. 음식을 고를 때 환경에 최대한 영향을 미치지 않을 만한 방법을 모색하는 것이 3단계였다. 그런 다음에는 여러 단계를 거쳐 소비재, 난방이나 전기와 같은 가정용 에너지, 생활용수 사용과 수질오염 등 여러 분야에서 환경에 미치는 영향을 최소한도로 줄일 것이다. 아무래도 새로운 생활에 적응할 때마다 점점 힘들어질 것 같은 일이었다.

그뿐 아니라 부정적인 영향을 미칠 수밖에 없을 때에는 긍정적인 영향을 통해 상쇄하기로 했다. 허드슨 강의 오물을 청소한다든지, 새로 심은 나무 가꾸기를 돕는다든지, 자선단체에 기부하는 식의 적극적인 환경운동을 통해서 말이다.

엔지니어이거나 수학을 좋아하는 괴짜 독자들을 위해 직설적인 도식으로 설명하자면 다음과 같은 등식이 성립될 수 있도록 노력하겠다는 뜻이었다.

마이너스 임팩트 + 플러스 임팩트 = 노 임팩트

과학적이라기보다는 철학적인 문제였다. 부정적인 영향을 줄이고 긍정적인 영향을 늘려 서로 상쇄할 수 있을까? 적어도 1년 동안 나쁜 일보다 좋은 일을 더 많이 하면서 살 수 있을까?

따라서 이 책은 한마디로 표현하자면 내가 몇 안 되는 우리 가족과 함께 환경에 미치는 부정적인 영향을 최대한 줄이면서 살았던 한 해 동안의 이야기이다. 내가 지금까지 한 이야기가 극단적으로 들린다면 극단적이어야 하기 때문이다. 나는 우리 다 같이 엘리베이터와 세탁기와 화장지 없이 살자고 주장하려고 이 책을 쓴 게 아니다. 이 책은 어떤 생활방식을 실험한 기록이다. 연구에 나선 한 해를 담은 연대기이다. 우리가 당연하게 생각하지만, 제조하고 사용하는 과정에서 우리 인류의 서식지를 해치는 문명의 이기 중에서 정말로 필요한 것은 몇 가지나 될까? 우리가 소비하는 자원 중에서 삶을 더 행복하게 만드는 데 쓰이는 부분은 얼마만큼이고, 월급의 노예로 묶어놓는 데 쓰이는 부분은 얼마만큼일까?

환경에 아무 영향도 미치지 않는 방식으로 생활한다는 것은 어떤 것일까? 과연 가능할까? 유행이 될 수 있을까? 이런 식으로 살면 지금보다 재미있을까 아니면 재미없을까? 더 만족스러울까 아니면 덜 만족스러울까? 힘들까 아니면 쉬울까? 우리 모두 이제는 끝장일까, 아니면 희망이 있을까? 한 개인의 실천이 꿋꿋하게 명맥을 유지할 수 있을까, 아니면 한 개인의 실천으로 끝날까? 이 책을 출간하면서 발생하는 환경적인 비용 때문에 바람직했던 일들이 모두 무위로 돌아갈까, 아니면 여기 담긴 메시지로 인해 피해가 상쇄되고 긍정적인 쪽으로 기울어질까?

하지만 무엇보다도 중요한 문제는 내가 위기에 처한 이 세상의 변화를 도모하는 데 스스로 생각하는 것만큼 무능력한 인간인가 하는 점이었다.

이 황당한 시도의 속내를 들여다보면 이런 의문들이 자리 잡고 있었다. 나 스스로 이에 대한 해답을 찾으려면 극단적인 조치가 필요했다. 갈 데까지 가보는 호된 시련을 겪어야 해답을 찾을 수 있었다. 이것은 인류의 서식지를 보호하며 계속 안락하게 살 수 있는지를 알아보는 실험이 아니었다. 서식지를 먼저 생각하는 것이 우리 생활에 어떤 영향을 미치는지 알아보는 실험이었다.

이후 몇몇 독립 영화제작자들이 나의 환경 실험에 관심을 보이며 '노 임팩트 프로젝트'를 주제로 다큐멘터리를 만들고 싶다고 했고, 『뉴욕타임스』에서는 반년이 지났을 때 우연히 내 블로그를 발견하고 우리 가족에 대한 소개를 실었다. 소개 글에 대한 반응에 가장 놀란 사람이 나였다. 전세계 언론에서 나의 실험에 매료되어 문의가 빗발쳤는데, 안타깝게도 화장실에서 화장지보다 좀더 친환경적인 방식을 사용한다는 등의, 내 프로젝트의 일환이지만 지엽적인 부분에 집중하는 경우도 가끔 있었다.

나는 집단적인 실천과 개별적인 실천을 둘러싼 논쟁 속으로 빨려들어갔고, 나도 모르는 사이 '환경 대변인' 비슷한 인물이 되었다. 어떻게 해야 하고 어떻게 살아야 하느냐고 묻는 이메일이 수천 통씩 쇄도했다. 이런 말을 하기 망설여지지만, 문득 정신을 차리고 보니 내가 뜻밖의 리더가 되어 있었다.

나는 이 프로젝트를 시작한 뒤로 달라진 게 너무 많다. 사고방식, 직업, 인간관계, 육아, 결혼생활.

하지만 노 임팩트 프로젝트를 시작하기 전날 밤에는, 우리 종족의 건강과 안전과 행복을 개인적으로 고민하다보면 손가락질하지 않고 몇몇 사람들이나마 변화시킬 방법을 찾을 수 있을지 모른다는 생각뿐이었다. 만약 결국에는 그러지 못하더라도 최소한 나 자신은 변화시킬 수 있었다. 문제를 해결하지 못하더라도 노력했다고 말할 수는 있었다.

둘

모든 게 엄청난 실수로 밝혀진 첫날

사람들은 무엇으로 코를 풀까?

첫날의 화두가 이 문제였다. 우리 별을 구하고, 좀더 행복하게 살 수 있는 방법을 찾고, 사람들의 사고방식을 바꾸고, 내 원칙에 따라 —까놓고 이야기하면— 극도로 진지하게 살겠다는 것이 나의 원대한 발상이었는데, 알고 보니 공중전화 부스로 달려가기만 하면 바지 위에 팬티를 입은 환경 영웅 노 임팩트 맨이 되는 게 아니었다. 솔직히 영웅이 된 듯한 기분도 느껴지지 않는다.

새벽 여섯 시에 잠에서 깬 뒤 18개월 된 아이가 머리 위로 점프를 하며 아침인사를 하기까지 잠깐만 눈을 감고 있었으면 좋겠다고 생각하는 동안에도, 너무나 보잘것없고 우스꽝스러운 순교를 자청한 듯한 기분이 든다. 왜냐하면 코를 풀려고 면 티셔츠 바람으로 자주색 새벽빛 속에서 화장실 붙박이장에 넣어둔 키친타월을 들여다보는 순간(나는 얇은 화장지보다 이걸 좋아한다), 문득 키친타월을 쓰면 안 된다는 깨달음과 함께 첫날을 시작했기 때문이다.

오늘은 친환경적인 생활방식을 실험하는 첫날이다. 나만큼은 우리 별의 파괴를 거들고 있지 않다는 기분이 느껴져야 하는 실험이다. 나는 쓰레기 만들지 않기라는, 겉보기에는 단순한 첫걸음을 통해 가볍게 워밍업을 하기로 결심한 상태이다. 그러니까 요컨대 키친타월로 코를 풀지 말아야 한다.

정식으로 노 임팩트 맨이 된 지금, 나는 어떻게 해야 할까? 환경을 지키는 슈퍼히어로 같은 별명을 선택한 지금. 자진해서 만든 블로그와 책과 다큐멘터리를 통해 앞으로 364일하고도 23시간 50분이라는 빌어먹을 시간 동안 어느 누구라도 나를 들여다보고, 공언한 대로 환경에 악영향을 안 미치며 잘 살고 있는지 평가할 수 있게 된 지금.

남들 같으면 어떻게 할까?

나는 키친타월 쪽으로 손을 내민다. 한 칸을 뜯어 코를 풀고는, 내가 이 프로젝트 때문에 얼마나 난감한 지경에 이르렀는지 느끼면서, 일어나기 전부터 시작된 우울함에 빠진 채, 뒤로 돌아 발을 질질 끌며 침실로 돌아간다. 이자벨라가 아기침대에 서서 주먹을 쥐었다 폈다 하며 말을 하고 있다.

"안아져, 아빠. 안아져."

당장 자아비판이 시작된다. 나는 이기적인 인간이다. 나는 죽은 나무에다 코를 풀었다. 그 결과, 내 코를 푸는 소리에 잠에서 깬 이자벨라가 내 머리 위로 점프를 하는 벌을 받았다.

나는 이 프로젝트를 시작한 지 10분 만에 지금까지 가치관에 맞게 생활방식을 바꾸지 못한 엄청난 이유를 깨달았다.

이 프로젝트는 어려운 일이 될 것이다. 시시때때로 실패할 수밖에 없을 것이다. 종이로 만든 일회용품을 쓰면 안 된다고 말을 하기는 쉽지만 실천은 말보다 훨씬 어렵다. 이 말은 어디에든 적용이 된다. 예를 들어 우리의 문화가 좀더 지속 가능한 모습으로 바뀌어야 한다고 말을 하는 것은 쉽지만 실제로 그렇게 만드는 것은 어려운 일이다. 그리고 내가 우리의 문화를 거부하지 않았다면, 이런 문화 속에서 시급한 환경문제를 해결하기 힘든 이유를 이해하기가 훨씬 쉬울지 모른다. 이 두 가지 깨달음이 충분히 납득되려면 오랜 시간이 걸릴 것이다.

하지만 나는 지금 너무 앞서가고 있다. 그 첫날에 나는 앞으로 1년, 적어도 얼마 동안은 나의 욕망과 씨름하는 한편, 도덕적인 인간이 되기 위해 욕망을 누르는 방법을 고민하며 살아야 할 것이라는 착각을 버리지 못하고 있었다.

나는 이자벨라를 우리 침대로 데리고 가서 누우며 이자벨라도 같이 누워주길 바랐다. 하지만 그럴 리 없었다. 이자벨라는 예상했던 것처럼 기저귀 찬 엉덩이를 내 얼굴 위에 올려놓고, 자기 몸은 드릴이고 내 머리는 얼른 깨부숴야 하는 돌덩이라도 되는 것처럼 까르르 웃으며 깡총깡총 뛰었다.

"종이봉지에 드릴까요, 비닐봉지에 드릴까요?"

프로젝트를 본격적으로 시작하기 며칠 전에 나는 '인티그럴 요가 센터'에서 운영하는 웨스트 13번가의 작고 붐비는 유기농 식품점의 계산대 앞에 서 있었다. 내 차례가 돼서 고른 물건들을 카운터에 올려놓자

머리를 가닥가닥 땋은 아가씨가 그렇게 묻고 내 대답을 기다렸다.

어린 시절 처음으로 어머니의 심부름을 나갔을 때부터 종이봉지냐 비닐봉지냐 하는 질문이 나를 계속 따라다니며 괴롭혔다. 나는 오히려 그녀에게 물었다.

"어느 쪽이 더 나은가요?"

"글쎄요, 종이봉지는 잘 찢어지더라고요."

머리를 가닥가닥 땋은 아가씨가 말했다.

"그게 아니라 환경을 생각했을 때 어느 쪽이 더 나으냐고요."

그녀는 어깨를 으쓱했다.

"다들 거기서 거기라고 하던데, 저는 손잡이가 있어서 비닐봉지가 더 좋던데요."

그건 내가 원하는 대답이 아니었다.

그 주 초에 나는 대규모 환경단체의 홍보담당자에게 전화를 한 적이 있었다. 나는 그녀에게 뉴욕에서 환경에 아무런 영향을 미치지 않고 살 방법을 찾고 있는데 온갖 정보를 접할수록 혼란스럽다고 말했다.

그녀가 말했다.

"맞아요. 저희가 협박은 잘하지만 어떻게 해야 되는지 가르치는 일은 아직 잘 못해요."

그녀는 도움이 될 만한 지침을 이메일로 알려주겠다고 했지만 감감 무소식이었다.

나는 '단순하게 살기' 운동을 벌이는 여러 단체의 홈페이지도 방문했다. 소비를 줄이자는 그들의 철학이 환경에 도움이 되지 않을까 싶었기 때문이다. 나는 자투리 비누를 뭉쳐서 새 비누를 만드는 법도 배웠다.

참치캔으로 쿠키틀을 만드는 법도 배웠다. 하지만 참치 조업이 돌고래를 죽인다는 것은 누구나 알고 있는 사실이고, 게다가 누가 쿠키틀이 필요하다고 했나?

다시 유기농 식품점으로 돌아가자면, 나는 '재활용' 봉지가 정답이라는 사실을 모른 채 점원이 추천한 봉지를 들고, 막연한 실망감을 느끼며 매장을 나섰다. 종이봉지냐 비닐봉지냐 하는 문제의 정답이 무엇인지 채식주의자들은 모르는 듯했다. 세상이 정말 엉망진창인 것 같았다.

환경에 전혀 아무 영향도 안 미치고 살 수 있는 사람은 없다. 숨을 쉬기만 해도 이산화탄소가 배출되니 말이다. 자기 집 불을 끄더라도 가로등이 불을 밝히는 곳에 사는 한 환경에 영향을 미칠 수밖에 없다.

이 프로젝트 이름을 '노 임팩트'라고 지었다는 사실 자체가 내가 얼마나 순진한 이상주의자였는지 알려주는 대목이었다. 나는 환경 전문가도 무슨 운동가도 아니었다. 그 방면에 이력이 없었다. 나는 세상 돌아가는 데 화가 났을 뿐이고, 우리가 좀더 잘할 수 있다고 믿고 있었을 뿐이다.

당시에 나는 친환경적인 생활이나, 친환경적인 선택, '탄소 상쇄'나, 친환경 과대광고나, 개인적인 실천과 정치적인 행위의 상대적인 가치는 물론이고, 인류의 안전한 서식지를 유지하는 문제에 대해서 아는 게 아무것도 없었다. 종이봉지인가 비닐봉지인가의 정답조차 알지 못하는데 개뿔.

하지만 그게 핵심이었다.

나는 환경 전문가로 변신한 다음 내가 터득한 지식을 활용할 생각이 아니었다. 우리 별의 응급상황을 어떻게 처리할지 아무것도 모르는 바닥에서부터 시작해 더듬더듬 앞으로 걸어갈 생각이었다. 내가 어떤 사실들을 깨닫게 되는지 지켜볼 생각이었다. 내가 어떤 식으로 진화하는지 지켜볼 생각이었다.

유기농 식품점에서 내가 바로 그 순간 깨달은 것은 가시밭길이 나를 기다리고 있다는 사실이었다. 나는 극단적으로 친환경적인 생활방식을 스스로 터득해야 했다.

알찬 정보는 없고 기업의 PR만 넘쳐나니 그저 혼란스러울 따름이었다. 나는 어디에선가 사기잔을 씻는 데 드는 에너지가 천 년 동안 썩지 않는 일회용 플라스틱컵을 사용하는 만큼 환경에 악영향을 미친다는 연구결과를 들은 적이 있었다. 뜨거운 물과 세제로 걸레를 빨면 키친타월을 만드느라 나무를 베는 것보다 더 심하게 환경을 손상시킨다는 연구결과도 들은 적이 있었다. 널리 알려진 정보들을 가만히 들어보면 뭐든 좋을 게 없었다.

광고회사에서는 남다른 노력을 기울여봐야 헛수고라고 나를 설득하려는 것 같았다. 나더러 포기하는 게 좋을 거라고 했다. 플라스틱컵을 그냥 버리라고 했다. 다 쓴 배터리를 버리면 얼마나 해롭겠느냐며 전기자동차는 잊어버리라고 했다. 까짓것, 그냥 흥청망청 사는 거야. 거짓 정보들은 이렇게 말하는 듯했다. 이 땅을 짓밟지 않고 살 방법은 없어.

재활용이 가능한 천기저귀와 종이기저귀를 둘러싼 논쟁을 생각해보자.

일주일에 두 번 세탁한다고 가정했을 때 한 아이를 키우는 데 필요한 천기저귀는 서른 장이면 충분하다. 물론 기저귀 빨래가 지구에 영향을 미치는 것은 사실이다(이를테면 물을 데우고 물을 쓰는 그 자체만으로도 그렇다). 반면에 한 아이가 두 돌이 될 때까지 쓰는 종이기저귀는 약 4천 장에 달한다. 중동의 유전에서 퍼올린 석유를 중국의 공장으로 운반해 기저귀를 만든 다음 미국으로 배달하고 똥 묻은 기저귀 4천 장을 묻는 것이 천기저귀 서른 장을 104번 빠는 것보다 좋을 리 만무하다.

내가 하고 싶은 말이 무엇인가 하면 친환경적으로 사는 방법을 가르쳐주는 믿을 만한 로드맵이 없다는 것이다. '과학'은 문제를 분명히 해결하기는커녕 오히려 우리를 헷갈리게 만들고, 지쳐서 그냥 살던 대로 살게 만든다. 내 아내 미셸의 표현을 빌리자면 '당혹스러움으로 인한 정체' 상태를 유지하게 만든다.

나는 요즘 기업들이 제품에 '친환경' 딱지를 붙이느라 여념이 없다는 『뉴욕타임스』 기사를 읽은 적이 있다. 회사마다 전보다 적은 연료로 나무를 벨 수 있다는 사슬톱에서부터 매우 유독한 살충제에 이르기까지 온갖 제품에 친환경이라는 딱지를 붙이고 있었다. '그린워싱'(대외적으로 '친환경'을 내세우지만 실제로는 그렇지 않은 정책—옮긴이)이 넘쳐났고, 어느 제품이 정말로 환경에 덜 해로운지 알아내는 데 집착하는 것이 궤양에 걸리는 지름길인 것처럼 느껴졌다.

그러다 문득 궁금해졌다. 과대광고의 미로 속에서 헤매느라 골머리를 앓느니 차라리 그 미로 밖으로 기어나오는 게 간단하지 않을까? 친환경적으로 사는 비결은 어쩌면 '다른' 제품을 선택하는 게 아니었다. 적어도 낭비벽이 있는 미국과 서유럽 국민들 입장에서는 '적은' 제품을 선택하는 게 관건이었다. 단순히 다른 자원을 쓰는 게 아니라 '적은' 자원을 쓰는 게 관건이었다.

중국의 고대 철학서인 『도덕경』에 이런 말이 있다.
"만족할 줄 아는 자는 부유하다."

손수건은 어떨까?
침대에 누워 이자벨라와 놀아주는데, 부비동이 점점 차올랐다. 죽은 나무껍질을 바짝 말려서 만든 그 사악한 키친타월을 다시 한 장 뜯어야 하는 상황이 되었을 때, 문득 부엌 서랍 한가득 천으로 된 타월과 냅킨이 들어 있는 게 생각났다. 결혼 선물. 지인들에게 받은 생일 선물. 한 번도 쓴 적 없지만 차마 버리지 못한 물건들. 그중 하나를 손수건 삼아 쓰고 다른 옷들과 함께 세탁기에 넣으면 되겠다 싶었다.
나는 이불을 걷고 부엌으로 가서 앞으로 나의 '걸레'가 될 빨간 무늬 천조각을 꺼내 코를 풀었다. 그 후련함이란! 몸만 그런 게 아니라 철학적으로도 후련했다.
아침에 처음 눈을 떴을 때 느꼈던 것과는 달리, 코를 풀고 싶어하는 것이 사실은 지극히 자기중심적인 발상의 증거가 아니라고 자신 있게 말할 수 있지 않을까? 스스로 생각했던 것과는 다르게, 내가 코를 풀고 싶다는 '이기적인' 욕구와 지구를 살리겠다는 '이타적인' 감정 사이에서 갈등을 겪을 필요가 없었다고 생각하자. 노 임팩트 실험을 자아와 나머지 전체 간의 갈등으로 간주하면 첫 단추를 완전히 잘못 끼우는 것이라고 하자.
이기주의 대 이타주의 구도는 환경이나 여타 사회운동에 대한 논의를 위험한 방향으로 규정짓는다. 사람들은 지구의 생존과 인간의 이기심을 서로 싸움 붙이면 지구 쪽이 언제나 질 수밖에 없다고 하는데, 어쩌면 맞는 말일지 모른다. 그보다 더 중요한 부분을 지적하자면 인간의 이기심과 이타주의 간의 갈등으로 논의를 규정하는 것이 전적으로 맞는 것도 아니다. 이것은 이기주의냐 이타주의냐의 문제가 아니다. 유효기간이 끝난 오래된 습관이나 방식을 고수할 것인지, 유효한 새로운 습관과 방식을 채택할 것인지의 문제이다.

내가 노 임팩트 실험을 벌일 1년은 금욕주의와 거리가 먼 시간이 되어야 했다. 금욕주의는 세속적인 즐거움을 포기하는 것이다. 배가 고플 때 먹지 않는 것이다. 코를 풀어야 할 때 참는 것이다. 인간적인 욕구와 소망을 거부하는 것이다. 어떤 사람들 입장에서는 인간의 욕망과 열정이 사악하다고 인정하는 것이다.

나는 그렇지 않다. 나는 인간의 천성을 낙관적으로 보는 사람이다. 인간의 욕망은 정체성을 형성하는 기본토대이기 때문에 본질적으로 좋은 것이다(욕망에 휘둘리면 안 되지만). 나는 인간의 열정과 욕망을 어떤 식으로 누를 것인가에 대해서는 관심 없었다. 열정과 욕망이 실제로 우리를 행복한 삶으로 인도하는지 여부가 의심스러웠고, 그것이 나의 관심사였다.

'긍정심리학자'들이 '쾌락의 쳇바퀴'라고 부르는 데서 내리는 것이 나의 계획이었다.

내가 노 임팩트 프로젝트를 시작한 바로 그 시점에 어느 잡지 편집자가 행복의 심리학이라는, 언뜻 보기에는 연관성이 없어 보이는 기사를 청탁했다. 그런데 알고 보니 융이나 프로이트와 같은 초기 심리학자들은 신경증 환자들을 행복하게 만들 방법 내지는 최소한 증상을 완화시킬 방법을 연구했고, 그것이 일반인들에게도 적용될 것이라고 생각했다.

하지만 지난 10년 동안 일단의 학자들 — 이른바 긍정심리학자들 — 이 정신질환을 앓고 있는 사람들보다 행복한 사람들을 연구하기 시작했다. 그들은 신경증 환자들을 관찰한 결과를 일반인들에게 적용해도 되는가 하는 의문을 제기했다. 긍정심리학자들은 병을 고쳐 '정상'으로 만드는 대신 그 '정상'적인 부분을 늘려 사람들을 행복하게 만드는 방법을 찾았다. 말하자면 −5에서 0이 아니라 0에서 +5로 달라지길 바랐다.

긍정심리학자들이 깨달은 게 있다면 휴대전화나 차나 집을 바꾸면 주체할 수 없을 만큼 기분이 좋아지지만 그 쾌감이 영원히 지속되지 않는다는 사실이었다. 그와 똑같은 행복감을 느끼려면 또다시 휴대전화를 바꾸고 차를 바꿔야 한다. 그들은 이런 식으로 쾌감을 추구하는 형태를 '쾌락의 쳇바퀴'라고 불렀다.

정신과 의사들이 발견한 바에 따르면 가장 행복한 사람들은 이렇게 영원히 이어지는 고리 속에서 살지 않았다. 이들은 새로운 물건을 계속해서 구입할 필요가 없을 만큼 기본적으로 심리상태가 밝았다. 인생에 만족하는 사람들은 인간관계가 돈독했고, 자기 일에 보람을 느꼈고, 스스로 가장 소질이 있다고 생각하는 부분을 연마했고, 좀더 원대한 목적의식이 있었다.

긍정심리학자들은 소박하게 사는 사람들이 오래전부터 실제 경험을 통해 주장한 사실을 과학적으로 입증했다. 소유에 대한 집착을 줄이면 시간적 여유가 생겨 좀더 풍요롭고 자원을 덜 쓰는 인생이라는 보상을 받을 수 있고, 지구와 사람들, 양쪽 모두 더 행복해질 수 있었다.

내가 이 프로젝트를 시작했을 때 우리 사회 특유의 고립주의를 넘어 지역사회와 소통하고, 물질적인 부분을 포기하는 대신 좀더 원대한 목적의식에 닿을 수 있지 않을까 싶어 흥분한 것도 그 때문이었다. 문제는 우리 가족과 내가 전형적으로 언론에 중독된 테이크아웃 음식의 노예라는 점이었다. 남들이 그렇듯 우리 가족의 경우에도 금욕주의와 그 비슷한 변종들이 현실적인 생활방식이 되지 못했다.

나는 앞으로 1년 동안 생각 없는 소비로 흥청거리지 않고 수도승처럼 금욕하지도 않는 중용의 길을 찾아야 할 것이다. 나는 나무를 죽이지 않고 열매를 즐길 방법을 찾고 싶었다. 우리 별의 원금이 아니라 배당금으로 사는 방법을 찾고 싶었다.

위스콘신의 메노미니 족을 예로 들어보자. 『요람에서 요람으로』의 저자 윌리엄 맥도너와 미하엘 브라운가르트의 말에 따르면 메노미니 족은 수목으로 뒤덮인 고향땅에서 오랫동안 나무를 베어 내다팔았다. 1870년에 메노미니 족이 9510헥타르의 땅에 보유한 입목은 13억 보드피트(목재의 용적 단위. 1보드푸트가 1제곱피트에 두께 1인치이다―옮긴이)였다. 그때부터 지금까지 이들이 벌채한 양은 그 숫자의 거의 두 배에 해당되는 22억 5천만 보드피트였다.

나무를 완전히 없애버리는 일부 대규모 목재회사의 '완전벌채' 방식을 도입했다면 메노미니 족의 땅에는 숲에서 사는 야생생물은 물론이고 나무도 한 그루 남아 있지 않았을 것이다. 그런데 이들의 땅에는 현재 1870년보다 많은 17억 보드피트의 입목이 있고, 숲 속 생태계도 잘 유지되고 있다.

메노미니 족이 튼튼한 어미나무는 건드리지 않고 동물들이 살 수 있게 나무 윗부분은 충분히 남겨둔 채 약한 나무만 베어냈기 때문에 가능한 일이다. 맥도너와 브라운가르트는 이렇게 말한다. "그들의 요구사항만 내세우기보다 숲에서 풍부하게 얻을 수 있는 것이 무엇인지 고민한 결과라고 할 수 있을 것이다."

이것이 내가 노 임팩트 실험을 통해 구현하고 싶은 철학이었다. 나도 메노미니 족처럼 우리 요구사항을 내세우기보다 세상에서 풍부하게 얻을 수 있는 것이 무엇인지 우리 가족과 더불어 고민하고 싶었다. 결핍은 중요한 문제가 아니었다. 나는 근사하게 인생을 즐기며 근사한 손님처럼 처신하는 방법을 터득할 수 있을지 알고 싶었다.

나는 이후 몇 주 동안 쓰레기 없는 생활을 하며 사람들과 만날 때 일회용품을 사용하는 음식점을 은근슬쩍 피하려고 노력했지만, 결국에는 뜻하지 않게 친환경적인 생활을 공표하기에 이르렀다.

"정말로 진지하게 해볼 작정이면 뉴욕을 등지고 시골로 돌아가지 그래?"

한 지인은 어리둥절해하며 이렇게 말했다.

나는 진보주의적인 성향이 농후한 친구—나와 가치관이 비슷해 보이는 일종의 동지—에게 뉴욕에서 환경적으로 건전하게 생활하는 방법을 모색 중이라고 이야기했다. 그는 딱 잘라 무시했다.

"포기해. 그건 불가능한 일이야. 헨리 데이비드 소로처럼 시골이나 숲이나 농장에서 네가 먹을 걸 직접 기르면서 그런 시도를 하면 모를까. 그런데 뉴욕에서? 어림도 없는 일이지."

정말 그 친구의 말이 맞을까? 내가 대도시 한복판에 살고 있다는 사실 때문에 계획에 차질이 빚어질까?

그렇지 않았으면 좋겠다. 요즘은 전세계 인구의 절반 이상이 도시에서 살고 있다. 유엔에 따르면 날마다 18만여 명이 도시 한복판으로 거처를 옮기고 있다. 한편 일반적인 소비성향은 도시 거주자들에 의해 좌우되는 경향이 있다. 다들 대도시 주민들이 구입하는 것을 구입한다. 농산물과 소비재의 유통체계도 도시인들의 욕구를 채우는 데 주안점을 둔다. 도시 거주자들이 생태계에 남기는 족적을 줄이는 방법을 배우지 못하면 우리 모두 심각한 문제에 봉착하게 된다.

한 가지 희소식이 있다면 도시, 특히 뉴욕 같은 곳에서는 좁은 지역에 많은 인구가 모여 살기 때문에 규모 면에서 효율적이라는 사실이다. 이런 곳에서는 자가용을 자주 이용하지 않는다. 집집마다 보일러가 설치돼 있지도 않다. 상품들이 저 멀리까지 배달되기보다 중심부의 창고 한군데로 집결된다. 외곽의 풍경은 고스란히 보존된다. 교통수단, 주거지, 자원을 다 공유한다. 이곳 뉴욕의 일인당 평균 이산화탄소 배출량이 미국 평균의 29퍼센트라는 것은 주목할 만한 사실이다.

한편 도시는 인구가 워낙 많기 때문에 고농도의 오염물질을 배출한다. 대기오염의 80퍼센트를 차지하는 자동차와 트럭의 배기가스 탓에 맨해튼 주민들은 미국에서 대기 중의 화학물질로 인한 암에 걸릴 확률이 가장 높다. 뉴욕 시민들은 해마다 거의 408만 톤에 달하는 쓰레기를 만들고, 1022억 리터의 미처리 하수를 흘려보내고 있다. 심지어 높은 효율성에도 불구하고 전세계 온실가스의 약 1퍼센트를 배출한다.

"세상에서 제일 지저분한 도시에 사는 당신 같은 사람이 어떻게 감히

'환경'이라는 말을 입에 담을 수 있는가?"

나는 노 임팩트 실험을 하는 동안 이런 질문을 받을 것이다. 질문을 한 상대가 롱아일랜드나 뉴욕 주 북부처럼 뉴욕 시 근교에 사는 사람이라면 나는 이렇게 대답할 것이다.

"뉴욕 시민 8백만 명이 당신 동네로 이사 가서 자급자족하면 어떨까요? 그러면 그게 환경적으로 더 건전한 방향일까요?"

우리 도시 사람들이 지금 그 자리에 가만히 있어야 우리 별이 더 안전해진다. 더 많은 사람들—특히 차를 몰고 다니고 개별난방을 하는 위성도시 거주자—이 도시로 집을 옮겨야 숱한 환경운동가들이 행복해할 것이다. 반면에 세계 다른 곳의 도시들처럼 에너지와 자원 면에서 경제적인 곳이 되려면 지금보다 더 열심히 노력해야 한다.

어느 정도로 노력해야 하는지는 자원 사용과 쓰레기 처리를 규제하는 정부나 지방자치단체가 아니라 우리들 각자가 감당해야 할 몫이고, 내가 파헤쳐보려는 부분이다. 하지만 노 임팩트 실험에 관한 한, 나는 전원으로 돌아가기보다 세계에서 손꼽히는 대도시에서 무엇을 할 수 있는지 알아보는 것이 훨씬 논리에 맞는 일이라고 자신 있게 말할 수 있다.

이렇듯 몇 개 안 되는 발상—도시를 떠나지 않는 것, 충분히 누리는 것, 금욕주의를 피하는 것—이 7단계 계획의 밑거름이 될 일종의 철학인 셈이다.

철학을 생각해내는 것과 내 결혼생활을 깨뜨리지 않을 실질적인 방안을 생각해내는 것은 전혀 별개의 문제다.

한심하게 키친타월에 코를 풀고 꼭두새벽에 딸아이가 일어나는 벌을 받았던 그날, 나는 18개월 된 아이가 머리 위로 점프를 하면 좋은 점이 두 가지 있다는 걸 발견했다. 하나는 기저귀를 갈 때가 됐다는 사실을 금세 알아차릴 수 있다는 것이고, 또 하나는 젖은 기저귀로 얼굴을 맞으면 그 일을 미루고 싶은 생각이 줄어든다는 것이었다.

나는 이불을 젖히고, 키친타월을 꺼냈던 바로 그 화장실 벽장으로 돌아갔다. 10분 만에 두번째 위기를 맞이한 것이다.

나는 화장실 벽장 앞에서 다시 한 번 도덕적인 진퇴양난에 처했다. 엘리베이터나 전기나 온수를 쓰지 않는 것처럼 이번 실험에서 가장 극단적이고 힘들 것 같은 부분이 아니라 딸아이의 축축한 엉덩이와 일회용 종이기저귀를 놓고 고민을 해야 했다. 참기저귀협회(천기저귀 홍보를 목표로 하는 협회—옮긴이)에 따르면 기저귀가 쓰레기에서 차지하는 비중이 4퍼센트였다.

쓰레기를 만들지 말 것. 이것이 실험의 첫 단계이자 가장 쉽지 않을까 싶은 부분이었다.

나는 가족들을 차근차근 인도해야겠다고 생각하고 있었다. 그런데 먼저 키친타월 앞에서 좌절했다.

원 스트라이크.

그리고 지금 이 순간에는 온 아파트가 이자벨라의 대소변으로 범벅이 되는 사태를 지속 가능한 방식으로 막을 방법이 없었다. 나는 종이기저귀를 향해 손을 내밀었다.

투 스트라이크.

근본적으로 바뀌어야 할 부분들이 많았다. 나는 잠깐 동안 앞으로 닥칠 중대한 생활의 변화에 대해 생각했다. 그러다 그건 그나마 쉬운 일이라는 사실을 깨달았다. 나는 침대 저쪽 끝에 이불을 덮고 누워 있는 아내 미셸을 쳐다보았다. 그녀는 과연 이 모든 걸 어떤 식으로 받아들일까?

일이 훨씬 더 힘들어질 수 있었다.

미셸은 서른아홉 살이었다. 우리는 미니애폴리스 외곽의 우드힐 컨트리클럽 천막 밑에서 결혼했다. 그녀도 나처럼 글을 쓰는 게 직업이었다.

이자벨라는 1년 반 전에 존 패퀵 박사에 의해 엄마 뱃속을 빠져나왔다. 네 살 된 우리 집 애완견 프랭키는 이자벨라가 '우리 언니'라고 부르는데, 강아지 때 노스캐롤라이나의 안락사 시설에서 구해낸 녀석이었다. 생김새는 하운드와 보더 콜리 잡종 같았다.

다리 열 개 꼬리 하나. 나는 우리 가족을 이렇게 불렀다. 미셸은 이 다리를 열두 개로 늘리고 싶어 끊임없이 안달했다. 내가 맨 처음 노 임팩트 프로젝트 이야기를 꺼냈을 무렵, 어느 날 아침에 눈을 떠보니 미셸이 이자벨라를 위해 만든 동요를 부르고 있었다. "내 마지막 난자가 죽어가는데 우리 남편은 신경도 안 쓰네." 이자벨라는 노랫가락에 맞춰 거실을 누비며 움파룸파(로알드 달이 쓴 『찰리와 초콜릿 공장』의 등장인물—옮긴이) 스타일로 춤을 추었다.

미셸이 소파에서 졸면서 책을 읽고 있었을 때 노 임팩트 프로젝트에 대해 처음으로 대화를 나누었는데 이런 식이었다.

내가 이야기를 꺼냈다. "여보, 우리 1년 동안 친환경적으로 살아보면 어떨까?"

"으—응."

미셸이 책장을 넘기며 대답했다.

내가 말했다. "정말 힘들 거야. 하지만 해볼 만한 일이라고 생각해."

"으—응."

"나랑 같이할 거지?"

그녀는 내가 묻는 말을 귀담아 듣지 않았다.

"나랑 같이할 거지?"

내가 다시 물었다.

"응? 그럼, 당연하지. 좋은 일 같아."

이런 식으로 하면 배우자한테 무슨 일이든 시킬 수 있다. 다른 데 정신이 팔려 있을 때 부탁을 하면 나중에 배우자가 마음을 바꾸려고 해도 양쪽 다 너무 깊숙이 발을 들여놓은 상태라 빠져나올 수 없게 된다.

미셸이 다음날 아침에 말하길 한 가지 경고사항이 있다고 했다. 둘째에 대한 협상이 계속 진행되고 있는 상황에서 둘째를 낳는 것이 환경에 좋다 나쁘다 하는 이야기는 듣고 싶지 않다고 했다. 그녀는 아이를 더 낳는 데 전혀 영향을 미치지 않는 조건 하에 동참하겠다고 했다.

"콜?"

미셸이 물었다.

"콜."

내가 대답했다.

키친타월과 기저귀 사건이 있었던 날, 침대에 누워 있는 그녀를 쳐다보는데, 얼마나 힘들지 모른다고 했던 내 말을 흘려들은 게 분명하다는 생각이 들었다.

이자벨라가 미셸 쪽 침대 옆에 서서 고사리 같은 앞발을 쑤셔넣어 엄마의 눈을 뜨게 하려고 애를 쓰고 있었다.

"엄마, 이여나. 맘마죠."

18개월짜리 입장에서는 모든 자음과 모음이 거기서 거기일 것이다. 미셸은 이자벨라의 엄지발톱 때문에 열린 몽롱한 눈으로 나를 쳐다보며 물었다.

"당신이 좀 먹여줄래?"

나는 발을 질질 끌며 부엌으로 걸어가 냉장고 문을 열었다. 나는 '타이니 몬스터'가 그려진 빨대컵을 집어 유기농 우유를 한가득 붓고 우유팩을 납작하게 찌그러뜨린 다음 쓰레기통에 넣으려고 부엌 싱크대 밑 찬장을 열었다. 보드지로 만든 우유팩을 휙 던지려는 찰나, 머릿속에 들어 있던 노 임팩트 맨이 폭발했다. 쓰레기통이라고? 이럴 수가. 나는 우유팩을 버리다 말고 얼어붙었다.

나는 캄캄할 때 일어났는데 아직까지 속옷 바람이었고, 지금까지 코를 풀고 이자벨라의 기저귀를 갈아주고 우유를 준비하는 동안 벌써 인류가 만든 작품에 의해 세 번이나 공격을 받았다. 아직 커피도 못 마셨는데 말이다.

"이 프로젝트는 엄청난 실수야."

내가 우울한 얼굴로 발을 질질 끌고 침실로 들어가며 말한다.

미셸은 이를 닦고 있다.

"이번에는 나 때문에 우리 둘 다 골치 아프게 생겼어."

미셸이 말한다. "말도 안 되는 소리 하지 마. 우리가 지금까지 한 일 중에서 이보다 더 의미 있는 일은 없었어."

"하고 싶지 않아."

내가 말한다.

그녀는 치약을 뱉고, 입을 헹구고, 나를 밀치며 화장실 밖으로 나간다.

"계속 하는 거다?"

그녀가 어깨 너머로 말한다. 나는 그 뒤를 따라나가며 말한다.

"그럼 쓰레기부터 줄여야 돼. 힘들 텐데."

"알아."

미셸이 대답한다.

지난주에 미셸과 나는 쓰레기를 모두 모아서 분류하고 수를 세는 임무를 거행했다. 길모퉁이 쓰레기통에 커피컵 버리지 않기. 플라스틱병 던지지 않기. 그걸 모두 집으로 들고 와 현관에서 검은색 대형 비닐봉지 세 개에 꾹꾹 눌러담아 발효시켰는데, 고작 나흘 만에 340리터나 모인 것을 보고 얼마나 부끄러웠는지 모른다. 우리의 계획은 앞으로 몇 주 안에 쓰레기를 완전히 없애는 방법을 알아내는 것이었다.

"당장 텔레비전도 보지 말아야 해. 내가 중독이 됐거든. 그리고 나는 쇼핑도 완전히 끊을 거야. 출퇴근도 걸어서 하기 시작할 거고, 우리 다 같이 엘리베이터 대신 계단으로 다녀야 해." 미셸이 덧붙인다.

맙소사. 내가 이런 일을 벌이다니. 그녀는 왜 참견하는 걸까? 내가 보기에는 쓰레기 단계만 해도 엄청난 난관인데 왜 대중교통과 전기 단계로 끌고 들어가려는 걸까?

"나는 자전거를 고칠게."

내가 말했다. 어휴, 맙소사.

똑딱똑딱 침묵이 흘렀다.

미셸이 말한다. "이 자리에서 경고하겠는데, 이 도시에서 나랑 이자벨라를 자전거에 태우고 다닐 생각이라면 꿈 깨."

"알았어."

나는 본심을 감춘 채 이렇게 대답한다.

협상은 이것으로 끝이었다. 앞으로 12개월 동안 우리의 역할은 분명했다. 지휘자 겸 대장은 나였다. 미셸은 그저 뒤에서 투덜거릴 것이다.

우리는 옷을 갈아입고, 환경에 아무런 영향을 미치지 않는 방법을 터득하기 위해 세상 속으로 모험을 떠날 준비를 마쳤다. 나는 이자벨라를 유모차 대신 배낭 비슷한 장치 속에 넣는다. 그래야 계단을 오르내리기 쉽다. 우리는 풀죽어 보이는 프랭키에게 작별인사를 한다. 프랭키는 매일 아침 우리가 돌아오지 않을 거라고 생각하는 듯하다. 우리 셋은 아무 생각 없이 엘리베이터에 나란히 오른다. 1층에 도착한 뒤에야 계단으로 내려왔어야 한다는 사실을 떠올린다.

셋
쓰레기 속에서
내 인생을 발견했을 때 드는 생각

   나흘 만에 대형 쓰레기봉투 세 개에 모인 잡동사니를 일부분만 살짝 공개하자면 다음과 같다. 플라스틱 커피컵 14개, 종이 커피컵 2개, 스티로폼 커피컵 4개, 플라스틱 빨대 12개, 플라스틱 빨대가 들어 있던 비닐 6개, 종이 냅킨 19장, 소형 종이봉지 14개, (사용하지 않은) 플라스틱 숟가락과 포크 세트 9벌, (쳐다보지도 않은) 영수증 5장, 똘똘 뭉쳐서 버린 키친타월 3장, 비닐봉지 14개, 플라스틱 포장용기 3개와 알루미늄 포장용기 4개, 그리고 각각의 뚜껑, 나무젓가락 2벌, 감자튀김 봉지 1개, 동그랗게 뭉친 호일 3개, 새 스탠드 두 개가 담겨 있었던 종이상자 2개와 스티로폼 포장용품.
   이걸 '일부분'이라고 부른 이유는 쓰레기봉투 세 개 중에 두 개만 해부했기 때문이다. 세번째 봉투에는 이자벨라한테서 나온 똥기저귀의 마지막 안식처인 화장실 쓰레기통의 내용물이 들어 있었다. 그중 기저귀 몇 개가 펼쳐져 있었기 때문에 방독면 없이는 속을 헤집을 수 없었다.

손에 펜과 종이를 쥐고 이런 잔해에 둘러싸인 채 현관에 앉아 있는데, 막 체중계 위에 올라갔다 몸무게가 생각보다 더 많이 나간다는 사실을 알게 되었을 때와 비슷한 기분이 들었다. 나를 멍하게 만든 것은 쓰레기 그 자체가 아니었다. 5분도 안 쓴 물건을 아무 생각 없이 버리고, 똑같은 물건을 또 5분 쓰고 버리는 그런 습관이었다. 사실 길모퉁이 쓰레기통에 버려진 커피컵과 물통을 볼 때마다 나는 깨알 같은 죄책감을 느꼈다. 나는 오래전부터 나중에 잘하겠다는 다짐을 일일통행증 삼고 있었다.

만약 누가 나더러 당신은 쓰레기를 만들지 않고 과소비하지 않았느냐고 물었다면 미국인들의 평균치인 하루 2킬로그램, 한 해 약 770킬로그램의 쓰레기를 양산하지는 않았다고 대답했을 것이다. 열과 성을 기울이지는 않았지만 그래도 노력은 했다고 대답했을 것이다. 나는 말만 앞세우는 사람이 아니다. 세계의 앞날을 걱정하는 사람이다.

기름 자국이 덕지덕지 묻은 채 납작하게 찌그러진 내 주변의 쓰레기들이 의미하는 바는 무엇이었을까? 앞으로 갈 길이 멀었다는 것이다.

나는 매사추세츠의 조그만 바닷가 마을 웨스트포트에서 할아버지 할머니의 옆집에서 자랐다. 나는 자갈이 깔린 그 집 앞길을 걸어가 할아버지와 함께 앉아서 텔레비전을 보곤 했다. 할아버지는 텔레비전을 '상자'라고 불렀는데, 그 상자와 긴 전선으로 연결된 스위치를 항상 손에 들고 있었다. 그 스위치는 '찰깍이'라고 불렀다. 광고가 나오면 할아버지가 찰깍이를 눌러 소리가 안 들리게 했다. 방송이 다시 시작되면 할아버지가 얼른 찰깍이를 눌러 볼륨을 높였다.

그러는 동안 우리 할머니는 가게에 가져다주거나 쓰레기 버릴 때 쓰려고 갈색 종이봉지를 정성 들여 접었다. 내가 깜빡하고 2층 화장실 불을 켜놓으면 할아버지와 할머니는 다시 올라가서 끄고 오게 했다. 음식은 먹을 만큼만 덜고, 땅바닥에 절대 쓰레기를 버리지 못하게 했다. 스웨터를 입고 히터를 조금만 틀었다.

우리 할아버지는 은퇴할 때까지 CIA에서 차장으로 근무했다. 할머니는 모델이었다. 그러니까 두 분 다 히피 환경운동가는 아니었다. 하지만 두 분 모두 소비를 미덕이라고 생각하지 않았고, 어린 나에게 절약하는 습관을 가르치려고 했다.

지금 나를 보면 할아버지 할머니가 어떻게 생각할까? 나는 그분들이 대공황을 거치며 터득해 전수한 보수적인 사고방식이 몸에 배어 있었다. 그런데 생각해보면 자원을 소중하게 여겨야 한다는 두 분의 생각이 단순히 '낭비하지 말고 욕심 부리지 말라'는 게 아니었다. 아껴쓰라는 가르침에는 뭔가 더 깊은 뜻이 담겨 있었다.

두 분은 우리에게 주어진 축복을 당연하게 여기면 안 된다는 단순한 믿음을 고이 간직했다. 우리 할아버지와 할머니, 두 분의 친구였고 입양으로 맺어진 삼촌과 고모 들에게 절약 정신은 환경을 걱정하는 마음에서 비롯된 것이 아니라 단순히 우리에게 주어진 인생과 그 인생에 결부된 모든 것을 감사하게 생각해야 한다는 데서 싹튼 것이었다.

나는 고등학생 때 담배꽁초를 할머니의 가장 친한 친구분 마당에 버렸다 들킨 적이 있었다.

할머니 친구분이 말했다. "얘야. 담배를 피우는 건 상관 않겠다만, 쓰레기를 아무데나 버리지는 마라."

때문에 나는 현관 바닥에 앉아서 5분도 안 쓰고 버린 물건이 얼마나 많은지 보았을 때 배은망덕한 인간이 된 기분이 들었다. 할아버지 할머니가 그러면 안 된다고 가르쳤건만, 나는 나에게 주어진 것들을 당연하게 받아들이고 있었다.

그것이 쓰레기의 부피를 보고 깊이 생각한 결과였다. 고민해야 할 내용들은 아직도 남아 있었다.

고고학자들은 쓰레기를 보고 고대문명에 대한 대부분의 정보를 알아내는 경우가 많은데, 내가 고고학자라면 발치에 놓인 이 쓰레기 더미를 보고 부피가 엄청나다는 것 다음으로 당근 껍질이 없다는 사실을 가장 먼저 알아차릴 것이다. 당근 껍질뿐 아니라 감자 껍질, 멜론 껍질, 사과 씨, 브로콜리 줄기, 달걀 껍데기, 콩 줄기, 아보카도 씨도 없다. 내가 고고학자라면 이렇게 물을 것이다. 신선한 농산물의 파편은 어디 있을까?

솔직히 말하면 나는 인류 역사상 가장 풍요로웠던 문명을 연구하는 고고학자로서 궁금해할 것이다. 건강하고 바람직하게 살았다는 증거는 어디 있을까? 각자의 몸과 건강을 챙기고도 남을 만큼 넉넉하게 살았던 가족의 증거는 어디 있을까? 쓰레기를 보면 비교적 부유했던 가족 같은데, 왜 이들은 음식을 직접 만들어먹지 않았을까?

아니면 슬픈 이야기지만, 이 가족은 왜 집에서 만든 음식 앞에 모여 앉아 한가롭게 식사를 즐기며 가족들끼리 유대감을 다지지 않고 플라스틱통에 담긴 음식을 허겁지겁 먹어치웠을까?

노 임팩트 프로젝트를 시작하기 전에 미셸과 나의 평일은 보통 이런 식으로 진행됐다.

일어나면 30분 동안 간질이고 재미있는 장난을 치며 이자벨라와 놀아준 다음 우유를 먹이고, 일회용 기저귀를 다른 일회용 기저귀로 얼른 갈아주고, '러키 왕'에서 나온 옷을 입히고, 헝클어진 머리를 빗기고, 프랭키와 동네 한 바퀴를 돌다(어젯밤 테이크아웃 음식을 담았던 비닐봉지로 녀석의 응가를 치워가며) 13번가의 모퉁이에 있는 '테 아도레'에서 커피와 크루아상을 얼른 사고(이미 배달시키지 않았으면), 이자벨라를 유모차에 태워 아이를 봐주는 페기에게 데려다주고, 얼른 출근해 열 시간 동안 열심히 일하고, 이자벨라를 집으로 데리고 와서 다시 우유 먹이고 노래 불러주고 책 읽어주고, 침대에 눕히며 '분홍 담요' 끌어안고 제발 자달라고 통사정하다 딸아이의 반항에 항복해 침대 밖으로 데리고 나와 또 20분 동안 놀아주고, 텔레비전 앞에서 한 시간 동안 뒹굴며 미셸과 나 둘 중에 누가 프랭키를 데리고 나갈 것인지 입씨름을 벌이다 침대에 쓰러져 잠이 들고 눈을 뜨면 다시 똑같은 하루가 반복된다.

그러니 당근 껍질을 벗기기는커녕 장을 볼 시간도 없다. 식탁에 둘러앉아 가족들과 함께 한가롭게 식사할 시간도 없다.

그 대신 미셸과 나는 인터넷에서 '빅 엔칠라다' 전화번호를 검색해 콩을 곁들인 밥을 주문하고, '재포니카'에서 초밥을 주문하고, ('테 아도레'가 싫증났을 때) '베이글 밥스'에서 아침을 주문하고, 너무 아무거나 먹는다는 데 죄책감이 들면 '수언 장수식품'을 찾고, 문득 현실로 돌아와서는, 건강식을 먹겠다니 지금 장난하나 싶으면 '투 부츠 피자'를 찾는다.

지금 투덜거리는 게 아니다. 다람쥐 쳇바퀴 같은 측면만 제외하면 내가 묘사한 이런 생활도 여러 면에서 괜찮다. 즉 '생활수준이 높다'. 문제는 다람쥐 쳇바퀴 같은 측면을 감안했을 때에도 이렇게 '생활수준이 높은' 것이 삶의 질이 높은 것과 일맥상통하느냐는 점이다.

하지만 어느 누가 왈가왈부할 수 있을까. 뉴욕의 맞벌이 부부 기준에서 보았을 때 우리 정도로 정신없는 생활은 일반적인 수준에 속했다. 우리 동네 워싱턴 광장 공원에 있는 놀이터에서 친구들에게 가장 최근에 아이들에게 밥을 만들어준 게 언제냐고 물으면 다들 양심의 가책을 느끼며 웃음을 터뜨린다. 그리고 우리들 사이에서는 두 살짜리가 오징어나 오리고기나 망고 샐러드를 달라고 하면 돌아올 수 없는 강을 건넌 것이나 다름없다는 농담이 있다.

이렇게 탄화수소와 기타 석유화학물질로 찍어낸 제품들은 한 20분 정도 쓰인 뒤 쓰레기 매립지와 소각장으로 직행해 우리가 마시는 물이나 공기 속으로 화학약품을 내보내는데, 알고 보니 우리 가족이 쓴 플라스틱 포장용기가 마늘소스와 뒤섞인 이 거대한 진창에 한몫을 하고 있다.

환경보호협회에 따르면 식품 포장지가 미국 전체 폐기물의 20퍼센트를 차지한다. 미국의 쓰레기를 연구하는 고고학자는 도시 주민들만 요리할 시간이 없는 게 아니라는 사실을 알게 될 것이다. 근교에 사는 사람들도 당근 껍질 벗길 시간이 없기는 마찬가지이다. 그들이 버리는 일회용기는 테이크아웃 전문 음식점이 아니라 냉동식품 코너 출신이라는 것만 다를 뿐이다.

식료품점을 생각해보자. 운이 좋으면 가게 구석자리에서 실제 요리에 쓸 수 있는 신선한 재료들을 찾을 수 있을 것이다. 하지만 그밖의 다른 곳—이 가게의 중심부에 해당되는 곳—은 상자에 든 시리얼과 깡통에 든 채소, 플라스틱 접시에 담긴 냉동식품들로 가득 찬 선반의 차지이다. 바로 이런 것들이 전자레인지에서 2~3분, 누군가의 식탁이나 무릎 위에서 몇 분 더 시간을 보낸 뒤 이 나라 쓰레기의 20퍼센트에 합류한다.

우리 할아버지와 할머니 혼령이 내가 사는 모습을 보고 혀를 찰지 모르겠지만, 우리 가족만 쓰레기를 만들어내는 끔찍한 기계로 변한 게 아니다. 내가 '뼈딱선을 탄 인간말종'도 아니고, 할아버지와 할머니의 그늘에서 벗어난 뒤 25년 동안 불량스러워진 것도 아니다. 스스로 생각했던 것처럼 게으르고 배은망덕하게 살았던 것도 아니다. 우리 사회라는 거대한 증기선에 탑승한 사람으로서 이 배를 엉뚱한 방향으로 가게 만들고 어쩌면 침몰하게 만들지도 모르는 몇 가지 결정사항을 묵묵히 따랐을 뿐이다.

프로젝트가 시작되자마자 무의식중에 버렸던 쓰레기들이 금세 자취를 감추었다. 나는 심지어 미셸을 설득해 음식물 쓰레기를 먹어서 땅에 뿌리면 되는 비료로 만들어주는—그것도 금세, 썩는 냄새도 없이—그런 지렁이들이 들어 있는 특수 쓰레기통까지 설치했다. 이를 비롯해 여러 가지 조치를 동원한 결과 우리 집 쓰레기는 그전의 5퍼센트 이하로 줄 것이다. 하지만 그건 어디까지나 앞으로의 이야기였다.

지금 당장은 코를 잡고 현관 바닥에 늘어놓았던 쓰레기를 다시 봉지에 넣으면서 이런 플라스틱 용기 덕분에 좀더 편리하게 살 수 있다는 데서 위안을 얻고 싶은 마음뿐이다. 덕분에 좀더 효율적으로 살 수 있다고, 덕분에 좀더 쉽게 살 수 있다고 말이다.

나는 좀더 효율적인 생활을 위해 고안된 물건이 그렇게 많은 오염물질을 야기하는 모순을 애써 잊어버리려 애를 쓰고 있다. 하지만 지금까지는 쓰레기를 주우면서 옷에 무언가를 묻히고 있을 뿐 아니라 위안을 얻지도 못하고 있다.

이론상으로는 이런 테이크아웃 음식 덕분에 내 몸과 우리 가족을 챙기는 데 드는 시간이 줄어들어 여유가 더 많아져야 한다. 하지만 실상은 그렇지가 않다. 우리 집에서는 생활이 편리해지면 함께 어울리는 시간이 많아지는 게 아니다. 일할 시간이 많아지는 것이다. 결국에는 우리 모두 이 '편리함'을 위해 아르바이트까지 하고 하루에 열두 시간씩 허리가 부러져라 일을 하고 있다.

도심에서 일을 하는 내 아내 미셸을 예로 들어보자. 점심시간이 되면 그녀는 개미집에서 빠져나온 개미떼처럼 초고층 빌딩에서 쏟아져나온 수많은 인파 속으로 합류해 15달러짜리 테이크아웃 음식을 산다. 그런 다음 여느 미천한 노동자처럼 시간을 아끼기 위해 엘리베이터를 타고 자기 자리로 돌아가 일을 하며 점심을 먹는다. 연봉을 인상받으려면 계속 일을 해야 한다. 연봉이 인상돼야 1년 동안 자기 자리에서 먹을 점심을 사는 데 드는 5천 달러를 감당할 수 있고 그렇게 일을 해야 연봉이 인상되고, 그래야 자기 자리에서 먹을 점심을 사는 데 드는 5천 달러를 감당할 수 있고…….

30년 전만 해도 우리 할아버지 할머니 집에서 저녁을 먹을 때 전혀 서두를 일이 없었다. 할머니는 우리를 반짝이는 마호가니 식탁으로 불러 등의자에 앉혔다. 하지만 당장 상을 차리지는 않았다. 오히려 다 같이 서쪽으로 난 식당 창문을 통해 언덕을 넘고 벌판을 가로질러 염습지에 지어진 웨스트포트 부두를 내다보곤 했다.
할머니는 다들 잠깐 동안 그렇게 아무 말 없이 앉아 있게 했다. 동그랗던 붉은 태양이 반원을 거쳐 바다 건너 언덕 뒤로 숨은 가느다란 조각이 됐다. 연어색 비늘이 구름 사이로 헤엄쳤다. 부두는 주황색과 보라색으로 이글거렸고, 어린 나이였던 나는 꼼지락거렸다. 나는 말을 하고 싶었지만, 입을 열더라도 조용히 하라는 소리를 들었다.
할아버지 할머니 집에서 평화로운 낮 시간 동안 나는 소파에 앉아 책을 읽곤 했다. 할머니는 선화를 그렸고 —옷걸이에 걸린 할아버지의 낚시용 모자나 램프를 그렸다— 나는 그걸 왜 그리는지 궁금해했다. 할아버지는 소소하고 재미있는 시를 써서 명절 때 낭독했다. 저녁시간이 되면 주황색과 빨간색이 없어지고 하늘과 바다가 잔잔한 자주색으로 옅어질 때까지 우리는 가만히 앉아 있었다. 백조들이 머리 위로 날아가기도 했다. 아니면 기러기들이 울어대며 날아가기도 했다.
우리는 석양을 바라보았다. 그런 다음 저녁을 먹었다.
할머니가 설거지를 하는 동안 나는 그 옆에 서서 창문 너머 뒷마당의 뉴잉글랜드 식 돌담을 함께 감상했다. 다람쥐들이 그 속에 살고 있었다.
할머니는 이렇게 말했다. "저 녀석이 아버지란다. 저 녀석들이 새끼들이고."

새들이 날아오곤 했다. 저게 붉은날개찌르레기라고 할머니는 알려주었다. 저건 오색방울새라고 했다.

그때는 어렸을 때라 잘 몰랐지만, 이제와 생각해보면 나는 할머니가 몸담고 있었던 세상을 그리워하는 게 아닌가 싶다. 여러분은 그것이 시골에서나 누릴 수 있는 기쁨이라고 생각할지 모르겠지만, 도시에서도 감상할 것들이 있다. 맨해튼 꼭대기층 창문에 반사된 석양. 서쪽이 아니라 동쪽으로 고개를 돌리면 석양을 볼 수 있다. 연극 대신 관중을 보는 격이다.

그런데 문제는 그걸 즐기고 음미하려면 하던 일을 멈추고 바라보아야 한다는 것이다.

안 보이도록 쓰레기들을 검은 봉지에 다시 넣고 생각해보니 내가 그것을 보고 싶어하지 않는 이유가 있었다. 안이 들여다보이는 투명한 비닐로 쓰레기봉투를 만들지 않는 데는 이유가 있다. 나를 비롯해 나 같은 부류들이 시신을 관에 넣고 뚜껑을 닫는 것과 같은 이유이다. 우리는 눈앞에 펼쳐질지 모르는 광경을 불편해한다.

나 같은 사람들은 날마다 쓰레기를 쳐다볼 수 없는 상황이 되면 지금 어떻게 살고 있는지를 두고 견디기 힘든 여러 가지 고민들과 날마다 맞닥뜨려야 한다. 내가 복도 끝 쓰레기통으로 쓰레기봉투를 나르면서 떠올렸던 문제들을 생각해야 한다. 우리가 잘 살기 위해 이 모든 편의용품의 비용을 치르고 일을 하고 있는 것인지, 이 모든 편의용품의 비용을 치르고 일을 하기 위해 살고 있는 것인지에 대해서 말이다.

내 삶이 남긴 찌꺼기를 바닥에 늘어놓고 앉아서 검은 비닐봉지를 쳐다보는데, 어린 딸과 아내와 친구들을 위해 짬을 내기 힘들어했던 내 모습이 떠올랐고, 내가 흥이 안 나는 일을 하며 꾸역꾸역 살고 있었다는 사실을 깨달았고, 10분 쓰고 버릴 물건을 위해 시간과 돈을 쓰고 있었구나 하는 생각이 들었다.

어렸을 때는 절약을 강조하는 할아버지와 할머니의 가르침이 무의미하게 느껴졌다. 이러면 안 된다. 저러면 안 된다. 무엇 때문에 그래야 하는 걸까? 믿음을 위해? 독실해지기 위해? 하지만 낭비하지 말고 감사할 줄 알아야 한다는 두 분의 마음가짐은 — 대공황 시대의 발상이건 아니건 간에 — 석양이나 다람쥐를 감상하는 여유와 연관이 있지 않을까 싶다.

쓰레기 앞에 앉아 있으면 바닥 위로 펼쳐진 나의 삶이 보이고, 어느 고고학자가 앞으로 천 년 뒤에 나의 삶을 연구할 때 어떤 걸 보게 될지 내 눈에 보이면서 이런 생각이 든다. 생명이 생명을 낳고 죽음이 죽음을 낳는다면 쓰레기가 쓰레기를 낳는 걸까? 만약 내 삶이 쓰레기를 낳는다면 그건 내 삶이 어떻다는 뜻일까? 자원을 낭비하는 게 인생을 낭비하는 증거일까?

쓰레기와 함께 바닥에서 30분을 보낸 뒤 나는 존재론의 늪에 빠져 허우적거렸다. 할아버지 할머니의 경험 말고도 내 인생에 적용시켜 이 모든 쓰레기들을 어찌할 수 있는 더 광범위한 가르침이 있을까? 나는 유대인이 아니지만 내가 '나의 랍비'라고 부르는 사람에게 이메일을 보내기로 했다.

나는 뉴욕에서 워싱턴 DC로 가는 암트랙(전미철도여객공사—옮긴이) 열차 안에서 랍비 스티븐 그린버그를 만났다. 화장실에 갔다 돌아와서 보니 함께 여행 중이던 아버지가 통로 건너편의 낯선 사람에게 내 최신작 『제드버러 작전』을 건네고 있었다.
"작가이시군요."
낯선 사람이 말했다.
나는 낯선 사람에게 작가 생활에 대해 운운하고 싶은 마음이 없었기 때문에 뜨악했다. 그런데 그때 낯선 사람이 말했다.
"저도 글을 씁니다."
알고 보니 스티븐은 유대교 역사 속의 동성애를 다룬 『하나님과 인간의 씨름』을 쓴 저자였다.
"당신도 게이인가요?"
내가 물었다.
"그렇습니다."
"그리고 랍비이고요?"
"그렇습니다."
나는 참지 못하고 이렇게 물었다.
"당신 어머니께서는 거기에 대해 어떻게 생각하시나요?"
스티븐은 웃음을 터뜨리더니 유익한 이야기들을 들려주었고, 그 뒤로 그는 나의 친구이자 랍비가 되었다.
나는 스티븐에게 내가 바닥에 흩뿌려놓은 그런 종류의 쓰레기를 금하는 종교적인 규약이 있느냐고 이메일로 물었다. 우리 할아버지 할머니의 사고방식을 뒷받침하는 규약이 있느냐고 물었다. 나는 앞에서도 말했던 것처럼 독실한 믿음 그 자체에는 관심이 없었지만, 쓰레기가 쓰레기를 낳는 것에 대한 고민을 해결해줄 수 있는 오래된 가르침이 있는지, 내가 그 많은 쓰레기를 만들어냄으로써 내 인생을 쓰레기로 만들고 있는 것인지 궁금했다.

스티븐은 이메일 답장을 보내왔고, 모세가 약속의 땅에서 지내려면 반드시 지켜야 할 계율의 하나로 전쟁 중에 열매를 맺는 나무를 "죽이지 말라"라는 말을 한 적 있다고 했다. 나는 종교학자가 아니지만 나만의 해석을 적용해보았을 때 평화로운 영혼의 소유자가 되고 싶으면(약속의 땅에서 지내려면) 살면서(전쟁 중에) 생명수와 같은 자원(열매를 맺는 나무)을 낭비하면 안 된다는 뜻이 될 수도 있지 않을까 싶었다.

이것은 랍비 스티븐이 아니라 내가 한 생각이었지만, 스티븐이 말하길 탈무드에 말씀이 실린 2세기 랍비들은 모세의 이 구절을 불필요한 파괴를 삼가라는 좀더 광범위한 뜻으로 해석했다고 한다. 그들은 이렇게 전했다.

"이것은 단순히 나무에만 적용되는 계율이 아니라 그릇을 깨거나 옷을 찢거나 건물을 무너뜨리거나 우물을 막거나 음식을 낭비하는 사람은 누구나 '죽이지 말라'는 계율을 어긴 것이다."

바닥을 메운 쓰레기들을 놓고 보았을 때 낭비하는 내 생활과 약속의 땅은 시간적으로나 공간적으로나 부합되지 않았다. 엉뚱한 생각이지만 ─ 스티븐의 이메일을 읽었다면 우리 할아버지 할머니도 그렇게 생각했을 것이다 ─ 이 구절은 과소비하면서 살면 행복에서 멀어진다는 뜻인 것 같았다. 낭비를 줄이면 더 행복해질지 모른다. 이런 생각이 들자

죽은 나무로 만든 키친타월 말고 다른 물건으로 코를 풀 방법을 찾고 전체적으로 쓰레기를 줄이는 것이 생각했던 것보다 더 뿌듯한 일이 될 수도 있겠다는 희망이 생겼다.

쓰레기 더미를 보고 떠오른 종교 관련 이야기가 또 한 가지 있다. 유대교와 그리스도교의 10계명과 비슷한 불교의 오계(五戒)에 얽힌 이야기다. 내가 알기로 오계는 나와 내 주변 사람들에게 평화를 선물하는 생활태도 내지는 삶의 정신이다.

오계의 제1계는 성서에도 '사람을 죽이지 말라'라는 계명이 있듯 '불살생(不殺生)'이다.

이야기에 따르면 어느 선사가 바깥 나무 밑에 앉아 명상을 하는데, 제자 한 명이 우물에서 물을 뜨려고 커다란 항아리를 들고 지나갔다. 항아리를 채운 제자는 온 길을 되짚어 황급히 선사 옆을 지나가며 사방으로 물을 흘렸다.

"네 이 녀석!" 선사가 나무 밑에서 외쳤다. "그 물을 왜 죽이고 있느냐?"

여기에서 어떤 단어를 선택했는지가 중요하다. 선사의 말은 제자가 나무를 죽이지 말라는 모세의 가르침이 그렇듯 살생을 넘어 과소비와 파괴로까지 확대되는 제1계의 정신을 어기고 있다는 의미를 담고 있었다. 불필요하게 과소비하고 파괴하다니 제자가 삶에 정성을 다하지 않는다는 뜻이었다. 과소비는 제자가 어떤 식으로 사는지를 좀더 심층적으로 알려주는 지표였다. 어쩌면 그도 나처럼 다람쥐와 석양이 주는 기쁨을 모르고 살았을 것이다.

어째서 지금 여기보다 앞으로 가야 할 길을 더 걱정하느냐고, 선사는 그렇게 물은 것이나 다름없었다. 어째서 지금 하는 일보다 앞으로 하게 될 일을 더 걱정하느냐고. 어째서 지금 이 순간 어떻게 살고 있는지에 대해서는 관심이 없느냐고. 어째서 지금 이 순간을 낭비하고 있느냐고. 어째서 진정 인생을 낭비하고 있느냐고.

내가 쓰레기를 만들고 과소비하는 이유는 나와 우리 가족을 좀더 간편하게 챙기기 위해서이다. 우리의 욕구를 처리하기 위해서이다. 그런데 그게 사실일까? 언제부터 우리를 챙기는 것이 음미하고 즐길 만한 일이 아니라 처리해야 하는 하찮은 일이 되었을까? 우리 가족을 위해 영양이 풍부한 상을 차리는 것이 언제부터 꼬박꼬박 지킬 수 없는 허드렛일이 되었을까? 그보다 더 중요한 일이 어디 있을까?

나는 어떤 일을 하건 일회용 폐기물을 동원해 처리하는 데 도움을 받았던 것 같다. 내 인생 자체가 돈을 버는 기계로 전락해 내 인생을 처리하는 것이 존재이유로 보이는 편의용품을 더 많이 사는 데 혈안이 되어 있는 듯하다. 나는 자기 꼬리를 먹는 뱀 같다. 그냥 어떻게든 해치울 생각만 하고 있는 게 아닐까…….

이렇게 길을 잃은 듯한 기분이 들 때마다 나는 종교에 기댄다. 믿음이 있어서 그렇다기보다, 내게 종교는 진실을 확인시켜주는 수단이다. 가끔 너무 바쁘거나 정신이 없으면 내 안의 부드러운 지혜의 목소리가 들리지 않을 때가 있다. 길을 걸을 때 난간이 우리를 도와주는 것처럼 지혜를 집대성해 일깨워주는 것이 훌륭한 종교의 역할이다.

우리 안에는 진짜 북쪽이 어디인지 가르쳐주는 나침반이 내재되어 있는데 — 선천적으로 타고나는 지혜라고 하겠다 — 나는 너무 정신없이 사느라 엉뚱한 곳으로 걸어가고 있는 듯한 기분이다. 우리 할아버지 할머니가 늘 말씀하시길 감사하고 아끼며 살라고 했다. 두 분이 하신 말씀이고 그 말을 들었을 때 느껴지는 바가 있었기 때문에 얼마나 중요한 일인지는 나도 알고 있었다. 문제는 이것이었다. 내가 나침반을 거스르며 얻은 게 무엇일까? 나침반을 거스른 게 나한테 도움이 됐을까 방해가 됐을까?

할아버지 할머니가 살아 계셨던 때로 돌아가고 싶다는 말이 아니다. 두 분은 불황이건 호황이건, 살림살이가 어렵건 넉넉하건 끝까지 놓치지 않았던 무언가를 나는 잃어버린 게 아닐까 싶은 것이다.

사제, 랍비, 스님을 대체하는 현대의 긍정심리학자들도 이 부분에 대해서 한 말이 있다. 이 새로운 학파가 발견한 바에 따르면 행복한 사람들은 가진 것에 고마워하고 지난 경험을 음미하는 데 많은 시간을 할애한다. 그들은 나중으로 넘어가려고 '현재'를 후딱 흘려보내지 않는다. 자기 자신과 가족 챙기는 일을 재미있는 순간으로 넘어가기 전에 얼른 해치워야 할 일로 간주하지 않는다. 그 대신 어찌 되었건 지금 이 순간이 재미있는 순간이라고 주장한다.

때문에 나는 검은색의 묵직한 봉지를 들고 우리 아파트 쓰레기통으로 걸어가는 동안, 방치했던 허드렛일들을 처리하는 동안, 이 쓰레기들이 내 짧은 인생을 음미할 수 있는 가능성과 정면으로 대치된다는 생각을 떨쳐버릴 수가 없었다. 편의를 위해 허비하는 행위는 내가 지금 이 순간 하고 있는 일이 무의미하다는 뜻을 은연중에 내포하고 있는 게 아닐까? 그 많은 쓰레기를 만들어내는 인생은 그 자체가 허비되고 있는 게 아닐까?

그래서 곰곰이 생각해본다. 내 손을 거쳐가는 물건들을 소중하게 다루면 내 발밑으로 지나가는 지금 이 순간도 소중하게 느껴지지 않을까? 혹시라도 설교처럼 들릴까 싶어 일반화해서 말하기 조심스럽지만, '나'라는 단어가 '우리'로 확대되면 어떻게 될까? 자원을 소중하게 다루는 문화가 자리 잡으면 우리가 함께 이끌어나가는 이 세상—서로의 눈 속에 들어 있는 이 세상—도 소중하게 느껴지기 시작하지 않을까? 그러면 이 별도 소중해지지 않을까?

내가 이런 말을 하는 것은 쓰레기를 복도에 내놓으면, 쓰레기를 집 밖으로 내치면 더 이상 '나의 문제'가 아니기 때문이다. 그러면 '우리 문제'가 된다. 우리가 다 같이 해결해야 할 문제가 된다.

우리는 쓰레기를 운반하는 트럭들이 말 그대로 수백 킬로미터씩 움직이며 내뿜는 디젤 분진을 들이마시며 다 같이 폐를 망가뜨릴 것이다. 쓰레기 매립지에서 흘러나온 배터리 산이 가미된 물을 다 같이 마실 것이다. 소각장에서 나온 다이옥신을 마시며 암에 걸릴 가능성을 다 같이 높일 것이다.

보다시피 내가 일회용품을 처분하는 순간, 내가 누린 편의가 전인류에게 민폐가 된다.

이 많은 쓰레기를 감안했을 때 내가 키친타월에 코를 푼 것이 중요한 문제였을까? 별을 하나 구해야 하는 이 마당에?

물론 종이 한 장에 불과하지만, 문제는 헤더 로저스가 『사라진 내일: 쓰레기는 어디로 갔을까』에서도 지적한 것처럼 우리가 사용하는 제품의 80퍼센트가 일회용으로 만들어진다는 것이다. 키친타월이 사소해 보일지 몰라도 이것이 우리가 개인적으로, 집단적으로 날마다 숱하게 어떤 선택을 내렸는지를 대변한다. 우리가 이 별의 자원을 착취해 거의 쓰지도 않은 채 쓰레기 매립지나 소각장으로 보내기로 한 것을 말이다.

이왕 쓰레기 이야기가 나왔으니 말인데, 환경보호협회에 따르면 미국에서 해마다 쓰레기 매립지에 버려지는 일회용 종이 냅킨, 타월, 컵, 접시가 480만 톤이라고 한다. 전에는 왜 이런 생각이 들지 않았는지 모르겠지만, 쓰레기가 되어버린 480만 톤의 종이 제품은 곧 480만 톤의 죽은 나무를 의미한다.

죽은 나무. 우리 할머니가 사랑했던 새들이 살았을지 모르는 곳. 할머니의 다람쥐들이 보금자리를 만들었을지 모르는 곳. 다람쥐가 새가 아닌 우리 인간들 입장에서는 우리 별이 대기로 당장 배출되면 안 되는 온실가스 이산화탄소를 대량으로 축적하는 곳.

가끔은 쓰레기가 어디로 향하는지보다 어디에서 나왔는지가 더 중요한 경우도 있다. 그리고 우리가 어떤 식으로 쓰레기를 만들었는지가 어디에 그것을 버리는지보다 더 중요한 문제이다. 특히 내 코가 묻은 키친타월처럼 한 번 쓰고 버리는 일회용품일수록 더욱 그렇다.

천연자원보호위원회에 따르면 일회용 제지를 생산하는 수많은 회사 중 하나에 불과한 킴벌리-클라크가 캐나다의 오래된 침엽수림에서 한 해 동안 벌채하는 수목의 양이 50만 톤이다. 그런가 하면 우리는 전세계적으로 종이 식탁보와 파티용 모자 그리고 서류용지와 인쇄용지를 소비하는 속도에 맞추느라 1분마다 풋볼 경기장 아홉 개에 해당되는 아마존의 열대우림을 베어내고 있다.

기후변화의 가장 큰 원인은 첫째가 화석연료 사용이고, 둘째가 삼림 파괴이다. 삼림은 우리 별의 허파와 같은데, 한 가지 차이점이 있다면 인간처럼 산소를 마시는 게 아니라 대기 중에서 문제가 되는 이산화탄소를 없애준다. 나무가 우리를 우리 손에서 구해줄 수 있다. 베이글을 포장하겠다고 나무를 모두 죽이는 짓은 이제 그만두어야 한다.

미국 삼림청에 따르면 미국의 삼림이 해마다 처리하는 이산화탄소가 8억 2700만 톤이라고 하는데, 이것은 미국에서 방출되는 이산화탄소의 거의 10퍼센트에 해당되는 양이다. 따라서 노 임팩트 맨이 되려고 하는 사람의 입장에서 잘라낸 나무로 만든 종이에 코를 푸는 것은 원대한 목표와 어울리지 않는 짓이다. 그뿐 아니라 삼림은 야생생물에게 서식지를 제공하고, 토양침식을 막고, 물의 순환을 돕는 등 생태학적인 관점에서 다방면으로 기여한다.

이런 사실들을 깨닫고 났더니 내가 아침에 코를 푼 물건이 더 이상 사소하게 느껴지지 않았다. 키친타월이 내 생활방식을 상징하는 물건이 되기 시작했다. 편리하지도 않은 편의용품을 사느라 우리 별의 자원을 닥치는 대로 소모하고 있다는 사실의 상징이었다. 나를 행복하게 만들어주는지 어떤지 모르겠지만 우리 별의 행복에는 전혀 기여하지 않는 게 분명한 일회용품을 내가 지금까지 오랫동안 쓰고 있었다는 사실의 상징이었다.

쓰레기 속에서 내 인생을 발견했을 때 드는 생각이 이런 것들이다.

넷

피자를 종이접시에 놓고
팔지만 않았던들

예전에 서로 사귀는 사이였을 때 미셸이 '주특기'인 카르보나라 스파게티를 만들어준 적이 있었다. 촛불이 따스하게 사방을 비추었다. 테이블 세팅도 근사했다. 그녀는 줄줄 흐르는 크림 웅덩이 위에 덜 삶아져서 거의 아드득거릴 정도인 파스타를 쌓아 내 앞에 내놓았다.
"맛있네."
내가 의무적으로 말했다.
"깜빡하고 뭘 안 넣은 것 같아."
미셸이 말했다.
"혹시 달걀 아닐까?"
내가 조심스럽게 물었다.
미셸은 얼굴을 붉혔다.
"사실 나는 요리를 할 줄 몰라."
"맛있다니까?"

나는 강력히 주장했다.

노 임팩트 프로젝트가 시작됐을 때 우리는 미셸이 장을 보고 음식을 만드는 일을 맡을 수 있지 않을까 하는 이야기는 자기보호 차원에서 아예 꺼내지도 않았다. 그런데 하루에 75리터씩 쓰레기를 만드는 끔찍한 습관을 없애려면 테이크아웃 음식과 그에 따라나오는 일회용 플라스틱 용기를 끊어야 했다. 내가 장을 보고 음식을 만드는 새로운 습관을 들여야 했다. 내가, 내 손으로, 직접. 즉 미셸이 아니라 이 몸이.

"그리고 이건 당신이 계획한 프로젝트잖아."

미셸은 이렇게 입바른 소리를 하곤 했다. 아니면 친구들에게 종종 이야기했던 것처럼 "노 임팩트 프로젝트를 하면서 재미있는 일이 하나 있다면 우리 남편이 1950년대 주부로 변해가는 과정을 지켜보는 거야"라고 했다.

프로방스의 가정주부. 장보기의 세계로 처음 뛰어들었을 때 내가 꿈꾸었던 그림은 프랑스의 조그만 시골 마을의 장터와 파리 주택가의 번화가에 줄지어 늘어선 작은 상점과 같은 풍경이었다. 나무 좌판 위에 펼쳐져 있는 신선한 식품. 용기나 종이상자나 알루미늄 호일이 전혀 쓰이지 않는 곳. 기껏해야 빨간색과 하얀색이 섞인 앞치마를 두른 빵집 주인이 키슈(달걀, 우유에 고기, 채소, 치즈 등을 섞어 만든 파이의 일종 — 옮긴이)를 멋지게 기름종이에 둘둘 말아서 주는 곳.

우아한 숙녀의 장바구니에서 고개를 삐죽 내민, 포장이라고 해봐야 랩이 전부인 바게트빵. 자전거 장바구니에 아슬아슬하게 얹혀 있는 상추, 살라미 소시지, 복숭아. 집에 오면 비닐이나 종이를 벗길 필요가 없다. 포장지가 없다. 그리고 장바구니를 들고 가지 않아서 일회용 비닐봉지를 달라고 하면 점원이 얼굴을 찡그리고 혀를 차며 그날 아침 배달 올 때 쓰인 상자를 재활용하는 게 어떻겠느냐고 한다.

파리에서 나는 계획에 없던 장을 보았는지 몇 가지 물건을 원피스 자락에 담은 채로, 속옷을 보여가며 채소가 떨어지지 않도록 아슬아슬하게 집까지 걸어가는 여자도 본 적이 있다. 파리 사람들은 캔버스 가방, 배낭, 등바구니, 프랑스에서는 '필레'라고 부르는 그물자루를 주머니 속에 쑤셔넣고 다니다 짜잔 하고 펴서 저녁 장을 보았다.

따라서 내가 쓰레기 생산을 중단하기 위해 장보기와 요리의 세계로 입문하려고 했을 때 제일 먼저 집착하게 된 것이 일회용 봉지 제거였다. 나는 프랑스 사람처럼 되어야 한다고 생각했는데, 프랑스 사람들은 멋있으니 그래도 괜찮았다.

그리고 정말로 환경 친화적이 되려면 먼저 프랑스에서 쓰는 그물자루부터 사야겠다고 결심했다.

우리 별에 관심이 많은 사람이라면 진작부터 캔버스로 된 장바구니를 들고 다녀야 하는 것 아닐까? 하지만 나 같은 사람은 턱도 없는 이야기였다. 온갖 생물에 대한 온정이 간헐적으로 샘솟았을 때 사놓은 캔버스 가방이 있기는 했지만 완전히 잊혀진 채 어느 벽장 뒷구석에 구겨져 있을지 모를 일이었다.

이제 나의 목표는 일회용 봉지를 대체할 만한 물건을 소유하는 데 그치는 게 아니라 예외 없이 언제 어디에서나 실질적으로 사용하는 것이었다. 환경운동 초급반처럼 들리겠지만, 그것은 내가 얼마나 까마득한

터치다운에서 출발했고, 환경을 대하는 태도를 고치는 문제에서 미국이 얼마나 뒤처져 있는지 적나라하게 알려주는 척도이다. 중국, 남아프리카공화국, 아일랜드, 방글라데시, 타이완, 우간다, 탄자니아에서는 이미 비닐봉지에 세금을 부과하거나 사용을 규제해 실질적으로 자취를 감추게 만들었다.

친환경적인 생활을 위한 첫걸음을 내딛으려는 나 같은 신출내기 입장에서 이 정도면 손쉬운 출발이었다. 우리 집 쓰레기통의 일회용 플라스틱 쓰레기를 상대로 성전을 준비하는 데 이 정도는 서막을 알리는 일제포격에 불과했다.

나는 우리가 사는 이 별에 엄청난 피해를 입히고 있는 어마어마한 쓰레기를 없애려면 무언가를 포기해야 하는 게 아니라 이제는 시대에 뒤떨어진 습관을 바꾸기만 하면 된다고 생각했고, 손수건 삼아 들고 다니는 천조각 같은 것들은 나의 가설을 간단하게 실험하는 도구였다. 비닐봉지 없이 산다고 어느 누가 박탈감을 느낄까? 비닐봉지를 써야 더 행복하게 살 수 있다고 어느 누가 주장할 수 있을까?

월드워치연구소에 따르면 전세계적으로 폐기처분되는 비닐봉지가 연간 4조에서 5조 개에 달한다. 몇 분 쓰고 버림받을 운명을 안고 세계 각지의 상점과 시장을 나서는 비닐봉지의 수는 세상 그 어떤 제품보다 수백 배 많다. 비닐봉지는 전세계에서 가장 흔한 소비재이고, 가장 널리 퍼진 일회용품이다.

비닐봉지를 재활용하는 비율은 1퍼센트에도 못 미치고, 2006년 기준으로 일회용 봉지가 미국 내 도시 폐기물 중에서 400만 톤을 차지했다.

비닐봉지를 소각장에서 태우면 대기가 오염되고, 매립지에 묻으면 몇 백 년 동안 고약한 화학물질이 흘러나온다. 게다가 공기역학적으로 워낙 가볍기 때문에 쓰레기 수거시설에서 바람에 날리는 비닐봉지가 1퍼센트이다. 이런 식으로 무리를 이탈한 봉지들은 결국 나무에 걸려 펄럭이거나 담벼락에 달라붙어 있고, 가장 심각하게는 바다 위를 둥둥 떠다닌다.

1988년에는 멸종위기에 처한 장수거북의 시체가 2주 사이 열다섯 마리나 롱아일랜드 해변으로 쓸려온 사건이 있었다. 깜짝 놀란 해양생물학자들이 부검을 실시했다. 그 결과 열다섯 마리 중 열한 마리가 비닐봉지를 삼켰고 이것이 위 입구를 막은 것으로 밝혀졌다. 장수거북은 해파리를 좋아하는데 시력이 나쁜, 유감스러운 조합을 갖추었다. 앞을 거의 못 보는 거북들 입장에서는 물속에 가라앉은 비닐봉지가 맛있게 보였을 것이다.

황당한 것은 일회용 비닐봉지가 영원히 썩지 않는 소재로 만들어진다는 사실이다. 비닐봉지는 100퍼센트 플라스틱으로 만들어진 일회용품과 차원이 다르다. 면도기, 칫솔, 물통, 커피컵, 볼펜, 빗, 기타 등등을 생각해보자. 플라스틱의 내구성도 워낙 막강하기 때문에 이런 물건들은 몇 백 년 동안 썩지 않는다. 그 결과, 바다 1.6제곱킬로미터당 4만6천 조각의 플라스틱이 떠다니고 있다고 유엔환경계획에서 보고했다.

캘리포니아 해변에서 1600킬로미터 떨어져 있는 태평양 한복판으로 나서면 쓰레기들이 둥둥 떠다니며 소용돌이치는 곳이 나오는데, 그 크기가 미국 본토의 두 배이다. '쓰레기 더미'라 불리는 이곳에 무게로 따졌을 때 수중생물의 여섯 배에 달하는 플라스틱이 떠다니고 있다. 가장 가까운 데 사는 인간을 만나려면 1600킬로미터나 가야 하는 태평양 한복판이건만 플랑크톤, 해파리, 물고기가 (무게로 따졌을 때) 비닐봉지나 물통이나 기타 자질구레한 일회용 플라스틱 용품에 1대 6으로 밀린다.

북태평양 한곳에서만 해마다 10만 마리 정도의 바다거북과 해양 포유동물, 100만 마리의 바닷새, 이루 헤아릴 수도 없을 만큼 많은 물고기들이 플라스틱에 식도가 막혀 굶어죽는다. 하와이 제도의 북서부에 해당되는 샌드 섬에서 최근 레이산알바트로스를 관찰한 결과에 따르면 부모가 바다에 떠다니는 플라스틱을 주워 새끼들에게 실수로 먹인 경우가 97퍼센트였다.

그런가 하면 바다에 사는 동물들을 질식시키는 데 쓰이지 않고 남은 플라스틱 폐기물은 염분과 햇볕 때문에 서서히 부서지고, 눈곱만큼 작은 크리스마스트리 방울 장식이 되어 물속을 둥둥 떠다닌다. 플랑크톤을 먹는 물고기들이 이것을 삼키고, 큰 물고기들이 작은 물고기를 먹는데, 큰 물고기들의 종착역은 어디일까? 어른들이 저녁식사를 위해 찾는 초밥집과, 학교에서 아이들 점심 급식으로 쓰일 생선튀김을 만드는 공장이다. 먹이사슬의 제일 밑바닥에서 시작된 것은 반드시 꼭대기에서 끝을 맺게 되어 있다.

우리 몸에는 50년 전에는 들어본 적 없는 공업용 화학물질이 최고 100가지나, 그것도 검사하면 나올 정도의 분량으로 축적되어 있다고 한다. 대부분 우리 집 쓰레기봉투를 채운 그 일회용 플라스틱 쓰레기를 생산하고 사용하느라 축적된 화학물질이다. 예를 들어 깡통 안쪽에 쓰이고, 일회용 물통을 비롯한 기타 단단한 플라스틱 용품을 만들 때 사용되는 혼합물인 비스페놀 A의 경우 호르몬 체계를 어지럽혀 몇몇 암의 발병률을 높이고, 불임을 유발하고, 과다행동장애와 같은 아동질환의 원인을 제공한다.

흔히 말하길 먹는 대로 된다고들 하는데, 우리가 버린 비닐봉지를 바다거북들만 먹는 게 아니다. 이 별에 사는 야생동물들이 겪은 일은 앞으로 우리에게 닥칠 일을 일찌감치 경고하는 전조이다.

우리 사회가 사는 모습을 보면 의아해지지 않을 수가 없다. 비닐봉지를 위해 (그리고 환경적인 측면에서 보았을 때 오십 보 백 보인 종이봉지를 위해) 우리의 건강과 행복과 안전을 책임지는 우리 별의 위기를 기꺼이 자초하고 있으니 말이다.

만약 선택의 기로에 놓인다면 — 내가 보기에는 이미 선택의 기로에 놓여 있다 — 비닐봉지와 온갖 일회용 플라스틱 쓰레기들이 넘쳐나는 땅에 한 표를 던져야 할까, 바다거북이 살고 화학물질로부터 자유로운 아이들이 사는 땅에 한 표를 던져야 할까?

솔직히 고백하건대 나는 거북을 구하겠다기보다는 근사한 프랑스 그물 장바구니를 장만하겠다는 일념으로 11월 말의 어느 대낮에, 내 딴에는 시간을 넉넉히 잡고, 쓰레기가 나오지 않는 식탁을 처음으로 차리는 데 필요한 재료를 마련하기 위해 장보기의 세계로 용감하게 발을 들여놓는다.

나는 미셸에게 전화를 걸어 저녁으로 오믈렛과 두부 스크램블, 둘 중에 뭘 먹겠느냐고 묻는다. 그녀는 진정한 환경운동가 지망생답게 두부 스크램블을 고른다. 나는 먼저 인근 유니언 광장에 있는 '홀 푸드(미국의 대표적인 유기농 식품점—옮긴이)'로 향한다.

나는 아래층으로 내려가 점원에게 내가 원하는 물건을 아주 자세하게 설명한다. 두부를 말하는 게 아니다.

"그거 있잖아요. 고기 잡는 그물처럼 생겼는데 손잡이가 달린 그런 바구니요."

점원은 내 말을 알아듣지 못한다.

나는 다시 설명을 시작한다.

점원이 말허리를 자른다.

없단다. 내가 찾는 게 무엇이든 간에 홀 푸드에는 없었다. 그는 이렇게 말한다. 플라스틱을 재활용해서 만든 캔버스 타입의 까만 장바구니는 있다고 한다.

"하지만 음…… 그물로 만든 바구니는 없습니다."

나는 '베드, 배스 & 비욘드(생활용품 전문점. 상당히 고급스러운 라인도 갖추고 있다—옮긴이)'에 간다. 없다. '컨테이너 스토어(수납용품 전문점—옮긴이)'에 간다. 없다. '홈 디팟(DIY 용품 전문점—옮긴이)'도 가본다. 없다. 나는 5번가와 브로드웨이 가를 오르내리며 아무 상점이나 들어가 주인을 붙잡고 프랑스에서 쓰는 그물 바구니를 설명한다. 하지만 없다.

문득 정신을 차리고 보니 오후 다섯 시다. 아이를 봐주는 페기 네 집에 가서 이자벨라를 데리고 와야 한다. 장을 보려고 넉넉히 비워두었던 시간이 다 끝나버렸다. 집으로 돌아온 뒤 9층 창밖을 내다보는데 저 아래 나뭇가지에 비닐봉지 세 개가 엉켜 있다. 집 안을 둘러보자 가장 최근에 환경의식으로 양심의 가책을 느꼈을 때 사놓고 벽장 뒤쪽에 처박

아놓았던 가방을 비롯해 장바구니로 쓸 수 있었던 가방들이 지천에 널려 있다.

미셸이 퇴근한다.

"저녁 준비 거의 다 끝났어?"

나는 풀죽은 얼굴로 그녀를 쳐다본다. 두부가 없으니 두부 스크램블을 만들 수도 없다. 우리는 또다시 인터넷에서 '빅 엔칠라다' 전화번호를 검색한다. 또다시 배달음식을 주문한다. 우리 집 쓰레기통이 플라스틱 용기로 가득 찬다.

용기들이 앞으로 천 년 뒤에도 썩지 않을 테니 그 안에 쪽지를 넣어두면 우리 손자의 손자의 손자의 손자가 발견할지 모른다. 그 쪽지에는 이렇게 적혀 있을 것이다.

"얘들아, 거북은 미안하게 됐다."

테이크아웃 음식 용기로 꽉 찼던 쓰레기봉투를 비우는 게 목표라면 랩으로 싼 채소, 상자에 든 파스타, 플라스틱통에 든 요구르트, 판에 든 달걀로 카트를 잔뜩 채워서는 안 될 일이다. 미리 포장된 식료품은 퇴출이다. 나는 다음날 아침에 일어나 장보기—장만 보는 것—를 그날 가장 먼저 처리해야 할 일로 꼽으며, 대용량 상자에 넣고 낱개로 파는 채소와 과일, 포장 안 된 식료품이야말로 모래 속에 묻힌 바늘임을 깨닫는다.

그래서 나는 오랫동안 방치했던 재활용 장바구니를 움켜쥐고, 비닐봉지와 종이봉지 사이에서 시련을 겪었던 인티그럴 요가 식료품점으로 걸어갔다. 원래 이름이 '인티그럴 요가 내추럴 푸드'인 이곳은 스리 스와미 사치다난다라는 사람의 제자들이 운영하는 가게이다. 여기에서는 낱개로 되어 있는 다양한 식료품을 작은 삽으로 떠서 그릇에 넣으면 된다. 스와미가 대용량 상자의 중요성을 가르쳤던 모양이다.

문제는 파스타와 쌀에서부터 바닷말과 건포도에 이르기까지 온갖 식료품으로 가득한 상자들이 앞에 있어도 산 물건을 집까지 들고 갈 방법이 있어야 한다는 것이다. 현미를 주머니 가득 쑤셔담을 수는 없는 일이다. 보통 사람들— 쓰레기 안 만들기를 평생의 숙원으로 삼지 않은 사람들— 은 상자 옆에 매달린 비닐봉지를 찢는다. 하지만 나는 어제 저녁에 엔칠라다를 주문하는 못된 짓을 저지르면서 거북들을 목 졸라 죽이는 최악의 상황에 치달았고, 오늘 아침에 눈을 뜨자마자 아주 자랑스럽게 좀더 바람직한 해결책을 생각해냈다.

나는 집 찬장에서 빈 유리병들을 꺼내 벽장 뒷구석에서 드디어 찾아낸 캔버스 가방에 쑤셔넣었다. 여기에 파스타와 쌀과 커피와 막 빻은 땅콩으로 만든 땅콩버터를 넣을 생각으로 인티그럴 요가까지 들고 왔다. 이 안에 물건을 넣고 계산할 때 몇 그램을 빼면 되는지 알 수 있게 심지어 유리병 무게까지 재두었다.

그래서 인티그럴 요가에 도착한 나는 여러 가지 식료품을 유리병에 담으며 아주 뿌듯해한다. 이제 내 자리를 찾았다. 새로운 친환경 보금자리에 도착했다. 우리 가족의 소중한 영양센터를 새로이 발견했다.

나는 가득 채운 유리병들을 들고 계산하러 줄을 선다. 내 차례가 되자 카운터에 유리병들을 내려놓고 계산대 앞에 서 있는 아가씨를 향해 미소를 짓는다. 그녀가 환경을 위한 나의 노력을 알아차리고 응원의 미소를 지어주겠거니 싶어 기다려진다.

"이게 뭔가요?"

그녀가 유리병들을 쳐다보며 묻는다.

내가 유리병의 용도와 비닐봉지를 쓰지 않는 이유를 설명하고 각 병의 무게를 적어 뚜껑에 붙인 테이프를 가리키자 그녀는 어떤 식으로 뺄셈을 하면 될지 알아보기 위해 점장을 부른다. 나는 뒤에 서 있는 사람들 때문에 점점 불안해지지만, 그래도 비닐봉지를 쓰지 않겠다니 참 훌륭한 발상이라는 점원의 칭찬을 기다린다.

하지만 그녀는 그런 말을 하지 않는다.

그 대신 어떻게 했을까?

한숨을 쉰다.

그러더니 나를 쳐다본다. 그러더니 유리병들을 쳐다본다. 그러더니 다시 나를 쳐다본다. 그런 다음 어떻게 했을까? 눈을 부라린다.

나는 메노미니 족의 벌목 철학에 대해서 들은 몇 안 되는 정보와 비슷하게 앞으로 1년 동안 살기로 결심한 이래 메노미니 족을 이상형으로 상정했다. 그들이 올바른 삶, 행복한 삶, 이 땅이 너끈하게 줄 수 있는 것만 취하고 그 이상은 바라지 않는 삶의 상징이 되었다.

그런데 오늘은 메노미니 족도 신념이 흔들린 적이 있는지 알고 싶어진다. 내가 처음으로 그런 경험을 하고 있으니 말이다.

맥도너와 브라운가르트가 『요람에서 요람으로』에서 밝힌 바에 따르면 숲을 훼손할 정도로 벌목하지 않는 것이 메노미니 족의 철학이었다. 하지만 기근이나 가뭄이 든 해에는 어떻게 했을까? 목재 값이 너무 떨어져서 아이들의 욕구를 채워줄 수 없을 때에는 어떻게 했을까? 바람과 열망과 갈망으로 주체할 수 없을 때에는 어떻게 했을까?

인티그럴 요가의 점원이 나를 보고 얼굴을 찡그린 뒤로 몇 주가 지났다. 그리고 솔직히 나는 장족의 발전을 했다.

우리는 이제 플라스틱 용기에 담긴 테이크아웃 음식을 먹지 않는다. 신문도 끊었다. 포장이 된 물건은 피했다. '카탈로그와 광고지 사절' 명단에 우리 이름을 넣었다. 옷을 버리지 않고 수선집에 맡기기 시작했다. 요리할 시간이 없으면 테이크아웃 음식점에 그릇을 들고 갔다. 키친타월 대신 버린 옷으로 만든 천을 썼다. 내 출판사에서 이면지를 가져다 썼다. 외출했을 때 무언가를 싸거나 손을 닦을 때 냅킨 대신 쓸 수 있게 천을 들고 다녔다.

그리고 또 한 가지. 어디든지 다시 쓸 수 있는 컵을 들고 다녔다. 컵을 깜빡한 날에는 커피를 마시지 않기로 했다. 생수를 보면 콧방귀를 뀌고 컵에 수돗물을 받아 마셨다. 빅펜이나 질레트 면도날 같은 일회용품을, 칼집에 넣는 면도기와 만년필처럼 계속 쓸 수 있는 것으로 대체했다. '벤 & 제리'의 처비허비 아이스크림은 물론이고 깡통 안에 든 프링글스 과자도 끊다시피 하고 나서 허리 치수가 점점 줄어들어가는 것을 자축했다.

나는 심지어 일회용 탐폰이 아니라 의료용 실리콘으로 만들어 재활용이 가능한 생리용 컵을 쓰는 문제로 미셸과 설전을 벌이는 것으로 환경문제를 대하는 나의 진지한 태도를 증명했다. 설전에서는 내가 졌다 (하지만 반드시 설득할 것이다).

여기까지 오는 동안 너무 힘든 적은 한 번도 없었다. 나는 심지어 끈으로 묶는 친환경 모슬린 장바구니까지 발견했다. 이 장바구니는 워낙 가볍기 때문에 인티그럴 요가에서 대용량 상자에 담아두고 파는 파스타를 가득 넣고 저울에 올려놓았을 때 뺄셈을 할 필요가 없다. 심지어 나의 오랜 숙적인 점원조차 속으로는 나를 좋아하기 시작했다. 우리 집 쓰레기통과 재활용품 바구니는 텅 빈 채 입을 벌리고 있다. 이제 잘할 수 있을 것 같다는 생각이 든다. 본궤도에 오른 것이다. 적어도 내가 생각하기에는 그렇다.

그런데 오늘은 14번가에 있는 피자가게 앞을 지나가는데, 내가 간절한 표정으로 그 안을 들여다보고 있다. 배고픈 표정이 아니다. 간절한 표정이다. 그저 단순한 갈망이다. 이 노 임팩트 프로젝트가 시작되기 전이었다면 가게 안으로 당장 들어가 카운터에서 계산을 하고, 이제는 금지사항이 된 종이접시 위에 피자 한 조각 올려놓고 냠냠 먹었을 것이다. 이제는 금지사항이 된 플라스틱통에 담긴 콜라가 마시고 싶을 때도 그랬을 것이다. 뭐든 그랬을 것이다.

하지만 오늘은 그럭저럭 유혹을 넘길 수 있지 않을까 생각한다.

뉴욕에 살다보니 오래전부터 뭐든 유혹을 느끼면 당장 해결할 수 있을 것처럼 느껴졌다. 하지만 지금은 아니다. 쓰레기를 만들지 않기 위해서라고, 지난 몇 주 동안 몇 번이나 속으로 중얼거렸는지 모른다.

잎양파 두부를 곁들여 기름종이에 싸서 파는 '베이글 밥스'의 모든 베이글도 안 된다. 탄산수도 안 된다. 종이컵에 담아서 파는 '뉴스 바'의 허브차도 안 된다. 심지어 내가 글을 쓰는 공동작업실의 매점에서 파는 호일 포장된 허시 키세스 초콜릿도 안 된다. 땅콩도 안 된다. 감자칩도 안 된다. 영화관에서 파는 팝콘도 안 된다. 이 세상이 온통 개별 포장되어 있는 게 분명하다. 거의 쓰지도 않은 포장지를 5분 만에 아무렇지도 않게 버리지 못하면 큰일 난다.

"아이쿠 맙소사." 내셔널 퍼블릭 라디오의 〈토크 오브 네이션〉이라는 프로그램에서 나를 인터뷰했을 때 진행자 스콧 사이먼은 이렇게 말했다. "근사하게 인생을 즐겨보자고 뉴욕에 사는 거 아닙니까?"

"두말하면 잔소리죠!"

오늘 그 말을 들었다면 나는 이렇게 외쳤을 것이다. 나는 다른 사람들의 오판을 대신해 희생을 하고 있는 듯한 기분이 들었다. 피자를 꼭 죽은 나무로 만든 접시에 올려놓아야 하는 건 아니었다. 우리 사회의 천재들이 환경을 감안한 대안을 찾았어야 하는 것 아닐까? 지금은 그들이 잘못 만든 시스템의 대가를 내가 치르는 듯한 기분이 들었다.

내가 사실 '로니브룩 팜'이라는 곳을 발견하기는 했다. 그곳은 직거래 장터에서 우유를 재활용이 가능한 유리병에 담아 파는 낙농업체이다. 내가 가지고 간 그릇에 담아오면 되는 두부, 판을 수거해 재활용하는 달걀 농장을 발견한 것도 다행스러운 일이다. 찾아보면 자원을 과소비하지 않는 소규모 시스템도 군데군데 있어서, 식료품을 집으로 들고 와 쓰레기를 안 만들고 식탁을 차리면 기분이 정말 좋다. 이렇게 하면 내가 왠지 체제 전복적인 인물이 된 것 같아서, 이 매트릭스를 향해 가운뎃손가락을 치켜들고 있는 듯한, 이 유치한 반항심을 즐기고 있다.

하지만 젠장, 환경을 파괴하지 않는 방법을 생각해놓지 못했지만 그래도 피자가 먹고 싶을 때가 있다. 내가 지금까지 거둔 성과는 대부분 어디에서 장을 보고, 포장이 안 된 어떤 물품을 살지 연구하고 계획하는 것과 관련된 부분이었다. 그런데 피자를 안 먹고 지나가는 것은 지속 가능한 방식으로 살고 싶으면 어떤 유혹을 느끼더라도 당장 해소할 수 없는 현실을 감수하는 것과 관련된 부분이었다. 우리 사회의 시스템이 지속 가능하게 만들어지지 않았기 때문에 나는 사회의 조류를 거슬러 헤엄쳐야 했고 그러느라 어떨 때는 진이 빠졌다.

자제심을 발휘하라고? 얼어죽을!

수백 년 동안 숲을 관리하면서 메노미니 족도 숱하게 이런 일을 겪었을 것이다. 더 있었으면 싶지만 참아야 했을 때, 충분해도 충분하게 느껴지지 않았을 때도 많았을 것이다. 하지만 나무를 너무 많이 베어버렸다면 무슨 수로 목재산업을 유지할 수 있었을까? 내가 유혹이 느껴질 때마다 무너지면 이번 실험에서 무얼 배울 수 있을까?

나는 종이접시와 냅킨을 피할 방법이 없기 때문에 오늘도 피자를 거부한다. 하지만 행복하지 않다.

나는 14번가를 따라 걸어간다. 3번가 모퉁이의 빨간 신호등 앞에 어떤 남자가 탄 BMW가 서 있다. 분노가 밀려온다. 그리고 정의감도 불타오른다. 이 바보가 대중교통체계도 훌륭한 도시 한복판에서 기름을 낭비하고 이산화탄소를 뿜어내고 있다고, 나의 이성이 속삭인다. 하지만 나는 분노하고 있다기보다 질투하고 있다. 이 남자는 근사한 차에 앉아서 내장형 스테레오로 음악을 들으며 길거리를 걸어가는 미인들의 시선을 받고 있는데, 나는 스스로 자초한 1년의 제한에 묶여 먹고 싶은 피자도 못 먹고 있다.

메노미니 족은 자제심을 발휘하고 있는 상황에서, 킴벌리-클라크 같은 회사가 피자를 담을 때 쓰는 종이접시를 만드느라 완전벌채 방식으로 나무를 수백만 그루씩 싹쓸이하는 것을 보면 어떤 기분이 들까? 자기연민이 느껴질까? 오늘 나처럼, 모두 하고 싶은 대로 할 수 있는데 나만 예외라는 기분이 들까? 그렇지는 않을 것이다. 그들은 자신들처럼 사는 데 엄청난 보상이 뒤따른다는 사실을 진작 깨달았을 것이다.

메노미니 족은 앞으로 백 년이 지나도 벌목할 나무가 많다고 장담할 수 있다. 아마존의 열대우림에서는 1분당 2천 그루의 나무가 사라지고 있으니 킴벌리-클라크와 우리는 그럴 수 없다. 메노미니 족의 입장에서는 환경을 보호하는 데 따르는 보상이 있다. 여기서 질문. 내 입장에서는 환경을 보호하는 데 어떤 보상이 있을까?

미셸이 보라색 점액질이 가득 든 큼지막한 플라스틱컵을 들고 들이닥친다.

"엄청난 소식이 있어."

그녀가 싱글벙글거리며 말한다.

"뭔데?"

나는 용납할 수 없는 그녀의 플라스틱컵을 빤히 쳐다보며 묻는다.

"노 임팩트 식 다이어트 방법을 발견했어."

미셸은 뉴욕의 미디어산업이 키운 글램걸이자 패셔니스타이다. 정말이다. 그녀가 간밤에 잘 놀았다고 하면 친구 열 명과 '파스티스(《섹스 앤 더 시티》에 나와서 유명해진 프랑스 레스토랑 — 옮긴이)'에서 만나 옷에 대해서, 그다음에는 남자에 대해서, 그다음에는 다이어트에 대해서 떠들어댄 것을 말한다. 미셸과 친구들은 묻혀 있는 디자이너 샘플 세일 정보 대장이고, 이런 옷을 입기 위해서라면 다이어트 계획을 세우느라 정신없는 과학자가 된다.

노 임팩트 프로젝트를 시작하기 한 주 전에 미셸은 앞으로 닥칠 1년에 대한 공포로 인해 대대적인 쇼핑에 나서 진짜 근사한 가죽부츠 두 켤레를 낚았고, 이 때문에 우리는 쓸모없었던 코딱지만 한 401(k) 연금(미국의 대표적인 노후연금—옮긴이)을 현금화했다. 그러니까 그녀도 노임팩트 프로젝트를 쉽게 받아들일 수 없었던 것이다. 하지만 그녀는 통이 크다. 그리고 프로젝트가 어떤 결과를 낳을지에 대해 편견이 없다.

아무튼 그녀가 이번에 시작한 최첨단 다이어트 방법이란 영양사에게 어마어마한 돈을 주고 한 달 동안 호일에 싼 우주식에 물을 부어서 먹는 것이다. 오늘 보니 주스만 마시는 금식법이다. 미셸이 3번가에 있는 '주스테리아'라는 곳에 들렀다 집에 온다. 친구 태러가 알려준 곳이다.

"나도 알아, 나도 알아. 이거 일회용 컵인 거." 미셸이 말한다. "하지만 카운터를 지키는 여자한테 말했더니 우리 프로젝트를 응원한다고 그랬어. 재활용되는 병이나 컵을 가져와도 좋다고 하더라."

나는 억지로 미소를 짓는다.

사실 우리 할아버지 할머니는 매사추세츠 주 웨스트포트의 작고 아늑한 퇴직자 주택에 살았지만, 미드웨스트의 농장에서 살았던 미셸의 외할아버지 외할머니는 아이들만큼은 좀더 나은 생활을 할 수 있게 모든 지원을 아끼지 않았다. 두 분은 힘겨웠던 더스트볼(1930년대에 미국 그레이트플레인스의 일부 지역을 강타했던 가뭄과 흙바람—옮긴이)을 겪었다. 땅으로 먹고사는 데 질렸다. 따라서 땅을 등지고 부자가 된 미셸의 가족에게는 다이어트 주스처럼 사고 싶은 물건이 있을 때 사는 것이 어려움을 극복했다는 신호였다. 심지어 그들이 누린 행운에 대해 감사하는 마음을 나름대로 표현하는 방식이었다. 이처럼 자유로운 구매는 온 가족이 열심히 일했다는 증거였다.

이런 식으로 정체성을 표현한 것보다 근검절약을 강조한 우리 할아버지와 할머니가 더 진실하고 유익하고 정상적이라고 말할 수 있을까? 그건 아니다.

하지만 우리의 건강과 행복과 안전을 책임지는 우리 별의 자원이 극심하게 고갈된 상황과 그런 생활방식 사이에서 어떤 식으로 조화를 도모할 것인가 하는 문제는 남는다. 땅 짚고 헤엄치는 것만큼 쉽게 친환경적으로 살 수 있는 방법을 강구하는 것이 하나의 방편일 것이다. 우리는 우리 별에 근본적인 피해를 입히지 않는 제작 공정을 개발하고, 에너지를 만들고, 물품을 제조할 방법을 찾아야 한다. 그러면 미셸도 주스를 마시면서 자기 집안의 성공을 확인할 수 있을 것이다.

우리 사회는 모든 자원을 소비하는 방향으로 돌진하는 대형 트럭 같다. 나는 다른 식으로 살도록, 어떻게 생각하면 그녀의 집안 분위기를 거부하도록 어떤 식으로든 가엾은 미셸을 설득해야 한다. 그러는 게 과연 맞는 일일까?

그런데 또 한 가지 궁금증이 생긴다. 올바르게 사느라 남들과 격리되면 그게 훌륭한 일일까? 올바르게 사느라 외톨이가 되면 그게 훌륭한 일일까?

주스는 미셸 판 프랑스 그물 장바구니이다. 우리는 소비주의에서 벗어나려고 아무리 노력해도 자꾸 그 한복판으로 돌아오고, 예전처럼 이걸 고치려고 저걸 사고, 살을 **빼려고** 뭘 먹고, 보존하려고 소비하는 최면상태에서 허우적거린다. 하지만 오늘 나는 무슨 말이든 할 기분이 아니다.

이 기운 빠지던 시기에 나는 다음과 같은 사고 과정을 거쳤다.

1. 나는 피자 사건을 겪으면서 우리 별이 줄 수 있는 한도 이상으로 자원을 낭비하지 않겠다는 것이 초인간적인 자제력이 필요한 문제인가 싶어 불안했다. 나는 노 임팩트 프로젝트를 진행하는 동안 "당신 같은 사람의 문제는 인간이 기본적으로 이기적이고 절대 달라지지 않는다는 사실을 받아들이지 않는 것"이라는 이야기를 여러 번 들었다. 가지고 싶지만 가질 수 없는 것 때문에 우울해지고, 미셸이 원하는 것도 막는 내가 싫어질 때면 그 말이 맞다는 생각이 들었다. 인간이 원래 너무나 이기적인 것인지 다시 불안해지기 시작했다.

2. 하지만 나를 비롯해서 인간은 누구나 이기적이라는 발상은 나의 세계관이나 직감과 부합되지 않았다. 우리는 대부분 아이들을 사랑하고 예의바른 이웃이 되려고 한다. 사는 게 너무 힘들거나 알코올 또는 약물 중독이 아닌 이상 남을 해코지하기보다 도우려고 한다. 자기 자신과 모두를 위해 마음속으로 평화와 화합을 기원한다. 우리 별을 잘 관리해야 한다고 생각한다. 자원 낭비를 '즐기는' 사람은 아무도 없다.

3. 게다가 문제는 우리의 욕구 그 자체가 아니라 사회 시스템이 우리의 욕구를 해소해주는 방식이다. 피자를 먹고 싶어하는 내가 잘못된 게 아니었다. 피자를 일회용 종이접시에 놓고 파는 게 문제였다. 우리 사회는 원하는 것을 취한 뒤 쓰레기와 오염과 온실가스를 남기지 않는 게 시스템상 불가능하다. 예를 들어 패밀리 레스토랑에 앉아 있으면 몇 분 만에 쓰레기들이 나를 덮친다. 먼저 종이매트와 종이냅킨이 등장하고, 빨대, 빨대 넣는 비닐, 음료수가 담긴 일회용 유리병, 접시 바닥에 까는

종이깔개, 스티로폼 상자, 케첩을 담는 조그만 플라스틱컵이 그 뒤를 잇는다. 나는 패밀리 레스토랑 직원들에게 같은 말을 몇 번씩 반복했는지 모른다. "이상하게 들리겠지만, 나는 지금 쓰레기 안 만들기 프로젝트를 진행하는 중이에요. 정말 미안한데 종이로 만든 이것들 도로 가져가줄래요?"

4. 쓰레기가 쓰나미처럼 내 인생을 관통하더라도 내가 그 쓰나미를 만든 건 아니다. 따라서 쓰레기와 오염과 온실가스는 인간의 천성에 어떤 문제가 있기 때문에 생긴 것이 아니다.

5. 그런데 역사를 살짝 거슬러 올라가보니 내가 너무나 죄가 많고 이기적인 인간인 것처럼 느껴졌던 이유를 알 수 있었다. "우리 때문에 오염이 시작됐습니다. 우리가 그걸 멈출 수 있습니다." 이 메시지를 기억하는가? 온갖 쓰레기들 때문에 울부짖는 미국 원주민들을 등장시킨, '미국을 아름답게(KAB, Keep America Beautiful)'라는 단체의 공익광고 문구였다. 그런데 이럴 수가! 알고 보니 KAB의 설립자가 재활용이 불가능한 일회용 음료수 캔과 병을 창안한 아메리칸 캔 컴퍼니와 오언스-일리노이 글래스 컴퍼니이다. 그들은 종이컵회사부터 석유회사에 이르기까지 오염의 주범인 동료 기업들을 모집해 KAB를 후원하고, KAB를 이용해 쓰레기와 오염의 주범이 기업이 아니라 개인이라는 인식을 널리 퍼뜨렸다. 헤더 로저스가 쓰레기 문제를 다룬 『사라진 내일』에서 밝힌 것처럼 "KAB는 환경운동의 포화가 자연을 치명적이며 대대적으로 파괴하는 기업을 비켜가게 만들고 (…) 악명 높은 '쓰레기벌레(공공장소에서 쓰레기를 함부로 버리는 사람—옮긴이)'를 진짜 악당으로 지목했다." 그러니 내가 엄청난 죄책감에 시달리는 것도 당연할 수밖에.

6. 역사 공부를 하면서 또 하나 알게 된 사실이지만, 미국은 이기주의와 이타주의 문제를 떠나서 매립지와 소각장으로 엄청난 쓰레기를 보내지 않아도 제대로 굴러갈 수 있음을 이미 완벽하게 증명한 바 있다. 1900년 이전에는 쓰레기통이 있는 집이 거의 없었다. 폐품장수가 찾아와 돈을 주고 물건을 수거해가면 낡은 옷은 종이로, 고기뼈는 단추로, 식용유는 비누로 재탄생됐다. 처분하지 못한 물건은 난로에 넣어서 땔감으로 썼다. 하지만 이와 같은 재활용 문화는 예를 들어 단추회사들이 컨베이어벨트 도살장에서 뼈를 가져다 쓰는 것이 더 저렴하고 효율적이라는 사실을 발견하고, 제지업자들이 천 대신 나무로 종이를 만드는 방법을 발견하면서 바뀌었다. 산업화되면서 우리의 물질경제는 생산자에서 소비자를 거쳐 다시 생산자로 돌아가는 순환 구조가 아니라 생산자에서 소비자를 거쳐 매립지와 소각장으로 넘어가는 한 방향 구조가 되었다.

7. 이로써 쓰레기와 오염과 온실가스가 넘쳐나는 것은 이기적이냐 아니냐 하는 인간의 천성에서 비롯된 문제가 아니라 더 이상 지속되어서는 안 될, 우리 사회의 집단적인 습관의 문제임을 알 수 있다고 생각한다. 그런데 우리 사회가 순환 구조에서 한 방향 구조로 바뀌었을 때처럼 쉽게 한 방향 구조에서 순환 구조로 바뀌는 것도 가능하지 않을까 싶다. 독일에는 생산자가 사용이 끝난 제품을 포장까지 물리적, 금전적으로 책임지는 '생산자책임확대제도'가 이미 갖추어져 있다고 한다. 이처럼 생산자에게 수거의 책임이 부과되면 매립지나 소각장으로 직행하는 자원을 줄일 수 있도록 재사용하고 재활용할 방법을 고민하게 된다.

8. 하지만 나는 여기까지 생각한 뒤에도 한층 우울해졌다. 그래, 잘

됐네. 인간의 이기적인 천성 때문에 이렇게 된 게 아니란 말이지? 제조와 분배 시스템이 문제라는 거지? 그럼 사태를 해결하기가 더 쉬워지나? 달라지기를 바란다면 차라리 내 머리를 두들겨패는 쪽이 더 쉽겠네.

9. 이 말도 안 되는 노 임팩트 프로젝트의 목표가 무엇일까?

10. 그런데 내 블로그를 꼬박꼬박 들르는 인도 여자, 우마 파드마나반이 인도의 대서사시 「바가바드 기타」에 나오는 이런 구절을 남겼다. "실천은 그 결과가 아니라 그 자체로 올바른 것이니라. 그대는 실천의 결과를 목적으로 삼지 말 것이며, 나태에 심취하지도 말라." 다른 말로 하면 그냥 저지르라는 뜻!

11. 그리고 브루클린에 사는 젠이라는 여자가 이집트에서 탈출해 홍해를 건넌 최초의 이스라엘 사람 중 한 명이었던 나손 이야기를 블로그에 남겼다. 그녀의 이야기에 따르면 나손은 리더도 아니고 평범한 남자였다. 그는 무슨 수로 홍해를 건너면 좋을지 도통 알 수 없었지만, 지금껏 그래왔던 것처럼 행진했다. 그에게 있는 것이라고는 용기와 의지와 믿음뿐이었으니 할 수 있는 단 한 가지 일, 즉 한 걸음씩 내딛는 일만 계속할 따름이었다. 그는 앞으로 어떻게 될지 전혀 몰랐다. 그런데 희소식이 있었으니 — 어쩌면 시도하는 사람들 모두를 위한 희소식일지 모른다 — 수면이 그의 코까지 올라왔을 때 홍해가 갈라졌다.

12. 나는 이번 프로젝트의 목적이 도움이 될 만한 것들을 기다리는 게 아니라는 사실을 다시금 되새겼다. 이번 프로젝트의 목적은 내가 세상에 기여할 수 있을지 의심스러워하며 가만히 앉아 있는 게 아니라 비틀거리며 앞으로 나아가 세상에 기여하려는 노력을 시작하는 것이

었다.

13. 따라서 바뀌어야 할 게 인간의 천성이건 산업 시스템이건, 지구를 살리는 데 가장 중요한 문제점은 내가 세상에 기여할 수 있느냐는 것이다. 내가 시도할 마음이 있느냐는 것이다.

14. 나는 시도할 마음이 있을까?

내 머릿속을 떠날 줄 모르는 가상의 시나리오가 하나 있다.

모두들 알고 있는 것처럼 제조 과정에서 70배의 원료가 소모되어야 한 제품이 완성된다. 계산을 해보면 어떤 소비재를 생산하기 위해 땅에서 채취한 원재료 중에서 우리 손으로 전달되는 것은 1.5퍼센트에 불과하다는 뜻이 된다. 반면에 흙과 강과 숲에서 얻어낸 그 나머지 98.5퍼센트는 한 번 사용되지도 않은 채 트럭에 실려 매립지와 소각장으로 직행한다.

내가 경제학자도 아니고 제품 전문가도 아니다보니 지나치게 단순한 시각으로 상황을 해석하는 게 분명하지만, 그것은 곧 제조업체들이 오염시키는 물과 공기, 그들이 잘라내는 나무, 그들이 파괴하는 자연 서식지, 그들이 만들어내는 온실가스, 그들이 유발하는 환경오염의 98.5퍼센트가 결국은 소비자들은 구경도 못 하는 산업폐기물 내지는 공업쓰레기로 전락한다는 뜻이 된다.

그래서 나는 이런 가상의 시나리오를 생각해본다.

만약 우리가 쓰레기를 1.5퍼센트만 줄여달라고 제조업체들에 요구하면 어떨까? "여러분, 조금만 살살 해요. 그래도 이 땅에서 퍼올린 자원을 97퍼센트나 흥청망청 쓸 수 있잖아요. 쓰레기를 1.5퍼센트만 줄여달라고요." 이렇게 말하는 것이다. 나는 개인적으로 이 정도면 지나치게 가혹한 요구사항이 아니라고 생각한다.

하지만 그들이 과소비를 조금만 줄이면 제품에 실질적으로 들어가는 원재료가 1.5퍼센트(쓰레기가 98.5퍼센트였을 때)에서 3퍼센트(쓰레기가 97퍼센트였을 때)로 훌쩍 뛴다. 이렇게 제품에 실질적으로 쓰이는 자원이 두 배로 늘어나면 필요한 물건을 만드느라 자른 나무와 날려버린 산과 오염시킨 강과 뿜어낸 온실가스가 반으로 줄어든다. 어떤 대가로? 제조업체들이 쓰레기를 98.5퍼센트에서 97퍼센트로 줄인 대가로. 이 정도는 요구할 수 있는 것 아닐까?

피자가게에서 멀어지는데, 나만 빼고 세상 모든 사람들이 원하는 걸 마음껏 가질 수 있기라도 한 것처럼 화가 났다. 바닷가 마을에서 살았던 열 살 무렵, 같은 반 친구 스키피 맨체스터한테는 있는 모터보트와 소형 오토바이가 나한테는 없는 이유를 이해할 수 없었던 '가난뱅이' 시절로 갑자기 돌아간 듯한 기분이 들었다.

빈곤층에 가까운 어린 시절을 보냈기 때문에 그런 기분을 느끼는 것이라는 말로는 설명이 되지 않는다.

왜냐하면 미셸은 부잣집 아이답게 당시 노스다코타의 비스마르크에서 제일 큰 집에 살았다. 그녀가 그 마을의 스키피 맨체스터였다. 하지만 그녀는 '평범한' 사람들처럼 1층집에서 살았으면 좋겠다고 생각한 날이 절반이었고, 더 부잣집에서 태어난 친구들처럼 골프 카트를 타고 저택 주변을 돌아다녔으면 좋겠다고 생각한 날이 절반이었다고 한다.

미셸과 내가 이런 이야기를 나눈 이유는 노 임팩트 프로젝트를 진행하다보면 너무나도 낯선 여러 가지 일상적인 욕구와 맞닥뜨릴 수밖에 없기 때문이다. 우리는 가난한 집 아이와 부잣집 아이—즉 나와 그녀—가 어떤 식으로 똑같이 욕구불만과 질투심을 느꼈는지 이야기한다. 사람이라면 누구나 형편이 어떻고 환경이 어떻건 간에 끊임없이 욕구를 느낀다는 이야기도 한다. 욕구가 우리 머릿속에서 쉴 새 없이 움직이는 기계 같다는 이야기도 한다.

실상을 곰곰이 살펴보건대, 바라던 걸 손에 넣으면 욕구가 사라지는 게 아니라 다음 대상으로 넘어간다. 어떻게 보면 "이걸 가지고 싶다"거나 "저걸 가지고 싶다"는 말은 잘못된 표현이다. "아프다"고 말하는 것처럼 그냥 "가지고 싶다"고 하는 게 맞는 표현이다. 나는 그물 장바구니가 생기면 또 다른 게 가지고 싶어질 것이다. 우리의 경험 밑바탕에 욕구가 자리잡고 있고 하루의 변덕스러운 욕망을 충족시켜도 욕구가 사라지지 않는다는 사실을 알게 되면 다람쥐 쳇바퀴에서 벗어날 수 있을까?

미셸과 나는 소형 오토바이나 '평범한' 1층집과 같은 표면적인 욕구는 어울리고 싶다는 진정한 욕구의 또 다른 표현이라는 사실도 깨달았다. 우리는 사랑받고 싶었다. 모두 그런 것처럼 우리도 불안에 떨고 싶지 않았다. 남들과 하나가 되고 싶었다.

그렇다면 여기에서 중요한 질문 하나. 이 세상의 일원이 되고 싶으면, 어울리고 싶으면 남들과 똑같은 걸 가지고 있거나 가지고 싶어하고, 남들과 똑같은 걸 먹고, 남들과 똑같은 걸 마셔야 한다는 발상은 도대체 어디에서 나온 걸까? 인간은 생각보다 훨씬 더 사회적인 동물이다. 사랑받을 수 있다고만 하면 거의 모든 짓을 마다하지 않을 것이다.

"우리, 텔레비전 없애자."

어느 날 저녁, 퇴근한 나를 향해 미셸이 선언했다. 미셸의 주장에 따르면 텔레비전 코드를 뽑아놓은 지 몇 주가 지났다고 했다. 우리 텔레비전으로 말할 것 같으면 거실 공간을 부담스럽게 잡아먹는, 리어 프로젝션 방식의 46인치짜리 괴물이었다.

내가 말했다. "그렇게 서두를 것 없잖아. 프로젝트가 끝나면 보고 싶어질지도 모르는데."

미셸이 말했다. "텔레비전은 사악한 물건이야. 이것 때문에 골치 아픈 일들만 생겼으니까 치워버리고 싶어."

사실 맞는 말이었다. 스스로 고백했던 것처럼 미셸은 리얼리티 프로그램에 조금 중독되어 있었다. 우리는 그 문제로 싸운 적도 있었다. 그녀가 나와의 대화보다 〈배철러〉를 더 좋아하니 내 입장에서는 텔레비전이 우리 부부 사이를 갈라놓는다고 느껴졌다. 그리고 실제로 프로젝트를 시작하기 1주인가 2주 전에 이자벨라가 두 돌이 되어가는 아이 특유의 깩깩거리는 목소리로 "엄마, 〈브라이드질라〉 보고 싶어"라고 말한 적도 있었다.

미셸이 말했다.

"아이 입에서 〈브라이드질라〉 보고 싶다는 말이 나왔다는 건 내가 부모 노릇보다 텔레비전 보는 즐거움을 우선시했다는 뜻이야. 치우자. 이건 협상하고 자시고 할 문제가 아니야."

불과 몇 주 전에 얼마 안 되는 퇴직연금을 부츠로 날려버린 여자치고 상당한 변화였다.

나는 생각해보았다. 조사대상에 따라 수치가 달라지기는 하지만, 미셸과 나 같은 사람들이 날마다 2천 개에서 5천 개씩 접하는 광고에 대해 생각해보았다. 소비운동가 애니 레너드가 〈물건 이야기〉 비디오에서 "우리는 머리카락이 글러먹었고 피부가 글러먹었고 옷이 글러먹었고 가구가 글러먹었고 차가 글러먹었고 우리 자신도 글러먹었지만, 쇼핑만 하면 모든 게 괜찮아진다는 말을 하루에 3천 번씩 듣는다"라고 했던 말을 생각해보았다. 내가 사고 싶은 걸 그 자리에서 사지 못했을 때 낙오자가 된 듯한 기분을 느낀 게 당연했다는 생각도 해보았다.

내가 우리 별의 자원을 소비하지 않는 사람이 되려고 하는데, 더 많은 자원을 소비하지 않으면 낙오자라는 메시지를 뿜어대는 상자가 우리 집 한가운데 놓여 있었다. 그 상자는 내게 노 임팩트 맨이 되면 낙오자가 되는 거라고 했다. 더 많은 물건을 소유하는 것보다 쓰레기 만들지 않는 것을 먼저 생각하면 낙오자가 되는 거라고 했다. 텔레비전이 내 생활을 비관적으로 여기게 만든다는 사실에 눈을 뜬 것은 우리 집 거실에 적이 진을 치고 있다는 사실을 발견한 것과 다름없었다.

그러자 결론이 내려졌다. 미셸의 선언에 따라 우리는 앞으로 계속 텔레비전 없는 가족이 될 것이다. 프로젝트를 시작한 지 4주밖에 안 됐는데, 생활방식이 바뀌는 데 그치는 게 아니라 바뀐 생활방식이 우리를 변화시키고 있었다. 미셸은 텔레비전을 새것으로 바꾸려는 집을 물색했다. 몸무게가 110킬로그램에 달하는 거한 둘이 우리 거실로 들어와 46인치짜리 텔레비전을 들고 나갔다.

다섯

탄소 배출량을 줄이는 동시에
엄마를 자극하는 방법

 딜레마: 당신은 모든 생물의 멸종, 거대한 폭풍의 출현, 해수면 상승, 열대병이 남극과 북극으로까지 전염되는 현상에 일조하지 않는 길을 선택할 수 있다. 반면에 온실가스를 배출하지 않으려고 무진 애를 쓰느라 양가 부모님을 서운하게 만들 수도 있다.
 부모님의 분노인가? 우리 별의 분노인가? 당신의 선택은?

 우리 가족은 11월에서 2월 사이 차나 기차로 내 고향 뉴잉글랜드를 네 번 다녀오고, 비행기를 타고 햇살이 화창한 남 캘리포니아의 팜스프링스 겨울별장을 찾아가 미셸의 부모님을 뵐 생각이었다.
 총체적인 관점에서 생각했을 때—멀리서 망원경으로 보았을 때—비행기가 내뿜는 온실가스는 전세계 배출량의 3퍼센트밖에 안 된다. 지구 온난화를 두 배로 가속화하는 다른 가스를 분출하기도 하지만, 이것까지 쳐서 6퍼센트라면 양호한 것 아닐까? 아, 그런데 비행기가 이산화탄소 집약적인 여행수단이 아니라서 그 정도 수준에 머무는 게 아니다. 비행기로 여행할 형편이 되는 인구가 많지 않기 때문에 그런 것이다.

현미경적인 관점에서, 유복한 북반구의 특권층(예를 들면 나 같은 사람)이 개인적으로 온실가스에 일조하는 측면에서 생각해보면 장거리 왕복비행 한 번으로 배출되는 3톤의 이산화탄소는 1년 동안 자가운전을 했을 때 평균 배출량에 해당된다. 우리 집 화장실에 정유공장을 설치하지 않는 한, 비행기 여행은 — 프리우스(도요타에서 출시된 하이브리드 자동차 — 옮긴이)를 몰면서 자가용 비행기를 타고 다니는 영화배우들은 부디 주목하시라 — 우리 가족과 내가 할 수 있는 일 중에서 가장 이산화탄소 집약적인 일이다.

그러니까 팜스프링스로 미셸의 부모님을 만나러 가는 것은 퇴출대상이었다.

한겨울에 남캘리포니아로 떠나는 근사한 여행이여, 안녕. 수영장도 안녕. 집 뒷마당에 눈이 쌓였을지 모르는 상황에서 즐기는 선탠도 안녕. 아내와 손을 잡고 산길을 걷는 것도 안녕. 뜨거운 온천도 안녕. 부모님께 아이를 맡기는 것도 안녕. 그리하여 시작되는 것은 미셸을 어렵게 설득하는 일.

한편 내 고향 뉴잉글랜드를 차나 기차로 네 번 다녀오려고 했던 것에 대해 설명하자면 다음과 같았다. 하나, 내가 나고 자란 매사추세츠 웨스트포트로 내려가 우리 어머니와 함께 추수감사절 저녁을 먹고 내 동생 수전의 (첫번째) 베이비샤워(태어날 아이를 축하하는 의미에서 벌이는 파티 — 옮긴이)에 참석한다. 둘, 로드아일랜드 컴벌랜드의 관음선원을 찾아가 내 친구이자 내가 가장 좋아하는 선승인 성향(바비 로즈)선사님이 이끄는 수행에 참석한다. 셋, 다시 웨스트포트를 찾아가 크리스마스를 보낸다. 그리고 넷, 또다시 웨스트포트를 찾아가 2월 중순 경에 태어날 수전의 아이를 만난다.

어머니와 여동생에게 여행을 취소했다고 알리는 것도 미셸을 설득하는 것만큼 어려울 게 분명했다. 그래서 나는 작전을 짰다. 나는 기차 여행이 비행기 여행보다 환경에 미치는 피해가 얼마나 적은지 편지봉투 뒤에다 뚝딱 계산을 해놓았다. 우리 어머니와 여동생을 상대하기보다 이걸 무기 삼아서 (그녀의 가족을 만나러 가는) 비행기 여행을 취소해야 한다고, 하지만 (우리 가족을 만나러 가는) 기차 여행은 이에 비하면 비교적 양호하다고 미셸을 설득할 생각이었다.

"양심상 이걸 다 갈 수는 없어."

내가 말했다.

"그건 그래."

미셸이 말했다.

"그런데 비행기를 타고 팜스프링스를 가는 게 다른 여행을 다 합친 것보다 환경에 미치는 영향이 더 커. 그래서 말인데……."

"안 돼."

미셸이 말했다.

"안 된다니 뭐가?"

내가 물었다.

"내 쪽만 취소하면 안 된다고. 좋아, 우리 부모님 만나러 가는 거 포기할게. 그러니 당신도 포기해."

미셸은 내 속셈을 간파했다.

그래야 공평한 거였다. 게다가 계획적으로 예외를 남발하면 안 되는 거였다. 그렇지 않으면 노 임팩트 맨으로 살려는 게 어떤 식으로 생활방식을 바꾸는지 절대 알 수 없을 것이다. 나를 '함량이 살짝 떨어지는 노 임팩트 맨'이라고 부를 수는 없는 노릇이었다.

나는 미적거리며 어머니와의 통화를 뒤로 미루었다. 반면에 미셸은 자기 부모님한테 전화를 하는 데 아무 두려움이 없었다.
미셸이 말했다.
"당신 일 때문에 못 간다고 하면 우리 부모님은 당연하게 생각하실 거야. 두고 봐."
그녀는 담담하게 수화기를 들었다. 그냥 그렇게. 그러고는 그냥 그렇게 장모님에게 미안하지만 팜스프링스에 못 가게 됐다고 이야기했다. 두 사람은 1분 30초 정도 이야기를 나누고 전화를 끊었다.
나는 눈이 휘둥그레졌다.
"장모님이 뭐라셔?"
미셸은 나를 물끄러미 쳐다보았다.
"응?"
"내 인생이 당신한테 좌우되고 있다면서 당신이 우두머리로 있는 골수 환경단체에 가입이라도 한 거냐고 하셔."
"그 단체에서 황혼기에 접어든 연로하신 부모님을 만나러 가지 못하게 당신을 세뇌하고 있다는 거야?"
"그렇지."
"당신이 생각하기에는 장모님 말씀이 맞는 것 같아?"

미셸은 어깨를 으쓱했다.

내가 무슨 말을 할 수 있을까? 나도 장모님 입장이 이해가 되는데.

미셸이 전화기를 가리켰다. 내 차례였다.

하지만 아직은 안 될 말이었다.

이렇게 해서 2단계가 시작되었다. 이산화탄소를 배출하는 교통수단을 이용하지 않는 단계. 프로젝트 초창기였던 11월에 나는 쓰레기 없애기를 쉬운 일로 착각하고, 아예 처음부터 교통수단 단계까지 동시 진행하기로 결심한 적이 있었다.

내 스스로 세운 강박증 환자 같은 기준에 충실하자면 이산화탄소를 배출하는 교통수단을 이용하지 않겠다는 것은 비행기, 기차, 자동차뿐 아니라 1년간 노 임팩트 생활을 시작하는 순간부터 택시, 지하철, 버스 심지어 엘리베이터(미셸이 43층에 있는 회사에 출근할 때—경비가 보안상의 이유로 계단 출입을 금했다—와 일 관계로 이용할 때는 예외였다)까지 이용하지 않겠다는 뜻이었다. 1년 동안 우리는 두 다리로 갈 수 있는 곳 외에는 아무데도 갈 수가 없었다. 말이나 요트는 이용해도 되는데, 맨해튼에서는 말이나 요트가 그다지 흔치 않다는 게 문제였다. 미셸, 이자벨라, 프랭키 그리고 나는 이러니저러니 해도 각자 자가동력으로 어떻게든 움직여야 했다.

비가 내릴 때도. 눈이 내릴 때도. 얼음이 얼도록 추울 때도.

엘리베이터는 왜 안 돼? 대중교통은 왜 안 돼? 친구들은 미심쩍어하며 이렇게 물을 것이다. 대중교통은 기후변화를 타개하기 위한 일종의 해결책 아니야? 맞는 말이다. 하지만 노 임팩트 맨이 되려면 지하철도

발전시설에서 이산화탄소가 배출된다는 사실을 인정해야 한다(평균적으로 같은 거리를 자동차로 이동했을 때의 5분의 1에 불과하기는 하지만).

게다가 나에게는 그보다 재미있는 이유가 있었다. 대도시에서 상업화되고 자동화되고 화석연료에 의존하는 기반시설을 가능한 한 이용하지 않으면 어떻게 되는지 알고 싶었던 것이다. 길을 걷거나 계단을 오르지 않고 움직이는 기계를 이용하는 것이 삶의 질을 개선하는 데 도움이 될까? 상업화된 교통수단을 이용하지 않는 데에도 일말의 장점이 있지 않을까?

지금까지 프로젝트를 진행한 경험으로 무장한 나는 6번가의 어느 쇼윈도에서 카본 프레임의 15단짜리 자전거를 보게 되면 사고 싶다는 충동으로 거의 침을 흘릴 지경에 이를 것을 예상하고는 슬기롭게 극복했다. 대신 1년에 한 번씩 운동으로 뱃살을 빼야겠다는 생각이 불끈 들었을 때 말고는 우리 아파트 지하실에 오랫동안 방치해 두었던 낡고 무거운 빨간색 산악용 자전거를 꺼냈다. 나는 노 임팩트 프로젝트의 정신에 걸맞게 그 자전거를 끌고 이스트빌리지의 '리사이클 어 바이시클'이라는 비영리 가게를 찾아갔다. 그곳은 부품을 재활용해 낡은 자전거를 고쳐주는 곳이었다.

정말로 날씬한 — 나의 미래의 모습이 그렇게 되길 바라는 마음이 간절했다 — 조라는 이름의 남자 점장이 내 자전거의 상태를 점검한 뒤 타이어에 바람을 넣고, 기름칠을 하고, 케이블 몇 개를 조여 새 생명을 불어넣었다. 자전거에 중고 핸들 익스텐더(편하게 허리를 펴고 앉아서 교통상황을 살필 수 있게)와 펜더(기름투성이 빗물과 구정물이 나한테 튀지 않게)도 몇 개 설치해주었다. 빨간색이었던 자전거가 이제는 빨간색, 검은색, 크롬색이 되었다.

"이제 출퇴근용으로 손색이 없는 자전거가 됐네요."

조가 말했다.

내가 보기에는 조각천으로 만든 누비이불 비슷한 자전거였다.

하지만 뉴욕의 자전거 문화 속으로 뛰어들어 뉴욕에서 자전거로 출퇴근하기 운동을 펼치는 사람들, 즉 '대안교통 살리기 시민모임'이라는 곳의 간부진과 자원활동가들을 만나고 보니 반짝거리는 새 자전거를 도둑맞지 않기란 하늘의 별따기라는 걸 알게 됐다. 맨해튼에서 자전거로 출퇴근하고 싶으면 자물쇠 값도 안 되는 자전거를 끌고 다니는 게 비결이라고 했다. 그러니까 내가 새 자전거를 사지 않길 잘했다는 말이었다.

미셸은 이산화탄소 없는 교통수단을 위해 벽장에서 꺼낸 오래된 은색 프라다 운동화를 수선집에 맡겨 멋을 좀 냈다. 컨버스 운동화도 한 켤레 샀다. 그녀는 회사까지 40블록을 걸어다닐 계획을 세우고, 두 발이 대중과 만나도 될 만큼 치장을 했다는 데 뿌듯해했다. 미셸은 우리 별을 구할 때 구하더라도 이에 걸맞은 립스틱과 선글라스와 신발을 갖추는 게 우선이었다.

"자전거를 사는 게 좋지 않을까? 자전거가 훨씬 빠를 텐데." 내가 물었다.

"처음 시작할 때 내가 경고했을 텐데?"

미셸이 말했다.

나에게 자전거와 뉴욕 길거리와 골절상과 구급차에 얽힌 전적이 있기 때문에 미셸은 내가 자전거를 타는 것도 탐탁지 않게 여겼다. 자세한 이야기는 나중에 공개할 것이다. 지금 당장은 미셸의 강요에 못 이겨 도심 한복판에서는 자전거를 타지 않겠다고 약속했지만, 나중에 미셸을 설득해 이 약속을 파기할 생각이라는 것만 밝히도록 하겠다.

대중교통을 대체할 수단이 없는 마당에 도심 한복판은 출입금지라니 비현실적인 발상이었다. 미셸이 자전거를 사지 않겠다고 고집을 부리는 것도 마찬가지였다. 편도 40분 거리를 날마다 걸어서 출근하겠다니 금세 지칠 게 뻔했다. 말다툼을 벌일 날이 머지않은 게 내 눈에 보였다. 하지만 지금은 지금이고, 나중은 나중이었다. 해결책은 닥치면 생각할 일이었다.

최근 들어 언론의 뭇매를 맞고 있지만, 사실 우리는 온실가스 덕분에 살 수 있다. 온실가스 덕분에 살 수 있다기보다는 그 덕분에 태어날 수 있었다고 하는 게 맞는 말이겠다. 지구의 온도를 생활이 가능한 수준으로 맞춰주는 게 소위 온실효과이니 말이다. 예를 들어 달은 대기가 없어서 온실효과가 없기 때문에 낮에는 인간이 살 수 없을 만큼 달구어지고, 밤에는 고드름에 고드름이 맺힌다. 하지만 지구는 대기 중에 온실가스가 있기 때문에 아늑한 온도가 유지된다.

"온실효과가 없으면 우리 모두 죽을 텐데 뭣 때문에 걱정을 하는 거지?"

기후변화를 부인하는 사람들은 이렇게 말한다. 하지만 문제는 온실효과, 그 자체가 아니다. 기후학자들의 표현을 빌리자면 온실효과가

'강화'된 것이 문제이다.

내가 이런 공부를 하는 것은, 불쌍한 우리 엄마에게 못 가게 됐다고 알릴 방법을 고민하는 한편 아내한테 들키지 않길 바라며 자전거를 타고 도심 한복판을 돌아다니는 동안 내가 벌이는 프로젝트에 대해서는 알아야 하기 때문이다.

널리 알려져 있다시피 산소나 질소처럼 자연 발생된 가스의 경우, 대기에 섞이더라도 지구 온난화에 전혀 혹은 거의 영향을 미치지 않는다. 태양광선은 대기를 관통해 지표를 덥힌다. 그러면 이번에는 지구가 산소나 질소의 방해 없이 온기의 일부분을 다시 우주로 발산한다. 대기를 구성하는 기타 자연 발생적인 성분—수증기, 이산화탄소, 메탄, 아산화질소, 고고도 오존—도 태양으로부터 흡수한 열기를 가둬 온도를 높이는 온실효과를 낸다. 앞에서도 이야기한 것처럼 여기에는 전혀 아무런 문제가 없다.

그런데 산업혁명이 시작된 뒤로—특히 화석연료를 태우고 숲을 베고 가축을 기른 다음부터—자연 발생적인 온실가스의 수치가 점점 높아지기 시작했다. 뿐만 아니라 원래 없었던 다른 온실가스들도 대기에 추가되었는데, 그중에 저고도 오존과 할로겐화탄소가 있다.

이런 가스들이 대기 중에 많아질수록 온실효과가 '강화'되고, 더 많은 양의 태양광선이 흡수돼 갇히고, 지표가 더 따뜻해진다. 온실에 더 두툼한 담요를 씌우거나 이중 유리를 달거나 건물에 단열재를 추가한다고 생각해보자. 다만 지구 온난화의 경우에는 이보다 더 복잡해서 상황을 이해하고 예측하기가 더 힘들다.

먼저, 온실가스 수치에는 티핑 포인트가 있어 이와 연계된 기온이 그 이상으로 높아지면 대규모 멸종이 일어나거나 북극의 얼음이 완전히 녹는 등 돌이킬 수 없는 사태가 벌어진다. 그리고 우리가 온실가스를 계속 배출하면 간단한 분석으로 예측한 것보다 훨씬 빨리 이 티핑 포인트에 도달하게 된다. 우리가 지구 온도를 높일수록 지구도 스스로 점점 더 뜨거워지기 때문이다. 과학자들은 이런 현상을 '선순환'이라고 부른다. 하지만 우리가 생각하기에는 다음과 같이 진행되는 끔찍한 악순환이다.

온실가스가 늘어나서 지구 온도가 높아지면 바다에서 수분이 증발해 수증기가 점점 더 빠른 속도로 대기에 유입되고, 이것은 다시 지구 온도를 높인다. 바다의 얼음이 일부 녹을 만큼 온도가 높아지면 태양광선을 우주로 반사하는 역할을 충실히 이행했던 하얀 수면이 이제는 까만 바닷물로 변해 태양광선을 흡수한다. 또다시 온도 상승이 가속화되고, 이로 인해 더 많은 수증기가 증발하고, 더 많은 얼음이 녹고…….

나쁜 소식이 있다면 선순환 목록은 계속 이어지고, 이것이 아무도 이해하지 못할 만큼 광범위하고 복잡하다는 사실이다. 지구 온난화는 더 많은 온난화를 초래하는 도미노 효과를 야기한다. 사실 2007년 말에 지질학적인 관점에서 지구의 역사를 연구한 미국 정부의 수석 기후학자 제임스 핸슨은 선순환으로 인해 온실가스 중에서도 가장 중요한 이산화탄소의 온난화 지수가 3단계나 높아졌다는 사실을 발견했다.

선순환이 온난화에 영향을 미치는 부분을 배제했을 때, 대기 중의 이산화탄소 양이 산업혁명 이전에 비해 두 배로 많아지면 이론적으로 기온이 2도 높아진다. 그런데 기록으로 남은 지구의 역사를 보았을 때 실제로는 이산화탄소 양이 두 배로 많아지자 선순환 때문에 기온이 6도

높아졌다.

이 시점에서 나는 티핑 포인트 문제로 다시 돌아가게 된다.

전세계 기후학자들은 대기 중의 이산화탄소 농도가 일정 수준을 넘은 상태로 너무 오래 지속되면 기온이 지나치게 상승해서 지구가 돌이킬 수 없을 만큼 달라질 거라고 입을 모은다. 핸슨이 과거의 기후를 분석한 바에 따르면 그 일정 수준이 무게로 따졌을 때 350피피엠이다. 대기 100만 그램당 이산화탄소의 양이 350그램을 넘기면 안 되는 것이다. 핸슨은 "문명이 발달하고 비슷하게 보존하고 싶으면" 이산화탄소의 양을 그 이하로 낮추어야 한다고 말한다.

그런데 벌써 387피피엠이다. 게다가 해마다 2피피엠씩 높아지고 있다.

노 임팩트 프로젝트에 이산화탄소를 배출하는 교통수단을 이용하지 않는 단계가 있는 이유를 종합하면 다음과 같다.

세계 인구의 고작 5퍼센트밖에 안 되는 미국이 온실가스로는 세계 1등이라 거의 25퍼센트를 방출한다. 그런가 하면 탄소 배출량의 약 3분의 1이 교통수단에서 비롯된다. 그리고 전세계 자동차로 인한 온실가스의 거의 절반이 이 나라 운전자들 몫이다.

됐다. 이제 엄마한테 전화하는 거다.

희소식이 있다면 모두를 만족시키고 잔소리를 듣지 않기 위해 필사적으로 애를 쓰다 모두—그러니까 우리 어머니와 여동생—를 만족시킬 수 있는 방법을 발견했다는 것이다. 여행으로 인해 발생되는 이산화탄소에 대해 고민하는 사람이 있으면 누구에게나 추천하고 싶을 만큼 너무 기발한 방법이다. 무엇인가 하면 횟수는 반으로 줄이고 기간을 두 배로 늘리는 방법이다.

그러니까 미셸과 내가 뉴잉글랜드에 네 번 가기로 했던 것 중에 두 번은 취소하되, 친환경적인 생활이건 뭐건 간에 네 번 다 취소하는 것은 우리 어머니와 여동생에게 너무 잔인한 짓이라고 결론을 내렸다는 뜻이다. 그런데 나는 어마어마하게 친환경적인 비법을 발견한 것 같은 기분이 든다.

추수감사절과 크리스마스에 3일씩 두 번 가는 대신 한 번 가서 일주일 동안 있고 나머지 명절에는 집에서 쉬기로 한다. 여행 경비가 반으로 준다는 것도 희소식이다. 그리고 스트레스도 반으로 준다. 짐을 싸서 차나 비행기로 이동하는 것을 좋아하는 사람이 어디 있을까?

그뿐 아니라 우리 엄마는 우리가 오래 있다 가는 법이 없다는 게 늘 불만이었다. 그러니 우리 생각을 환영할 것이다. 나는 천재다. 나는 식탁에 앉아 수화기를 들고 고향 집 전화번호를 누른다. 엄마가 전화를 받는다. 나는 노 임팩트 프로젝트로 인해 여행 일시정지 상태임을 설명하고 베이비샤워와 추수감사절 여행은 취소하지만 크리스마스와 수전의 아이가 태어났을 때는 내려가겠다고 전한다.

"그런데 엄마." 나는 노발대발하지 말라는 뜻에서 준비한 비장의 카드를 꺼낸다. "가서 두 배로 오래 있다 올 거니까 우리 얼굴 보는 시간이 줄어드는 건 아니에요!"

수화기 저편에서 이어지는 기나긴 침묵은 나의 설득이 먹혀들지 않았다는 것을 의미한다.

어머니가 말한다. "나는 이해가 안 된다. 네가 타건 안 타건 열차는 운행될 거 아니냐. 네가 탄다고 해서 이산화탄소가 더 많이 나오는 건 아니지 않니?"

"가서 두 배로 오래 있다 온다니까요?"

내가 말한다.

또다시 긴 침묵이 흐른다. 입이 굳게 다물어지는 소리는 전화로 들리지 않지만, 상대방이 어머니라면 300킬로미터 멀리에서도 느낄 수 있다.

"베이비샤워 때 안 온다고 하면 네 동생이 펄쩍 뛸 거다. 나라면 네 동생 회사로 전화 안 하겠다. 기다렸다가 오늘 밤에 전화해라."

나는 그러겠다고 한다.

"남들을 너 대신 희생시킬 거면 이 노 임팩트 어쩌고를 뭐하러 하는 건지 모르겠구나."

어머니가 말한다.

"하지만 여행을 못 하는 사람은 저예……"

"그 때문에 속상해지는 사람은 나잖니."

매디슨 가에서 자전거를 타고 51번가까지 15분 동안 달려 스케일링을 받으러 치과 의자에 앉는다. 휴대전화가 울린다. 또 울린다. 또 울린다. 그리고 또 울린다. 치위생사가 내 입에서 스케일링 기계를 꺼낸다.

"누구 전화인지 확인해보실래요? 중요한 일일지 모르잖아요."

나는 발신인 번호를 확인한다. 여동생이다. 나는 한숨을 쉰다. 휴대전화가 내 손에서 울리기 시작한다.

"받으셔도 돼요."

치위생사가 말한다.

이런 고마울 데가. 나는 속으로 생각한다.

"여보세요."

"오빠 때문에 우리 아이 베이비샤워가 엉망이 됐다는 걸 알아줬으면 좋겠어."

나는 대꾸를 하려고 입을 벌린다.

딸깍.

오늘 밤까지 기다리기는 개뿔.

이야기를 재미있게 각색하기는 쉬운 일이지만, 우리 가족에게 상처를 주면서까지 우리 별을 보호하려면 여러 가지 고민이 생긴다. 나중에 기후변화에 대처하는 운동을 벌이는 사람들과 친한 사이가 됐을 때 그 중 한 명이 불쑥 이런 말을 한 적이 있었다.

"이 일을 할 때는 사랑하고 아끼는 마음이 가장 중요하다는 걸 잊으면 안 돼."

나중에 친구 앞에서 그 이야기를 꺼냈을 때 그녀는 이런 내용의 편지를 나에게 따로 보냈다.

"사랑을 널리 전파하지 않으면 성공할 수가 없어."

아빠는 나와 언쟁을 벌인 뒤에 이런 편지를 보냈다.

"탄소 배출량보다 너희 가족을 먼저 생각해야지."

이 프로젝트를 시작하기 전에 내가 이 세상의 변화를 위해 기울인 노력이라고는 아무나 붙잡고 정치인들 욕을 한 것뿐이었고, 미셸은 그런 나를 보며 머릿속에서 미사일을 만들고 있다고 했다. 나는 미움을 널리 전파하고 있었다. 하도 인용된 곳이 많아서 너무 달짝지근하고 상투적인 말처럼 들릴까봐 조심스럽지만, 간디는 이런 말을 했다.

"세상이 바뀌길 바라면 나부터 바뀌어야 한다."

시간을 거슬러 올라가서, 에이전트 에릭과 이 프로젝트에 대해 맨 처음 이야기를 나누었을 때 나는 좀더 사랑하고 아끼는 마음으로 서로를 대할 수 있게 독자들을 설득하고 싶다고 했다. 그런데 사랑하고 아끼는 마음이 없는 사람이 이 세상을 더 사랑하고 아낄 수는 없는 일이다. 올한 해 추수감사절에 고향에 내려가지 않기로 한 것을 가지고 잘못했다고 생각하지는 않았지만, 내 성향상 자꾸 정의의 사도처럼 행세하지 않도록 조심해야겠다는 생각은 들었다.

사람들 사이에 선을 긋는 게 아니라 사람들을 에두르며 선을 그어야 한다.

자가동력으로 움직이기 시작한 지 2주 지났을 때 우리 집에서 불평을 터뜨린 단 한 식구는 놀랍게도 프랭키였다. 볼일을 보느라 9층을 오르락내리락하려니 다리가 아팠던 것이다. 녀석은 잠자리에 들기 전에 조금씩 칭얼거린다. 미국동물학대방지협회에 고발이 들어가기 전에 얼른 적응해주길 바랄 따름이다.

나로 말할 것 같으면 프랭키와 함께 9층을 내려갔다 올라오는 것으로 하루를 시작한다. 그런 다음 내가 이자벨라를 페기에게 데려다줄 차례인 경우, 이자벨라를 목말 태우고 9층을 다시 내려간다(그래서 이자벨라는 계단으로 다니는 게 전보다 훨씬 좋다고 생각한다). 페기 네 집까지 여섯 블록을 걸어가 이번에도 다시 아이를 안고 6층을 올라간다. 그러고는 내가 컴퓨터 자판을 두드리는 공동작업실까지 아홉 블록을 가서 12층까지 걸어 올라간다.

지금은 오전 아홉 시 이십삼 분. 나는 벌써 계단으로 27층을 걸어 올라갔고(그중 6층은 몸무게가 11킬로그램 나가는 이자벨라를 안고) 24개를 걸어 내려갔다. 하루 최종 기록은 엠파이어 스테이트 빌딩보다 9층이 높은 124층이 될 것이다. 나는 누가 계단을 이용하는 고충에 대해 이야기할 때마다 내 엉덩이를 움켜쥐며 '강철로 만든 빵'이라고 말한다. 게다가 엘리베이터를 기다리는 시간까지 감안하면 계단으로 다니는 쪽이 더 빠르다. 쉬지 않고 가장 높이 올라간 게 20층이었는데, 느긋하게 걸어서 5분밖에 안 걸렸다.

보안상의 이유로 방문객은 계단 출입이 금지된 건물이라 엘리베이터를 탈 수밖에 없을 때 찾아오는 잠깐의 휴식까지 내가 거부하는 것은 아니다. 알고 보니 뉴욕에는 예를 들어 23층과 24층을 수시로 오가야 하는 상황에서도 계단을 이용할 수 없는 건물이 많다.

"선생님처럼 엘리베이터 공포증이 있는 분은 계단을 이용하겠다고 미리 전화를 주셔야 합니다."

어느 건물 경비는 이렇게 말했다.

걷거나 자전거를 타거나 계단을 오르내릴 때 택시를 타고 쌩하니 사라지는 사람들이 보이면 가끔 부러워질 때도 있지만, 내 몸을 움직이는 게 정말 좋다. 목 위에 머리를 얹은 채 기계에 실려다니는 듯한 기분도 덜하다. 일부러 노력하지 않아도 운동이 일상의 일부분이 되고, 꽉 짜인 틀에 전적으로 의존하지 않아도 이동할 수 있고 어쩌면 생존할 수도 있다는 독립심이 생긴다.

하지만 그보다 더 놀라운 것은 미셸도 푹 빠졌다는 사실이다. 걸어서 출퇴근하는 시간이 "혼자일 수 있는 유일한 시간"이라고 한다. 그녀는 헬스클럽 러닝머신 위에서 달리는 사람들을 14번가 모퉁이에서 창문 너머로 쳐다보며 그들이 거기에서 나와 택시를 잡아타고 집으로 향하는 모습을 떠올린다. 그러면서 걸어다니면 출근과 운동이라는 일석이조의 효과를 누릴 수 있는데 정신이 나갔다는 생각을 한다.

그녀는 나한테 이런 이메일을 보냈다.

방금 전에 어떤 여자 둘이 집 이야기를 하는 걸 들었어. 한 여자는 엘리베이터가 있는 데서 못 살아봤다고 투덜거렸고, 다른 여자는 고도비만에 가까운데 몸이 너무 약해서 엘리베이터가 없는 4층집은 상상도 할 수가 없다는 거야.

슬펐어.

4층까지 걸어다니기 싫다고 하는 뚱뚱한 여자.

12월에 21도인 뉴욕의 날씨.

요 전날 밤에 민소매 차림으로 록펠러센터 크리스마스트리 점등식에 참석한 사람들.

종이나 플라스틱을 쓰지 않았으면 좋겠다고 하면 내 피자에 손을 대기조차 거부하는 피자가게 점원.

자기 잔을 들고 온 사람이 한 명도 없었기 때문에 내 커피값을 얼마 받아야 되는지 모르는 시내 스타벅스 가게.

어쩌다 우리가 이렇게 엉망진창이 되었을까? 노 임팩트 프로젝트를 시작한 지 몇 주밖에 안 됐는데 벌써부터 정상이라고 하는 게 사실은 정말 터무니없는 상황 아닌가 하는 생각이 들어.

페기 네 집에서 데리고 나온 이자벨라를 안고 6층을 내려와 밖으로 나서는데 비가 내리기 시작한다. 이자벨라는 목말을 타고 있고 나는 우산을 가지고 나왔으니 이자벨라가 물에 빠져 죽을 일은 없겠지만, 그래도 집에 도착할 무렵이면 온몸이 흠뻑 젖을 것이다. 놀랍게도 6번가를 지나가는 빈 택시들이 많지만, 노 임팩트는 노 택시를 의미하기 때문에 우산으로 최선을 다해 비를 가리고 집으로 터벅터벅 걷기 시작한다.

잠시 후 이자벨라가 울음을 터뜨린다. 그럴 수밖에 없다. 노 임팩트 운운하는 아빠 때문에 가엾은 딸이 비를 맞고 떨고 있다. 이런 생각을 하다니 부끄러운 노릇이지만, 노 임팩트 운운하는 아빠는 나쁜 아빠다.

나는 비를 조금이라도 덜 맞게 이자벨라 쪽으로 우산을 기울이지만 울음소리는 더 커진다. 이런 상황이 한두 블록 더 가는 동안 계속된다. 그러다 바람 때문에 우산이 뒤집혀 우리 머리 위로 비가 퍼붓자 이자벨라가 잠잠해진다. 내가 끙끙거리며 다시 우산을 씌우자 이자벨라가 다시 울음을 터뜨린다. 나는 최대한 빨리 걸음을 옮기고, 사방에서 사람들이 비를 맞지 않으려고 뛰고, 택시를 잡고, 신문으로 머리를 가린다.

바람 때문에 다시 한 번 우산이 뒤집힌다. 비를 맞고 우리 얼굴이 젖는다. 이자벨라가 다시 울음을 그친다. 이제야 비로소 나는 깨닫는다. 이자벨라는 비를 맞는다고 우는 게 아니다. 우산 때문에 비를 못 맞는다고 우는 것이다.

같은 주에 나는 이자벨라를 데리고 공원으로 향했다. 아이는 내 옆에서 아장아장 걸어갔다. 그런데 반 블록도 채 못 갔을 때 아이가 걸음을 멈추고 소화전에 달린 조그만 사슬을 가지고 놀기 시작했다. 사슬을 손가락으로 톡 건드려 앞뒤로 흔들리게 만들었다. 사슬이 멈출 때까지 참을성 있게 기다렸다 다시 건드렸다. 아이는 그 재미에 푹 빠져 있었다. 나는 얼른 공원으로 가고 싶은 마음에 아이를 잡아끌었다.

이자벨라는 울음을 터뜨렸다.

나는 마음이 약해졌다. 아이는 다시 쇠사슬을 밀어 앞뒤로 흔든 다음 멈출 때까지 기다렸다 다시 밀었다. 나는 얼른 공원으로 달려가 재미있게 놀고 싶었다. 나는 한참이 지난 뒤에야 이자벨라가 이미 재미있게 놀고 있다는 사실을 알아차렸다.

나는 몇 살부터 내가 어디 있느냐보다 어디로 가느냐가 더 중요하다고 생각하기 시작했을까? 언제부터 무얼 하든 가장 중요한 것은 끝맺음이라고 믿기 시작했을까? 아이들에게 잘 사는 법을 가르칠 필요가 없다. 아이들이 이미 알고 있는 것을 우리가 없애지 않도록 조심하기만 하면 된다.

비 내리는 날, 나는 마침내 우산을 접는다. 이자벨라는 울음을 멈춘다. 비 내리는 날에 기계로 된 교통수단을 이용하지 않고 걷는 게 이런 맛이다. 가끔은 젖어보자.

이 비 내리는 날에 내 몸을 단순히 머리를 운반하는 운송수단으로 생각하지 않을 때, 풍경을 단순히 내가 지금 서 있는 곳과 나중에 있을 곳 사이에 놓인 공간으로 치부하지 않을 때 다음과 같은 일이 벌어진다.

나는 이자벨라를 어깨에서 내려주고, 물웅덩이에서 신발과 바지가 흠뻑 젖도록 점프하게 내버려둔다. 나도 장난삼아 물웅덩이에서 점프한다. 이자벨라가 웃는다. 손바닥을 위로 하고 팔을 내밀어 비를 받는다. 입을 벌리고 혀를 내민 채 고개를 뒤로 젖힌다. 나도 따라한다.

내 안의 어린아이가 언제 사라졌을까?

사람들이 뛰어서 지나가고 있다. 비를 피하려고 애를 쓰는 그들이 절박하고 처량해 보인다. 우리는 왜 이렇게 된 걸까?

브루클린에서 아이를 키우는 몇몇 친구들에게 생일파티 초대를 받는다. 다리를 건너 한 시간 동안 슬슬 걸어가면 되는 거리이다. 우리는 가기로 한다. 그런데 당일이 되자 지난번보다 더 세차게 비가 퍼붓는 바람에 놀러 가려던 계획을 취소한다. 희생. 처음에는 그렇게 느껴진다.

우리는 집에서 시간을 보낸다. 프랭키는 천둥을 피하느라 욕조에 숨고 이자벨라는 블록놀이를 한다. 유리창에 물줄기가 흘러내리고 우리는 책을 읽는다. 이건 희생이 아니다. 기분전환이다. 기계로 만든 상자에 몸을 싣고 이 비를 뚫고 스케줄대로 움직이지 않은 채 그저 편안하게 쉴 수 있다. 좋은 핑계가 생겼다. 그냥 집에서 쉬어도 된다.

여기 뉴욕에는 두 가지 리듬이 흐른다. 하나는 엘리베이터와 지하철과 택시와 배달원과 먹고 싶으면 당장 먹을 수 있는 피자 한 조각으로 이루어진 길거리의 빠른 리듬이다. 한 무리의 친구들과 함께 토요일 아침을, 다른 무리의 친구들과 점심을, 또 다른 무리의 친구들과 저녁과 영화를. 일요일도 마찬가지. 월요일에 일터로 돌아가면 피곤하다. 이것은 테크노 음악의 비트이다.

그런가 하면 클래식 음악의 비트도 있다. 비가 와서 비에 젖거나 집 안에 있을 때 느껴지는 비트이다. 걸어다니기 때문에 어디 가려면 시간이 많이 걸릴 때 느껴지는 비트이다. 맨해튼 한가운데 있어도 몸으로 계절을 알 수 있는, 인생의 자연스러운 움직임과 연결된 비트이다.

이자벨라는 블록으로 사자를 만든다. 미셸은 소파에서 잠이 든다. 여기 이 뉴욕에서 우리 작은 가족이 날씨의 리듬에 맞춰 살다니 이 얼마나 낯설고 근사한 일인가.

이렇게 해서 문득 생각난 이론.

기계로 만들어진 교통수단과 개인 통화기기와 휴대용 컵에 담긴 커피가 등장하기 이전에는 스트레스 받는 일 중간에 휴식시간이 있었다. 회사에서 프레젠테이션을 앞두고 있거나 엄청난 파티에 참석해야 하거나 여자친구와 진지한 대화를 나누어야 할 때 그사이에 숨을 돌리는 시간이 있었다. 한 손에 커피를 들고 전화 통화를 하면서 택시를 타고 스트레스 받는 다음 일을 처리하러 움직이지 않았다.

휴대용 컵이 없으니 대신 그저 카페에 앉아 있었다. 전화가 없으니 그저 쉬었다. 그때에도 스트레스 받는 사건들이 있었다. 하지만 그사이에 하품을 하며 부담을 더는 달콤한 시간이 있었다.

내 이론에 따르면 우리의 머리를 여기에서 저기로 실어나르는 기계로 만든 상자와, 우리를 끊임없이 연결시키는 휴대용 전자기기가 우리에게서 하품의 시간을 빼앗아갔다. 주기적으로 깜빡여 교통을 멈추고 정적을 선사하는 빨간 신호등처럼 나날의 분주함을 차단하는 이런 시간들이 잘려나갔다. 이제는 피크타임이 지나면 다시 피크타임이 이어져 아예 아코디언 주름상자처럼 쭈그러들어 한데 붙어버린 꼴이다.

그게 우리에게 좋은 일일까? 그게 우리를 행복하게 만들까?

요즘은 너무나 많은 사람들이 프로작을 복용하는 바람에, 신진대사로 처리되지 않은 그 약물의 흔적이 소변으로 배출돼 우리가 마시는 식수에서 검출된다. 우울증을 앓는 사람이 너무 많아서 소변에 남은 프로작이 우리가 마시는 식수를 오염시킬 지경이라니! 정신과 의사인 내 친구가 말하길 사회적으로 하늘을 찌르는 우울증 환자의 수는 두 가지 복합적인 요인에서 비롯된다고 한다. 생물학적으로 타고난 성향과 그 성향을 자극하는 생활환경이 서로 맞물린 결과라는 것이다. 그 방아쇠 역할을 하는 것 중 하나가 스트레스라고 한다. 우리 사회의 압도적인 스트레스가 우울증 환자의 수에 지대하게 공헌하고 있다.

따라서 프로작과 식수에 관한 한, 내 생각에는 두 가지 해결방법이 있다.

첫번째 방법은 걷거나 카페에 앉아 보냈던 시간들, 끊임없이 삑삑거리며 우리의 주의를 잡아끄는 물건들에 시달리지 않았던 시간을 되살리는 것이다. 테크노의 볼륨을 줄이고 클래식의 볼륨을 높이는 것이다. 꼭 명상을 하지 않아도 대처할 수 있고 소변에 프로작이 섞이지 않게, 사람들 사이의 공간을 되살리는 것이다. 그러면 효율성은 떨어질지 모르지만.

아니면 엿 먹으라고 말하는 방법도 있다. 충치가 워낙 일상다반사이다 보니 수돗물에 불소를 넣는 방식으로 예방하지 않는가 말이다. 우울증도 그런 식으로 해결하면 된다. 효율성이 ― 그리고 여기에 수반되는 스트레스가 ― 우리 인생을 진심으로 즐기는 것보다 더 중요하다고 체념하면 된다. 현대생활이 워낙 죽도록 괴로운 것이니 우울증이 전염병 수준으로 번지는 것도 당연하다고 체념하면 된다. 식수에 남은 프로작의 흔적을 걱정하는 대신 발상을 전환해 쓰레기를 가득 실은 트럭을 그냥 물속에 빠뜨리는 거다, 불소처럼.

 최소한 그 정도는 되어야 나처럼 속을 끓이는 사람들이 입을 다물고 조용히 일터로 돌아갈 것이다.

 효율성의 참뜻에 얽힌 이야기 하나.
 애수에 젖은 분위기로 유명했던 커트 보네거트의 두번째 부인이 어느 날 팩스 기계를 사면 우체국에서 줄을 설 필요가 없다고 그에게 말했다(이메일이 등장하기 이전의 일이었다). 보네거트는 반기를 들었고, 이런 글을 남겼다(적어도 내가 기억하기로는 그렇다).
 "빈둥거리는 게 인생의 목적이니 남들이 뭐라 하건 상관하면 안 된다."
 효율성의 참뜻에 얽힌 이야기 둘.
 커트 보네거트는 또 이런 글을 남겼다.
 "인생이 무엇인지 도무지 알 수가 없어서 얼마 전에 [아들] 마크에게 물어보았다.
 그랬더니 그 아이가 하는 말. '아빠, 우리는 뭐가 됐든 함께 헤쳐나가자고 태어난 거예요.'"

 나는 12층까지 걸어서 공동작업실에 도착한다. 커피를 마시려고 부엌에 들어가보니 동료 작가 두 명이 앉아서 투덜거리고 있다. 특히 추수감사절 때 짐을 싸서 가족들을 데리고 할아버지 댁으로 내려가는 스트레스 때문에 불만이 이만저만이 아니다(이 소리를 듣고 나는 우쭐해진다).

남자 작가가 말한다.

"우리 부모님 시대에는 비행기나 자동차도 별로 없었는데 이 교통대란을 어떻게 감당했는지 모르겠어요."

여자 작가가 말한다.

"우리 부모님 시대에는 여행을 그렇게 자주하지 못했을걸요? 그냥 '내가 사는 곳이 고향이지', 이렇게 생각했을 거예요."

추수감사절 대이동은 스트레스다. 사실 여행 자체가 스트레스다. 짐을 싸고, 차에 오르고, 몇 시간 동안 아이들 입을 다물게 만들 방법을 고민하고, 교통지옥에 맞서 싸우고, 공항에서 지연되는 비행기를 기다리고, 이메일을 확인하려고 인터넷이 되는 곳을 찾아헤맨다. 그런 다음 도착하면 오래 있지도 않기 때문에 모두들 당장 억지로라도 놀기 시작해야 한다. 낮잠 잘 시간도 없다. 그러다 시간이 되면 다시 돌아간다.

미국자동차협회에 따르면 2007년 추수감사절 때는 3870만 명의 미국인들이 80킬로미터가 넘는 귀향길에 올랐다. 연방간선도로국에 따르면 추수감사절이 있는 한 달 동안 우리가 주행하는 거리가 3915억 킬로미터이다. 이로 인해 배출되는, 우리 별을 죽이는 이산화탄소는 1억 6600만 톤에 달한다. 미국인들이 추수감사절에 엄마 아빠를 만나러 갈 때마다 우리 별은 핀란드와 아일랜드가 1년 동안 배출하는 온실가스를 다 합한 것보다 더 심각한 피해를 입는다.

추수감사절 때 고향에 내려가면 안 된다는 말이 아니다. 추수감사절 주간 동안 실제로 더 행복한 쪽은 어느 쪽인지 궁금할 따름이다. 집에서 너무 많이 익힌 칠면조를 먹을 필요가 없는 나와 우리 가족과 아일랜드, 핀란드 국민일까 아니면 명절 귀성전쟁과 비행기 연발로 고생해야 하는 3870만 명의 미국인들일까? 추수감사절 때 고향에 가고 싶지 않은 사람들은 막판에 장염에 걸렸다고 해버리면 얼마나 많은 이산화탄소를 줄일 수 있겠는가 말이다. 이건 농담인 동시에 농담이 아니다. 우리는 석유도 안 나는 땅에 살면서 자동차로 북극곰을 익사시키고 있다.

생각해보자.

- 월드워치연구소에 따르면 미국 성인들은 하루 평균 72분 동안 운전을 한다.
- 72분이면 미국 노동부에서 집계한 아버지가 아이들과 평균적으로 보내는 시간의 두 배를 넘는다.
- 8시간 근무 기준으로 계산을 해보면 일주일에 하루가 조금 넘고, 1년이면 11주하고 40시간을 조금 밑돈다.
- 노동통계국에 따르면 미국 가계수입의 평균 17퍼센트가 차를 소유하고 유지하는 비용으로 들어간다.
- 다른 말로 하면 자동차에 드는 비용을 벌기 위해 해마다 평균 8주씩 일을 하고 있다는 뜻이다.
- 미국인들이 한 해 동안 운전을 하거나 자동차에 드는 비용을 벌기 위해 일하는 시간을 합산하면 5개월 치 근무시간에 육박한다.
- 텍사스교통문제연구소에 의하면 우리가 휴가철에 교통체증으로

허비하는 시간이 연간 1억 500만 주에 달하니 어디 가지도 못하는 경우가 태반이다.

- 로버트 퍼트넘의 『나 홀로 볼링』에서는 출퇴근 시간이 10분 늘어날 때마다 친구나 지역사회와 10퍼센트씩 멀어진다고 한다.
- 조사결과에 따르면 나는 차가 없더라도 내가 사는 지역의 교통량이 많을수록 친구가 적어진다. 교통체증으로 우리 동네에서 보내는 시간이 줄어들기 때문이다.
- 환경보호기금에 따르면 뉴욕, 로스앤젤레스, 댈러스의 경우 대기오염의 70~80퍼센트가 자동차와 트럭 때문이라고 하니 굳이 차를 사서 그 오염된 공기를 마실 이유가 없다.
- 한편 도보나 자전거나 대중교통으로 출퇴근하는 사람이 많은 나라일수록 비만인구가 적다는 여러 연구결과가 있다.
- 결정적으로 자전거를 타거나 걸어서 출퇴근하는 사람들은 자동차로 출퇴근하는 사람들보다 행복하게 출퇴근할 가능성이 24퍼센트 높다.

여기에서 저기로 재빠르게 이동하려면 기계로 된 상자를 이용해야 하는 현실이 생활수준 향상을 의미할까? 내가 보기에는 우리 별의 자원을 모두 동원하고 거기에 따르는 대가를 지불하느라 엉덩이에서 불이 나도록 일을 해도 행복해지지 않는다는 것이 낭비의 진정한 한계이자 낭비의 진정한 비극이자 진정한 비효율이다.

온 국민들이 자전거로만 다녀야 한다고 주장하는 게 아니다. 노 임팩트 프로젝트 기간에 내가 평생 이용했던 교통체계를 벗어나고 보니 우리가 이만큼밖에 못 하는지 궁금해졌다는 뜻이다.

마음대로 걷거나 자전거를 탈 수 있는 사람들이 안전하고 편안하게 이동할 수 있는 방법이 없을까? 아니면 그런 사람들이 차에서 쓸데없이 낭비하는 시간을 줄일 방법이 없을까? 차를 없애자는 게 아니다. 굳이 차를 타고 다니지 않아도 될 만큼 훌륭하고 편안하고 쾌적한 대중교통수단을 만들 수 없느냐는 것이다. 그렇게 되면 자동차에 드는 비용을 벌기 위해 일하는 시간을 아이들과 함께 보낼 수 있다.

효율성의 참뜻에 얽힌 이야기 셋.

내가 여기에서 정말로 이야기하고 싶은 것은 투자수익에 따른 효율성의 문제이다('투자'가 소모된 우리 별의 자원이고 '수익'이 삶의 질이라고 했을 때). 그런데 알고 보니 런던에 본사를 두고 있는 신경제재단이라고, 이 문제를 과학적인 측면에서 연구하는 두뇌집단이 있다.

신경제재단은 먼저 178개 나라 국민들의 이른바 '행복햇수'를 산출했다. 전세계적인 조사를 통해 도출된 국가별 생활만족도에 해당국의 평균수명을 곱한 것이 행복햇수이다. 그러니까 행복햇수는 한 나라 국민들이 사는 햇수에 그들이 느끼는 행복의 정도를 곱한 것이다.

그다음으로 각 나라 국민의 평균 행복햇수를 생태발자국 지수(인간이 생활하는 데 필요한 자원을 생산하고 이로 인해 배출되는 쓰레기를 처리하는 데 드는 비용을 토지로 환산한 지수—옮긴이)로 나눠 이른바 '지구행복지수'를 산출했다.

신경제재단의 방정식을 내 나름대로 간단하게 도식화하자면 다음과 같다.

$$지구행복지수 = \frac{생활만족도 \times 평균수명}{생태발자국 지수}$$

지구행복지수는 기본적으로 배출된 온실가스 1톤을 기준으로 보았을 때 국민들이 얼마큼 건강하고 행복한가에 따라 한 나라 경제의 효율성을 측정한다. 따라서 한 나라가 온실가스를 배출하는 대신 국민들에게 얼마나 행복한 생활을 선물했는지 알려주는 지표이다. 지구행복지수를 산출한 178개 나라 중에서 미국은 몇 위쯤 됐을까?

몇 가지 힌트. 중국인들이 온실가스 1톤당 누린 행복햇수가 미국인들보다 길다. 인도의 경우에도 그렇다. 오스트리아, 스위스, 이탈리아, 이란, 벨기에, 독일, 스페인, 홍콩, 덴마크, 영국, 캐나다, 아일랜드, 프랑스, 오스트레일리아의 경우에도 그렇다. 심지어 멕시코까지 그렇다. 사실 도합 149개 나라 국민들이 온실가스 1톤당 누린 행복햇수가 미국 국민들보다 길다. 슬프게도 미국이 150위이니 말이다.

희소식이 있다면 지구행복지수가 높은 다른 나라들로 미루어 짐작하건대, 미국인들도 환경에 미치는 영향을 줄이면 그만큼 길고 행복하게 살 수 있다는 사실이다. 예를 들어 독일의 경우에는 생활만족도와 평균수명이 미국과 비슷하다. 그런데 독일의 평균 생태발자국 지수는 미국의 약 절반이다. 우리도 우리 별의 자원을 덜 쓰면 그만큼 행복하게 오래 살 수 있다.

그런데 많은 나라들이 탄소 배출량을 기준으로 했을 때 우리보다 더 건강하고 행복하게 사는 이유가 무엇일까? 여러 가지 요인이 있겠지만 그중 하나가 자동차 의존도가 낮은 문화와 경제구조이다.

하지만 우리는 자유시장체제이고, 여러 지표를 보면 알 수 있는 것처럼 미국인들은 자동차와 애인 사이다. 애인이 늘 그렇듯, 자동차도 미국인들을 행복하게 만들어야 맞는 말이다. 미국인들이 우리 별의 안전을 위해 자동차를 포기하고 싶거든 사지 않으면 되는 일이다. 스스로 이야기하는 것처럼 기업에서는 소비자가 원하는 것만 만들어내니 말이다.

하지만 우리가 이렇게 차를 사랑하는데, 상원의원 브래드퍼드 스넬이 1974년 보고서에서 밝힌 것처럼 기업들은 어째서 이 나라의 거의 모든 전차망을 매수하고 해체해 경쟁을 없애려고 했을까? 어째서 제너럴모터스의 주도 아래 연합전선을 구축해 100여 개의 전차 노선을 해체했을까?

미국인들은 차를 산다. 자동차업계에서는 쉽게 이동할 수 있는 수단이 그것뿐이라고 한다. 하지만 미국과 자동차의 관계가 애인인지 정략결혼한 부부인지 궁금해지지 않을 수 없다.

지금은 밤늦은 시간이고, 나는 미셸과 함께 침실에 있다. 이자벨라는 '언니들 침대'에서 자고 있다. 즉 유아용 침대를 졸업한 것이다. 미셸이 조심스럽게 체중계 쪽으로 걸어가 올라가보기로 한다. 숫자를 본다. 내려온다. 자기 눈을 못 믿겠다는 듯 다시 한 번 올라간다. 숫자를 본다. 내려온다. 다시 올라간다. 숫자를 본다. 한숨을 쉰다.

미셸이 말한다. "그거 알아? 그렇게 걸어다니고 그 많은 계단을 오르내렸는데, 살이 찐 거 있지?"

미셸은 벌써부터 스트레스에 시달리고 있다. 그녀가 쓴 기사의 정보원이 소송을 제기하겠다고 한다. 2주 동안 쓴 커버스토리가 무려 두 개이다. 그런데 이제 화장실 체중계라는 슬롯머신마저 배신을 하고 나섰다.

입을 열면 나까지 말려드는 꼴이 되겠지만 어쩔 수 없다. 무슨 말이라도 해야 될 것 같다.

"먹는 게 뭐 잘못된 것 같아?"

나는 지푸라기라도 잡는 심정으로 묻는다.

"응. 계속 먹고 있는 땅콩버터나 빵 같은 거."

미셸의 말은 테이크아웃 음식 불가에 직면해 식단을 바꾸었지만, 아직 대단한 수준은 아니라는 뜻이다. 그렇지만 나는 계단을 걸어다니고 자전거를 타기 시작한 이래 4.5킬로그램이 빠졌다는 생각과, 최근 들어 미셸이 한밤중에 땅콩버터 바른 빵을 먹는 소리에 깬 적이 몇 번인가 하는 생각이 든다.

한참 동안 이어지는 침묵. 나는 화제를 바꿀 방법을 연구하는 중이다.

"당신이 프랭키 산책시킬 차례야."

그 말은 밤 열 시에 9층 계단을 오르락내리락해야 한다는 뜻이다. 실수다. 내가 도대체 무슨 생각으로 이 말을 한 걸까?

"내가 이 프로젝트를 위해서 날마다 한 시간 반씩 걸어서 출퇴근하는데, 당신은 조금도 고마워하지 않는 것 같아."

"하지만 장을 보고 음식 만드는 건 내가 다 하잖아."

"그야 당신이 시작한 프로젝트니까 그렇지."

미셸이 말한다.

나는 헛기침을 하며 집을 빠져나와 개를 산책시킨다.

다음날 아침, 이자벨라를 페기 네 집에 데려다주는 길에 발로 미는 근사한 접이식 킥보드를 타고 있는 남자를 만난다. 나는 어디서 샀느냐고 묻는다. 그는 그것을 타고 브루클린 다리를 넘어 출퇴근하는데, 인도에서 타도 무리가 없다고 말한다. 이름이 '주터 스쿠터'이다.

내가 생각하기에는 이것이야말로 미셸의 출퇴근을 위한 해결책이다. 걸어다니는 것은 시간이 너무 많이 걸린다. 자전거는 미셸을 불안하게 만든다. 주터 스쿠터, 출동하라. 나는 집으로 달려가 인터넷으로 검색하고, 다음날 배달이 되도록 주문을 한다. 나는 너무 흥분이 돼서 미셸에게 전화를 걸어 깜짝 선물을 준비했다고 알린다.

미셸은 깜짝 선물을 싫어한다.

그래서 그녀를 위해 따끈따끈한 주터 스쿠터를 주문했다고 알린다!

한참 동안 이어지는 침묵.

"첫째, 그런 데 쓸 돈이 어딨어? 둘째, 그런 킥보드 타고 다니는 사람들, 바보 같아 보여."

"써보고 마음에 안 들면 30일 이내 100퍼센트 환불해준대."

"상관없어."

미셸이 말한다.

주터 스쿠터 사에 전화를 걸어 주문을 취소하려는 찰나, 전화벨이 울린다. 주터 스쿠터 사 전화번호이다. 이상한 일이다. 내가 수화기를 들자 데이브라는 남자가 내가 주문한 울트라 모델이 품절이라며 같은 값에 그보다 더 좋은 MG 모델을 보내주면 어떻겠느냐고 한다.

그러면 그렇지. 내 생애 처음으로 공짜가 생겼는데 주문을 취소해야 하다니. 데이브에게 슬픈 소식을 전하려는 순간, 대기통화가 들어온다. 미셸이다. 나는 대기통화를 받는다.

"미안해. 킥보드 한번 타볼게. 내가 너무 속 좁은 인간이었어."

나는 이 킥보드에 아이를 태우고 끌어주는 엄마들을 본 적 있다고 말한다.

"귀엽겠다."

미셸이 솔직히 인정한다.

나는 더 좋은 모델을 보내주겠다는 데이브와 통화 중이었다고 알린다.

"설마 말을 바꾸지는 않겠지."

내 말에 미셸은 웃음을 터뜨리지만, 우리 둘 다 알고 있는 것처럼 킥보드가 반품될 확률은 50퍼센트가 넘는다.

솔직히 고백하건대 기계로 된 교통수단을 이용하지 않으면 더 행복해질지 모른다는 내 발상 때문에 미셸이 고생하고 있다. 게다가 여동생은 나와의 대화를 아직까지 거부하고 있다. 어머니는 다가오는 추수감사절을 생각하며 지금도 심란해한다. 단지 자동차를 타지 않겠다고 했을 뿐인데, 지난 며칠 동안 나 때문에 기분 상한 사람들이 도처에서 속출하고 있다.

나는 1번가 어느 건물의 옥상에 서 있었고, 해가 지고 있었고, 구름이 발그스름하게 물들었고, 엠파이어 스테이트 빌딩이 안갯속을 들락거렸고, 비행기 한 대가 맨해튼 위를 날아가고 있었고, 나는 이런 생각이 들었다. 정말 근사하다! 우리가 높은 빌딩을 짓는 데에는 멋지다는 이유도 있다. 높은 빌딩들은 왠지 모르게 장엄하고 창조적이다.

라이트 형제가 캐롤라이나 모래언덕에서 하늘을 날려고 했던 것도 이해가 된다. 새들을 보며 하늘을 날고 싶다는 생각을 하지 않는 인간이 어디 있을까? 달에 갈 수 있으면 얼마나 근사할까? 이런 것들이 가능한 세상에서 살고 있다는 자체가 장엄한 일 아닐까? 여기에는 신비로운 구석이 있다. 허공을 뚫고 움직이는 사진을 전송하는 것도 마찬가지다. 이 역시 얼마나 근사한 일인가?

이런 것들이 탄생되고 완성될 때는 신비롭지만, 우리가 여기에 중독이 되고 이런 것들이 있어야 일말의 만족감을 느낄 수 있다면 더 이상 신비로운 일이라고 할 수가 없다. 어쩌면 문제는 균형일지 모른다. 달나라까지 날아가되 어딜 가든 차를 끌고 다니는 문화는 잊을 수 있을까? 차를 좀 적게 쓸 수 있을까? 이 멋진 일들을 좀 적당하게 벌이는 방법을 찾을 수 있을까?

친구들과 이런 대화를 나누면 나더러 반진보주의자냐고 묻는다. 하지만 현상 유지는 진보가 아니다. 똑같은 물건의 수만 늘리는 것도 진보가 아니다. 현실을 직시하고 좀더 발전시키려고 노력하는 것이 진보이다. 나는 진보에 반대하는 게 아니다. 더 많은 진보, 진정한 진보를 바라는 것이다.

이것은 진보를 어떤 식으로 정의하느냐의 문제이자 예를 들어 교통량이 많은 것과 적은 것 중 어느 쪽이 진보이냐의 문제이다.

전세계 교통계에서는 바이오연료 쪽으로 많은 시도가 이루어지고 있다. 재배한 농작물로 에탄올이나 바이오디젤을 만들어 휘발유를 대체하려는 것이다. 그런데 대규모 시도로 인해 대규모 농지가 식량 생산에서 연료 생산으로 용도가 변경되다보니 전세계적으로 식량난을 초래했다. 게다가 일부 선진국들은 연료용 농작물을 생산할 토지를 마련하기 위해 숲을 파괴하기 시작했다. 바이오연료를 만든답시고 이산화탄소를 흡수하는 숲을 베어내는 것은 윗돌 빼서 아랫돌 괴는 격이다.

농업폐기물이나 이런 문제를 야기하지 않는 다른 재료를 가지고 바이오연료를 만드는 지속 가능한 방법을 찾을 수 있지 않을까? 화석연료를 대체할 만한 것이 분명 필요하기는 하지만, 바이오연료나 기타 휘발유 대체물로 교통체증이나, 운전을 하고 자동차에 드는 비용을 버는 데 할애되는 4개월이라는 시간이나, 지나친 자동차 사랑으로 생기는 비만 문제를 해결할 수는 없다.

"남자에게 집이란 성과 같다"라는 데서 비롯되는 고독을 해결하기 위해 미국에서 시험 삼아 대대적으로 건설한 근교는 실패작에 가깝다. 도시를 벗어나서 살자는 발상은 좋다. 하지만 멀찌감치 집들을 지어놓고 주축이 될 만한 지역사회를 만들지 않은 게 문제다. 사람 살기 좋은 곳이 아니라 차를 몰고 다니기에 좋은 곳으로 만든 것도 문제다. 걸어서는 장을 보거나 이웃주민들과 알고 지내기 힘든 것도 문제다.

근교생활은 가족, 지역사회, 일터와 멀어져 차에만 몰입하게 만든다. 뿐만 아니라 근교생활자들이 차를 몰고 도시로 출근할 수밖에 없게 만든다. 교통체증과 대기오염을 피하려고 근교로 이사를 갔는데, 차를 타고 도시로 출근해 애초에 피하려고 했던 교통체증과 대기오염을 유발한다.

걸어다닐 수 있고, 훌륭하고 편안하고 편리한 대중교통으로 서로 연결이 잘되어 있는 마을을 건설해 자동차의 필요성을 줄이면 어떨까?

자동차의 필요성을 줄이면 도시로 유입되는 차량이 적어져 길거리에서 아이들이 놀 수 있을 테고, 그러면 도시를 벗어나 차로 움직여야 하는 곳으로 이사할 필요도 없어지지 않을까?

다르게 말해서 우리 별에도 좋고 우리한테도 좋은 방법을 찾아내면 어떨까?

킥보드가 배달되고, 회사가 있는 6번가를 향해 첫 테이프를 끊는 미셸을 나는 키스로 배웅한다.

전화벨이 울린다. 여동생이다.

"화내서 미안해. 못 오겠다고 하니까 실망스럽기는 하지만, 오빠가 하는 일은 훌륭하다고 생각해."

같은 날, 어머니가 전화를 걸어 크리스마스 때 우리가 일주일 동안 있겠다고 하니 신이 난다고 말한다.

그리고 미셸은 체중계 사건 이후 몸무게가 2킬로그램 줄었다.

나는 공동작업실에 앉아서 킥보드를 반품해야 하는지 알아내기 위해 5분마다 이메일을 확인하고 있다. 드디어 이메일이 도착한다.

"길이 젖어서 미끄러웠어."

미셸이 전한다.

으으, 이런. 나는 속으로 생각한다.

스크롤을 밑으로 내린다.

"그런데 너무 재미있었어! 끝내줘! 당신 말이 맞았어!!!! 여기 사무실에서도 완전 히트야…… 다들 그걸 타고 복도를 한바퀴 돌았어!!! 여보, 정말 고마워. 걷는 것보다 훨씬 좋아. 걸었을 때는 심장박동이 별로 빨라지지 않았는데 이걸 탈 때는 빨라지더라. 만세! 완전 신난다!"

난생처음으로 사람들이 내 글, 그러니까 노 임팩트 프로젝트에 대해 지대한 관심을 보인다. 예전에 출간한 책 두 권은 5분짜리 소재였다. 그런데 친환경적으로, 남들과 다르게 사는 걸 이야기하는 이번 책은 너도나도 화제로 삼고 싶어한다.

미셸과 내가 '안젤리카 키친'에 가면 버스보이(레스토랑에서 테이블을 세팅하고 치우는 일을 담당하는 사람—옮긴이)가 알아서 종이냅킨을 가져오지 않는다. 부엌에서 쓰는 행주를 가져다주기 때문에 우리 행주를 꺼내지 않아도 된다. 우리 동네 모퉁이에 있는 '프렌치 로스트'의 웨이터 브래들리가 친구들한테 우리 이야기를 했다고 하기에 그 이유를 물었더니 우리가 자랑스러워서 그랬다고 했다. 저녁 파티 내내 우리 프로젝트 이야기를 했다는 친구들도 있다.

나는 밀폐가 되는 유리병을 들고 다니기 시작했다. 플라스틱통 대신 식수를 담고, 일회용 컵 대신 커피를 담기 위해서이다. 자원의 재활용을 상징하기 때문에 돈을 주고 사는 그 어떤 물건보다 마음에 든다. 원래 땅콩버터 병이니 말이다. 커피숍에 가서 그 병을 카운터에 내려놓으면 바리스타들이 너무나 마음에 들어하면서 커피값을 안 받는 경우가 많다.

"그런 프로젝트를 벌이고, 그것에 대해 읽을 기회를 주셔서 정말 감사합니다." 블로그 독자들은 이메일로 이렇게 말한다. "저도 생활을 바꾸고 있어요." 다양한 사람들이 어떻게 하면 되느냐고 글로 묻는다.

한편 나는 『뉴욕타임스』의 청탁을 받고 정말로 깨끗한 생활을 추구하는 우리의 노력을 주제로 논평을 쓰고 있으며, '홈 & 가든' 섹션을 담당하는 기자가 인물소개를 위해 조만간 우리를 그림자처럼 따라다닐 것이다. 내가 말도 못하고 무능력하고 힘도 없는 인간이 된 것 같아 시작한 이 프로젝트 덕분에 내 목소리를 내게 될 줄은 몰랐다.

추수감사절에 벌인 미친 짓의 최종결과.

우리는 여유롭게 아침에 일어났다. 이자벨라와 함께 놀았다. 서두르거나 명절 교통체증에 시달릴 필요가 없으니 마음이 편했다. 딱히 할 일이 없어서 청소 대잔치에 착수하여 벽장을 정리했다. 이자벨라에게도 자기 잡동사니를 사발에 모으는 것과 같은 작은 일들을 맡겼다. 이자벨라는 자기가 뭐든 도맡고 싶어했다.

오후 세 시가 되자 걸어서 친구 존과 데브라의 집에 놀러 갔고, 두 친구는 채식주의 추수감사절 저녁상을 차려주었다. 예전 같으면 애플파이를 샀을 텐데, 상자나 은박접시나 플라스틱을 쓰지 않은 게 없어서 맛있는 애플 크럼블을 직접 만들어 갔다.

우리는 여덟 시쯤 집으로 돌아왔다. 친구들과 어울려 노느라 피곤했을 뿐 여독은 없었다. 부모님이 이혼을 했기 때문에 보통 명절 때 양쪽을 찾아가느라 남들보다 두 배로 이동하던 나로서는 일대 혁명이었다.

텔레비전이 없으니 밤에 명상할 시간이 생긴다. 미셸과 대화를 나눌 시간도 생긴다. 추수감사절이 지났으니 온 가족이 함께 주말 사흘의 사치를 누릴 수 있는 게 가장 기쁘다.

환경을 핑계로 세상을 등지라는 이야기가 아니다. 크리스마스가 되면 온 식구를 만날 테니 오늘은 편히 쉬는 거다. 내가 보건대 우리는 추수감사절에서 크리스마스까지 이산화탄소 배출과 스트레스는 반으로 줄이고 즐거움은 두 배로 늘렸던 것 같다.

그나저나 미셸이 자전거라면 질색하는 이유가 여기 있다. 노 임팩트 프로젝트를 시작하기 두어 달 전, 내가 아직 요리조리 궁리하던 때 벌어졌던 일이다.

원래는 내 가장 친한 친구 태너가 우리 집으로 와서 이자벨라와 놀아주기로 했는데, 시 외곽에 사는 우리 친구 빌을 만나러 가는 것으로 계획이 바뀌었다. 그런데 나는 뉴욕에서는 자전거가 차보다 빠르다는 기사를 읽고, 교통체증과 상관없는 지하철과 비교하면 자전거 속도가 어느 정도일지 궁금해졌다. 그래서 태너와 함께 경주를 벌이기로 했다. 태너는 역까지 걸어가서 지하철을 타고, 나는 자전거를 타고 가기로 했다. 어느 쪽이 더 빠른지 알아보기 위해서 말이다.

나는 3번가로 넘어가 어슬렁어슬렁 외곽 쪽으로 자전거를 몰았다. 88번가에서 태너와 만나기로 했는데, 억지로 속도를 낼 생각은 없었다. 어느 쪽이 더 빠른지 실질적으로 알고 싶었을 뿐이다. 그때까지는 지하철보다 자전거가 더 편했다. 다리가 아프지도 않았고, 시원한 바람이 좋았다.

나는 인도와 가장 가까운 차로를 달리다 주차된 차를 피하느라 3번가 한복판으로 방향을 틀었다. 그러다 다시 연석 쪽으로 돌아가는데, 뒤에서 끼이익 하는 소리가 들렸다. 잠시 후 이상하게 속도가 빨라지는 듯한 초현실적인 느낌이 들고 나서 내가 허공을 날더니…… 쿵!

아스팔트 위에 누워 있는데, 또 다치다니 미셸한테 죽었다는 생각이

제일 먼저 들었다. 그해 초에도 터보건(눈이나 빙판 위에서 타는 갸름하고 밑이 평평한 썰매—옮긴이)을 타다 부딪혀 발목이 부러진 적이 있었던 것이다. 잠시 후 나를 친 적갈색 BMW에서 어마어마하게 키가 큰 남자가 내렸고, 나는 고래고래 고함을 질러댔다. 내 입에서 튀어나오는 비수 같은 말들을 어찌할 수가 없었다. 당신 머리가 어떻게 된 거 아니야? 내 목숨을 빼앗아도 될 만큼 중요한 일이 도대체 뭔데?

그러자 그가 나를 '등신'이라고 불렀고, 바구니에 조화를 담은 자전거를 타고 가던 아주머니가 나한테 소리 지른다며 그 남자에게 소리를 질렀다. "저 사람, 피 흘리는 거 안 보여요?" 나는 그런 줄 모르고 있었다. 남자가 휴대전화를 꺼내 911에 전화했고, 나는 "나를 칠 때 그 한심한 휴대전화로 통화하고 있었지?"라고 고함을 질렀다. 나사가 풀려서 제정신이 아니었다. 햄버거처럼 보이는 내 오른쪽 무릎과 오른쪽 손바닥에서 피가 흘렀다. 왼쪽 엄지손가락을 구부리면 아팠다.

BMW 남자가 구급차를 불렀고, 나는 구급차는 필요 없다고 생각하는데 갑자기 너무나 외로워서 미칠 것 같았다. 네 블록쯤 멀리에서 구급차 사이렌 소리가 들렸고, 자동차들 위로 보이는 반짝이는 경광등이 왠지 모르게 아름답게 느껴졌다. 나는 이런 생각이 들었다. 차가 한 대도 없으면 어떨까? 그러면 다들 무슨 수로 병원에 가야 하지? 미셸이 다시는 자전거를 못 타게 할 텐데, 노 임팩트 실험을 어떻게 한다?

구급차 뒷자리에서 응급구조사가 내 손에 붕대를 감아주었고, 경찰관은 신분증 없이 자전거를 타면 체포될 수 있다고 했다. 나는 모든 이의 허리띠에 매달려 있는 휴대전화를 빤히 바라보았다. 나는 휴대전화를 안 들고 나왔다. 미셸한테 전화를 해야 하는데.

나는 첫째, 무슨 수로 휴대전화를 빌려서, 둘째, 남들이 듣지 않는 데서 "여보, 제발 화 내지 말았으면 좋겠는데……"로 시작될 게 분명한 대화를 이어나가면 좋을지 고민하고 있었다. 머리를 깨끗하게 민 경찰과 손가락 없는 까만색 가죽장갑을 끼고 야구모자를 거꾸로 쓴 구급대원 앞에서 그렇게 약해빠진 소리를 하고 싶은 사람이 어디 있을까?

나는 나를 친 남자한테 가서 아무 이상 없을 거라고 안심시켰다. 왜 그랬을까? 나중에 생각해보니 누군가와 유대관계를 맺고 싶었고, 거의 죽을 뻔한 경험을 온전히 나 혼자서 겪기보다 그도 나와 같은 심정이라고 느끼고 싶었기 때문이다.

그는 나와 동강난 자전거를 집까지 태워다주지 않았다. 그는 나와 같은 심정이 아니었다.

구급차 뒷범퍼에 잠깐 앉아 있는데, 이 세상을 생각하니 가슴이 아팠다. 상처를 받고 보니 왜 다들 탱크처럼 큼지막한 SUV로 보호받고 싶어하는지 이해가 됐다.

그러다 나도 SUV가 있어서 거꾸로 내가 이 남자를 친 것이었다면 좋겠다는 생각이 들었다. 그러다 그런 생각을 하는 나를 꾸짖었다. 그러다 SUV로 보호받으려고 하는 게 문제라는 생각이 들었다.

불확실한 인생사로부터 보호받을 방법은 없다. 나는 피를 흘리며 범퍼에 앉아서 인생의 불안함을 온몸으로 느꼈다. 그것을 피할 방법은 없었다. 언제 차에 치일지 아무도 모르는 일이다. SUV로 보호받으려고 세상을 파괴해봐야 소용없는 일이다. 나는 이번 일을 겪으면서 두 리듬—테크노 리듬과 클래식 리듬—이 충돌하는 것을 느꼈다.

나는 구급차를 타고 병원에 가는 것을 거부했다. 그 대신 앞바퀴가

휘어서 탈 수 없게 된 자전거를 어깨에 짊어지고 렉싱턴 가 지하철역까지 걸어갔다. 집으로 돌아가려면 달리 방법이 없었다. 나는 지하철을 탔다.

다음날 진찰을 받으러 갔을 때 의사가 말하길 손목에 있는 대능형골이라는 뼈가 부러졌다고 했다. 대능형골은 엄지손가락 맨 아래 달려 있는 뼈로, 각설탕 크기로 조그맣지만 결정적인 역할을 한다. 중요한 인대들이 숱하게 연결돼 있다. 나는 6주 동안 부목을 대고 있어야 한다. 이미 발목 때문에 받고 있는 물리치료도 추가될 것이다. 나는 왼손으로 이자벨라를 안을 수 없다. 그 손으로 프랭키의 가죽 끈도 잡을 수 없다. 이번 여름에 수영도 못 한다.

미셸이 터보건에 대해서도 한소리했고 자전거에 대해서도 한소리했는데, 도대체 듣질 않는다고 잔소리를 시작한다. 영화를 보고 나오는 길에 내가 말한다.

"그냥 당신이 이블 크니블(오토바이 묘기를 펼쳤던 미국의 전설적인 스턴트맨—옮긴이)하고 결혼했다고 생각해, 알겠어? 내가 이블 크니블이야. 나한테 더 할 말 있으면 일단 나를 이블이라고 부르면서 시작해!"

믿어지지 않겠지만, 그녀가 훈계를 멈추더니 웃으면서 말한다.

"알았어, 이블."

우리는 영화관 유리문을 열고 13번가로 나선다. 미셸이 말한다.

"다시 한 번 말해봐!"

"뭘?"

"이블 크니블 어쩌고 하는 거."

"나는 이블 크니블이야, 알겠어? 그러니까 이제 잔소리 그만하고 나를 이블이라고 불러."

그녀는 웃음을 터뜨린다. 그러더니 내 머리를 자기 쪽으로 끌어당겨 입을 맞춘다.

"이블, 당신 정말 끝내줘."

우리는 손을 잡고 집까지 걸어간다. 물론 먼저 베이비시터 집에 들러서 돈을 주어야 한다는 사실을 잊지 않는다. 이 사람, 이블 크니블이래요. 미셸이 베이비시터에게 말한다. 나는 그녀에게 돈을 주고 이자벨라를 챙기러 간다.

여섯

양배추 요리가 세상을 구한다

　지금까지 쓰레기를 안 만들겠다는 첫번째 단계와 이산화탄소를 배출하는 교통수단을 이용하지 않겠다는 두번째 단계를 지났을 뿐이라니 믿어지지가 않는다. 나는 아무것도 모르고, 생활에 가장 급격한 변화를 주는 두 가지를 맨 앞에 배치했다. 정말 엄청난 문화적 충격이다. 미국에 살면서 쓰레기를 안 만들고 운전도 안 하다니.

　조만간 친환경적인 식습관 단계로 넘어가야 하는데, 그전에 쓰레기 만들지 않기에서 대놓고 제외시켰던 부분을 처리해야 한다. 이자벨라의 일회용 기저귀 말이다. 나는 천기저귀 현지조사라는 특명 아래 아동용품점 '베이비저러스'를 찾아갔지만, 찍찍이냐 똑딱단추냐 안전핀이냐 하는 선택에 직면하자 당황스러운 나머지 뛰쳐나오고 말았다. 나는 참기저귀협회장(협회 이름에 주목할 것) 로리 테일러에게 조언을 구했다.

그 결과 UPS로 갈색 상자가 배달된다. 열어보니 재활용이 가능한 유기농 면기저귀가 스물네 장 들어 있다. 스물넷은 로리한테 받은 공식에 따라 계산한 숫자이다. "이자벨라가 하루에 쓰는 기저귀 수(6장)에 며칠 간격으로 빨겠다는 수(4일)를 곱하면 돼요." 그래서 스물네 장이다.

이유는 모르겠지만, 나는 노 임팩트 맨이니까, 찍찍이를 붙이면 몸에 딱 맞게 저절로 고정이 되고 고무 커버가 붙어 있는 신식 기저귀 말고 납작한 옛날 기저귀를 써야 한다고 결론을 내렸다. 때문에 안전핀과 가끔 기저귀가 샜을 때 손빨래를 해줘야 하는 순모 커버도 상자에서 나온다.

"하나는 이자벨라가 입고, 하나는 빨고, 하나는 말리고. 이러면 세 장이 필요하겠네요."

로리는 이렇게 말했다.

나는 아기 똥을 처리할 새로운 시스템을 쳐다보며, 이 세상이 그렇게 하면서까지 구원받아 마땅한 곳이길 간절히 소망한다.

미셸은 소파에 누워서 잡지를 읽고 있다.

나는 염색제와 표백제를 쓰지 않았기 때문에 살짝 지저분한 행주처럼 보이는 물건을 들고 말한다.

"천기저귀 왔어."

"응. 잘해봐." 미셸이 말한다.

그녀는 잡지를 넘긴다.

한편 이자벨라는 벌써부터 열렬한 관심을 보인다. 나는 어떻게 해서 기저귀를 바꾸게 됐고, 어떤 식으로 시도해볼 생각인지 설명한다.

서툰 아빠와 살을 찌를 수 있는 스테인리스스틸 안전핀으로 이루어진 위험한 조합에 아이의 민감한 엉덩이와 허벅지를 맡겨야 한다는 말은 하지 않는다. 앞으로 기저귀를 갈 때마다 몸에서 가장 예민한 부분을 날카롭게 찔릴 수 있다는 말도 하지 않는다(아이가 기저귀를 차는 내내 그런 사고는 딱 한 번 있었다. 정말이다).

내가 위험한 부분은 설명하지 않았기 때문에 이자벨라는 좋아서 어쩔 줄 모른다. 그 모습을 보니 미셸의 관심을 유도할 만한 엄청난 작전이 떠오른다. 그녀는 제정신 박힌 인간답게 위대한 천기저귀 실험에 동참하는 데 신중한 모습을 보였지만, 딸이 신나하는 모습을 보면 엄마로서 혹할 수밖에 없을 것이다.

이자벨라가 기저귀를 들고 허공에서 깃발처럼 흔든다. 그녀는 상자를 가리킨다.

"이거 벨라 새 기저귀!"

아이는 엄마한테 달려간다.

"엄마, 벨라 새 기저귀야!"

미셸은 잡지를 치우지도 않는다. 잡지 뒤에서 그녀의 목소리가 들린다.

"그건 아빠하고만 가지고 노는 거야. 알았지, 우리 딸?"

나는 당분간 기저귀 가는 일을 분담하지 못하고 전담해야 한다.

나는 기저귀를 바닥에 펼치고 방향을 고민한다. 알고 보니 이 기저귀를 우리 아이 몸에 부착시키는 데에도 몇 가지 선택할 문제가 있다. '앤젤 트위스트' '신문 접기' '거꾸로 신문 접기' '허벅지에서 접기', 기타 등등 중에서 선택해야 하는 것이다. 우리 아이의 똥만 잘 받아주면 되는데, 종이접기를 배우는 기분이다.

나는 '기본 접기'로 결정하고 이자벨라를 기저귀 위에 눕힌다. 아이의 다리와 기저귀 사이에 틈을 만들지 않는 게 관건이다. 문제는 내가 출력한 사진 속의 인형은 꼼지락거리지 않는다는 것이다. 하지만 이자벨라는 꼼지락거린다. 뭐든 간지러워한다. 이것은 기저귀 교체를 겸한 레슬링 시합이다. 잠깐 동안 아이에게 테이프를 붙여 바닥에 고정시킬까 하는 생각도 든다. 하지만 드디어 해낸다.

이자벨라가 일어나서 환하게 웃는다. 기저귀가 아니라 토가나 치마를 입은 것처럼 보인다. 어느 정도 시간이 지나면 요령이 생기지 않을까 싶다. 우리 집 가구를 전부 쓰레기 매립지로 보내고 싶지 않으면 반드시 그래야 한다. 내가 기저귀를 채운 지 20분 만에 바닥에 미시건 호수만 한 오줌 웅덩이가 생겼으니 말이다.

시간이 흐른다. 지금은 1월 중순이고, 프로젝트를 시작한 지 거의 3개월이 지났다. 크리스마스에는 기차를 타고 어머니네 집에 다녀왔다. 나는 소중한 교훈을 배웠다. 환경보호주의자가 되겠다고 할 때 천기저귀에 인생을 맡기는 것과, 짧게 몇 번 왔다 갔다 하느니 어머니네 집에서 일주일을 온전히 보내기로 작정하는 것은 별개의 문제이다.

나중에 그 이유가 밝혀지겠지만, 우리가 천기저귀를 쓰라고 사람들을 설득하는 수준은 되었다. 하지만 내 경험을 통해 터득한 게 있다면—그 이상은 아무 말도 않겠다— 부모님과 한 번에 몇 주씩 같이 있겠다고 작정하는 우리 애어른들의 손에 의해 우리 별의 운명이 좌우된다면 앞날이 캄캄하다는 사실이다.

어쩌면 내가 정말로 충격을 받은 부분은 이것이었을지 모른다.

크리스마스 때 우리 엄마네 거실에서 모두들 선물을 열어보고 있다. 너무나 멀쩡한 포장지가 찢기고 동그랗게 구겨져 까만색 커다란 비닐봉지로 직행한다. 나는 슬그머니 가장 멀쩡한 포장지를 꺼내 누가 다시 그 포장지를 재활용이라도 할 것처럼 주름을 편다. 내가 왜 이렇게 된 걸까? 이런 상황을 태연하게 받아들이지 못하겠다.

여동생은 테이프를 조심스럽게 떼어내 포장지를 살리지 않고 마구잡이로 잡아뜯는다. 나는 바닥에 앉아 있는데 말 그대로 가슴에 돌덩이가 얹힌 것 같다. 선물을 모조리 낚아채 포장지를 살리고 싶다. 여동생이 상황을 파악하고 나를 보며 웃는다. 나는 자원 소모를 줄여야 한다는 생각에 좋은 경험을 선물했다. 엄마에게는 두 번의 마사지, 아빠네 부부에게는 근사한 식사, 여동생에게는 출산용품을 사는 데 요긴할 현금.

최근 들어 이 프로젝트 때문에 변한 내 모습이 마음에 안 든다. 내가 모든 것을 지휘해야 될 것 같은 심정이다. 나는 처음에 '내 집 앞길을 깨끗하게' 정신으로 시작했다. 이 말은 곧, 남의 일에 정말 끼어들고 싶어도 입을 다물고 있어야 한다는 뜻이다. 나는 지금 남들을 비판하는 게 아니다. 정말로 나만 비판하는 거다. 나는 왜 이것밖에 못 할까? 하느님, 도와주소서. 이 프로젝트를 진행하는 동시에 마음의 평화를 누릴 방법은 없을까?

"우리, 점점 별종이 돼가고 있어."

내가 미셸한테 말한다.

"우리가 아니라 당신만 별종이 돼가고 있는 거야."

지금까지 프로젝트를 진행하면서 힘들었던 것은 부수적인 부분들이다. 나도 가끔은 사탕도 먹고 싶고, 비행기를 타고 버뮤다로 떠나고도 싶고, 텔레비전 앞에서 시체놀이도 하고 싶다. 하지만 그보다 더 힘든 건 나 자신과 너무 자주 대면하게 된다는 점이다. 나의 비판. 나의 약점. 나의 집착.

생각하는 문제가 바뀐다.

풀리기 시작한 실뭉치를 잡아당기는 것과 비슷하다. 이제는 어떻게 하면 환경을 해치지 않고 살 수 있을지 생각하는 대신 이런 고민을 한다. 나는 어떻게 살아야 하는가.

미셸은 진작부터 둘째를 원했다. 그 무렵 그녀가 묻는다.

"러시안 룰렛 게임 안 해볼래? 실제로 아이가 생기게 노력을 해보자는 게 아니야. 어떻게 되는지 두고 보면 어떨까?"

나는 마음이 불편하다. 겁이 난다. 둘째를 감당하고 보살필 능력이 되는지 너무나 걱정스럽다. 그럴 만한 돈과 시간이 있을까? 그런데 이미 끝낸 이야기인데도 미셸이 계속 고집을 부린다.

내가 말한다. "알았어. 러시안 룰렛 게임 해보자."

그런데 우리 둘 다 말은 안 했지만, 내가 양보한 대신 그녀가 이 프로젝트가 참여하는 것이다. 그런 이유로 이런 일에 동의해도 되는 걸까?

나는 다시 나 자신과 마주한다.

여러분도 이제는 이해할 거라고 생각한다. 어떻게 살아야 할지 고민하는 나를.

우리의 이야기가 어느 누구에게도 도움이 되지 않는다 해도 — 우리 서식지를 보존할 방법을 끝까지 찾지 못한다 해도— 나는 이번 일을 통해 딱하고, 아무것도 모르고, "우리 남편이 미치기 전에는 나도 잘 살았다"라고 할 수 있을 법한 아내를 꼬드기는 방법을 터득했다고 말할 수는 있다.

매사추세츠 웨스트포트라는 내 고향 시골마을에서 가급적 차 없이 다니려면 자전거를 빌리는 수밖에 없다고 — 시골길을 달릴 테니 내 자전거에 유아용 의자를 장착해 이자벨라를 태우고 다녀야 했다 — 미셸도 동의를 한 게 이번 크리스마스 여행에서 얻은 소득이었으니 말이다.

"자전거 탈래."

이자벨라가 자전거를 보며 울부짖지만, 첫날에는 비가 와서 나가지 못한다. 나는 아이를 달래기 위해 지붕이 있는 현관에 세워둔 내 자전거의 유아용 의자에 앉힌다. 내가 단단히 잡기 전에 자전거가 살짝 흔들린다. 이자벨라는 당장 말을 바꾼다.

"벨라는 자전거 무서워!"

나는 아이를 의자에서 꺼내준다.

미셸과 나는 다음날 이자벨라에게 자전거를 강요하는 문제를 놓고 비가 멈출 때까지 많은 이야기를 나눈다. 미셸은 안전주의다. 나는 모험주의다. 원래 우리 결혼생활이 이런 식이다. 그래도 우리는 조금 강력하게 밀고 나가되 이자벨라가 정말로 무서워하면 포기하기로 의견의 일치를 본다.

다음날은 흐리지만 비는 오지 않아서 자전거를 밖으로 꺼낸다. 미셸이 내 자전거를 꼭 붙잡고, 내가 이자벨라에게 말한다.

"한번 타보자. 싫으면 내려줄게."

이자벨라는 잔뜩 집중한 얼굴로 불안해하지만, 무서워하지는 않는다. 나는 그녀를 의자에 앉혀 벨트를 채우고 헬멧을 씌우고 기타 등등 절차를 밟는다. 집 앞길이 끝나는 곳까지 자전거를 밀고 가는데, 이자벨라는 벌써 미소를 짓고 있다. 우리는 코넬 가에서 좌회전을 해 '엘리스 플레이스'라는 작은 음식점을 지난 다음 우회전을 해 큰길로 접어들어 목초지가 있는 계곡으로 달린다. 미셸이 "내가 뒤를 맡을게!"라고 외친다. 만약 차가 달려들면 뒤에서 인간 방패 역할을 하겠다는 뜻이다.

이자벨라가 소리를 지르기 시작한다.

"엄마! 엄마! 엄마!"

"우리 옆으로 와서 애가 왜 그러는지 알아봐."

내가 어깨 너머로 소리를 지른다.

미셸이 다가온다.

"이자벨라, 왜?"

"재미있어!"

이자벨라가 말한다.

그렇게 우리는 달린다. 며칠 동안 마주친 소떼를 처음 보았을 때 이자벨라는 이렇게 말한다.

"소 싫어. 소 싫어."

하지만 몇 번씩 그 옆을 지나가자 음메 소리를 내고, 말 울음소리도 흉내 내고, 뭐 그런 식이다.

우리는 웨스트포트가 고래잡이로 유명하던 시절에 만들어진 옥상 노

대와 하얀색 낡은 물막이 판자와 검은색 덧문이 달린 여러 선장의 집을 감상하고, 농장을 구경하고 냄새도 맡는다. 내가 어린 시절을 보낸 '포인트'라는 곳으로 가서(부두가 있는 곳이다) 우리 가족에게 낚시를 했던 곳을 보여준다. 겨울 부두를 내다보며 여름에 내가 다이빙을 즐겼던 다리가 어디인지 가르쳐주고, 다시 자전거에 올라 선장들의 집을 지나자 돌아가신 할아버지와 할머니가 살았던 집 앞 자갈길이 자전거 바퀴에 밟혀 와작와작 소리를 낸다.

우리는 그 집이 있는 언덕 기슭에서 조그만 케이프 커드 식 주택을 올려다본다. 차고 위에는 삼촌이 놀러왔을 때 묵었던 다락방이 있다. 우리 왼편이 부두 서쪽인데, 여기로 해가 지면 할머니가 조용히 앉아서 지켜보라고 했다. 하지만 추억이 다 좋은 건 아니다. 눅눅한 날의 답답한 공기처럼 감정이 나를 누른다.

"여기가 삼촌이 자살했다는 그 집이야?"

미셸이 묻는다. 나는 그렇다고 말한다. 나는 그 집의 주춧돌을 손으로 가리킨다. 내가 열두 살이었을 때 내가 가장 좋아했던 삼촌은 스물아홉 살이었는데, 엽총을 입에 물고 방아쇠를 당겼다. 지하실에서.

"내 남동생 데이비드가 죽은 곳이기도 해."

그건 2층에서 있었던 일이다. 우리는 침실 창문을 올려다본다. 그때 동생은 8개월이었다. 나는 네 살이었다. 동생은 선천적으로 심장에 문제가 있었다. 침대에 누워 있는 것을 우리 어머니가 발견했다.

나중에 우리는 자전거를 타고 묘지를 찾아간다. 빙 삼촌, 도시 숙모, 할아버지, 할머니가 누워 있는 곳이다. 그리고 우리 동생 데이비드도. 데이비드 장례식 때 내가 "하느님, 데이비드를 저희 손님으로 보내주

서서 감사합니다"라고 큰 소리로 외쳤다고 아버지는 가끔 말한다.
"그래서 비석에 '사랑스러운 손님'이라고 씌어 있는 거야?"
미셸이 묻는다.
나는 그렇다고 말한다.
우리는 묘지 옆 잔디밭에 잠깐 앉는다. 그저 조용하다. 미셸은 살짝 눈물을 흘린다. 노란색 자전거용 헬멧을 쓰고 잔디를 뿌리째 뽑고 있는 이자벨라가 귀엽다.

멋진 추억과 끔찍한 기억이 함께 머무는 예전 집과 마주하자 내가 착수한 노 임팩트 맨 실험과 북극곰이나 부패한 정치인들 간의 연관성이 실제로는 크지 않다는 생각이 든다. 사실 내 입장에서는 심장병으로 죽은 8개월짜리 아기와 엽총을 입에 물고 방아쇠를 담긴 스물아홉 살의 남자와 더 연관성이 있을지 모른다.
그때부터 인생은 이해가 안 되는 부분들이 많았다.
모든 게 이해가 되지 않았던 것은 아니다. 하지만 우리 사회가 계속 강조하는 많은 것들 — 예를 들면 평생 열심히 돈을 벌어야 한다는 것이나 진짜 큰 집을 사려고 노력해야 한다는 것 — 이 이해가 되지 않았다.
내 입장에서는 안타까운 일이지만, 나도 돈을 벌거나 큰 집을 사고 싶은 적이 한 번도 없었던 것은 아니다. 그런 욕심이 생길 때면 돈이나 집은 우리 동생이나 삼촌처럼 생기자마자 사라질 수 있다는 것이라는 생각이 퍼뜩 들 뿐이다. 어느 심리학 박사는 나더러 "물질적인 만족을 의심하도록 길들여져 있다"라고 말한다. 나는 인생이라는 대형 트럭의 방향을 돈과 집 쪽으로 돌릴 만한 기회가 생길 때마다 속으로 자문한다. "내가 죽으면 이게 다 무슨 소용일까?"

내가 지금 투덜거리는 건 아니다.

나는 몇 번 직업을 바꾼 뒤 작가로 먹고사는 특권을 부여받았다. 내가 지금까지 쓴 기사가 몇 편 되고, 저서는 이 책을 제외하고 두 권이다. 그런가 하면 뉴욕에서도 내가 가장 좋아하는 그리니치 빌리지에 있는, 전쟁 이전에 지어진 사랑스러운 건물에 살고 있다. 여러 면에서 여섯 살 때 꿈꾸었던 인생이다. 더 이상 바랄 게 뭐가 있을까?

하지만 물음표는 사라질 줄 모른다. 내가 죽으면 이게 다 무슨 소용일까?

우리는 묘지에 가만히 있었다.

자전거로 다니면 차로 다닐 때처럼 그냥 지나가는 게 아니라 안으로 들어가야 한다. 보고 지나가는 게 아니라 몸으로 체험해야 한다. 세상 속으로 들어가 하나가 되면 그 아름다움이 마음속을 파고들어와 눈물이 흐르고, 절대 자전거에서 내리고 싶어지지 않는다.

오늘까지 자전거를 거부했던 미셸이 뉴욕으로 돌아가면 자기 자전거를 사는 게 어떻겠느냐고, 내 자전거에 이자벨라를 위해 유아용 의자를 설치하는 게 어떻겠느냐고 묻는다. 그래도 나는 작전상 손가락으로 V자를 만들며 '승리'를 외치고 두 팔을 휘저으며 춤을 추지 않는다.

그 대신 고개를 기울여 미셸의 뺨에 입을 맞추고 말한다.

"그럼 좋지."

어쩌면 그 집, 우리 할아버지와 할머니가 살았던 그 집에서 이 프로젝트가 시작됐을지 모른다. 죽은 내 동생과 삼촌이 살았던 그 집에서.

섬뜩한 이야기인가?

새 아이폰이나 평면 텔레비전이나 버뮤다 행 여행티켓이나 기타 오락거리를 손에 넣을 방법을 연구하는 것보다 이런 고민을 하는 게 더 힘들다. 예를 들면 어떻게 살아야 할까, 내 인생의 목적은 무엇일까 하는 것들 말이다.

인생의 목적이 좋은 직장, 두둑한 연봉, 들어가 살기에 부족함이 없는 상자, 타고 다니기에 부족함이 없는 또 다른 상자라고 생각하고 그런 상자들만 있으면 무엇이든 피할 수 있을 거라고 믿는 것은 쉽다. 심지어 앞에서 말한 고민들까지 말이다. 내가 보기에 인간이라면 누구나 고민을 외면하고 싶어한다. 적어도 나는 그렇다.

하지만 가끔은 눅눅한 날 습기처럼 그런 고민들이 차오를 때가 있다. 피할 곳이 없을 때가 있다.

한국 조계종에 이런 선사가 있었다. 지금은 돌아가셨는데, 내가 명상할 때 즐겨 찾는 선종이라는 종파를 미국에 전파한 분이다. 제자들은 그분을 대선사님이라고 불렀는데, 한국말로 위대하고 존경스러운 스승이라는 뜻이었다.

아무튼 그 대선사님은 "모두들 나는 이걸 가지고 싶다, 저걸 가지고 싶다 하는데, 이 '나'에 대해서 제대로 이해하는 사람이 없다"라고 종종 말했다. 세상 모든 걸 가지고 싶어하는 '나'는 어떤 존재일까? 어디에서 왔을까? 어디로 갈까? 사는 이유가 뭘까? 죽는 이유가 뭘까?

이런 고민이 중요한 것은 우리가 욕구를 충족시켜야 행복해진다고 믿으면서 살기 때문이다. 경제학자들의 말에 따르면 우리의 욕구는 끝이 없고, 경제는 이 끝없는 욕구를 충족시키기 위한 하나의 거대한 기계라고 한다. 문제는 우리가 사는 이 별의 자원이 무한하지 않다는 것이다.

모두들 나는 이걸 가지고 싶다고, 저걸 가지고 싶다고 한다. 욕구를 충족시켜야 행복해진다는 우리의 전제가 사실이라면 좋다, 그렇다고 치자. 경제는 당연히 욕구 충족에 기반을 두고 있으니 더 이상 남은 게 없을 때까지 모든 것을 태울 것이다. 하지만 만약 그렇다면 예수는 부자가 천국에 가는 것이 낙타가 바늘구멍으로 들어가는 것보다 더 어렵다는 말을 왜 했을까?

내가 알기로 예수는 부자가 되면 안 된다는 뜻에서 그런 말을 한 게 아니었다. 더 급한 일들을 배제할 정도로 부에 집착하면 많은 시련을 초래할 수 있다는 뜻에서 한 말이었다.

우리가 이 '나'라는 존재와 나의 진짜 목적을 제대로 모르고 있다면 어떻게 해야 할까? 욕구를 채우느라 지구를 파괴해놓고 그런 다음에야 우리가 사는 이유가 그게 아니었다는 걸 깨달으면 어떻게 해야 할까? 이것이야말로 하던 일을 멈추고 고민할 만한 문제가 아닐까?

조계종의 장례식 때 읽는 법어가 있다. 모인 사람들이 함께 읊조리는 「인생선(人生線)」이다.

　　인생은 빈손으로 와서 빈손으로 가는 것
　　어느 곳에서 태어나
　　어느 곳으로 가는가

나는 것은 한 조각 구름이 이는 것이고
죽는 것은 한 조각 구름이 스러지는 것
뜬구름은 원래 없는 것이니
죽고 살고 오고 가는 것도 이와 같도다
그러나 여기 늘 맑은 대로 머무는 것이 하나 있으니
담연히 생사에 연연하지 않는구나

이 담연한 것은 무엇인가

1월 중순의 어느 춥고 흐린 날, 나는 뉴욕 유니언 광장에 있는, 미국에서 가장 큰 농산물 직거래 시장의 한쪽 끝에 서 있다. 이 노점에서 저 노점으로 이어지는 사람들의 물결을 보고 있다. 어느 노점에서는 사과를 팔고, 어느 노점에서는 달걀을 팔고, 어느 노점에서는 내가 한 번도 본 적 없는 채소들을 판다. 바로 옆 노점과 같은 물건을 파는 노점들도 많다.

어느 상점이 더 좋을까? 이 어처구니없는 미로를 어떤 식으로 뚫고 나가야 할까? 나는 뇌종양 비슷하게 생긴 스웨덴 순무를 보며 곰곰이 생각한다. 이걸 산다 치더라도 도대체 어디에 쓸 수 있을까?

나는 프로젝트를 시작한 이래 인티그럴 요가 센터에서 대용량 상자에 넣고 파는 식료품을 애용하는 방식으로 포장용기와 포장재료를 피해왔지만, 기본적으로 어느 식료품점이나 똑같다. 무엇을 살지 결정하고 값을 치르면 된다(나만의 그릇과 모슬린 장바구니를 챙겨가는 것이 다를 뿐이다). 그러면 땅콩버터, 빵, 파스타, 쌀, 열대과일과 채소 등 내가 원하는 걸 무엇이든 살 수 있다.

나는 추운 날 인파에 떠밀려가며 농산물 직거래 시장에 서서 내가 끓는 물에 무언가 넣는 수준 이상의 요리에 대해서 아는 게 없다는 생각을 한다. 나는 다가오는 땅콩버터 샌드위치 식이요법의 종말을 애도한다.

나는 길을 따라 걷는다. 지금은 1월이고 농산물 직거래 시장은 현지에서 생산된 식료품만 팔기 때문에 토마토도 상추도 없다. 양배추와 뿌리채소와 사과만 잔뜩 있다.

나는 집에 들어간다. 천가방에 넣고 온 순무와 치즈와 달걀과 사과와 양배추를 싱크대 위로 쏟아낸다. 이제 어떻게 하면 될까? 몇 시간 뒤면 미셸과 이자벨라가 집으로 들이닥쳐 저녁을 달라고 할 것이다. 이런 식으로 지속 가능한 식생활 단계가 시작된다.

나는 지속 가능한 식생활이 식은 죽 먹기인 줄 알았다. 계속 인티그럴 요가 센터만 왔다 갔다 하면 되는 줄 알았다. 그곳에 있는 유기농 식품만 사면 되는 줄 알았다. 유기농 식품이 일반적으로 더 비싸게 팔리니 식료품 단계에서는 돈으로 해결하면 되는 줄 알았다.

그 대신 나는 살충제나 제초제를 거의 쓰지 않는다는(미국 농무부의 유기농 기준에 따르면 57종의 농약을 사용해도 된다) 약속을 믿고 안심할 수 있을 것이다. 일반 재배된 것보다 오염이 덜 된 식품을 먹을 수 있을 테고, 마시는 우유에 항생제나 소 성장호르몬이 없다고 하니 이자벨라가 열 살에 가슴이 나오기 시작하는 일은 없다고 마음 놓을 수 있을 것이다.

하지만 그렇지가 않다.

지속 가능한 식생활 단계에서는 쓰레기 금지와 이산화탄소 배출 금지 단계와 다르게 내가 선구자가 아니다. 이미 이런 식으로 생활방식을 바꾸는 것에 대해 고민하기 시작한 사람들이 많다. 그리고 그 바닥에서는 지속 가능한 식생활을 원하고 자존심 있는 사람이면 누구나 라벨을 바꾸는 식으로 어물쩍 넘어가지 않는다. 새로운 라벨에 '유기농'이라고 적혀 있다 해도 말이다.

정말로 지속 가능한 식생활을 추구하는 사람들은 한 단계 더 나아가, 자기 집에서 트럭으로 왕래할 수 있는 거리에서 생산된 제철음식만 먹는다. 이른바 '로컬 푸드' 운동이다. 내가 농산물 직거래 시장에서 고생을 자처하고 이제 미셸과 이자벨라가 먹을 수 있는 음식 만드는 방법을 고민해야 하는 이유가 바로 이 때문이다.

유기농만 믿으면 노 임팩트 기준을 충족시킬 수 있을 거라고 생각했다니 내가 바보였다. 담배를 만드는 필립 모리스와 가공식품업계의 슈퍼거인 H. J. 하인즈와 사라 리 같은 회사들이 177억 달러 규모의 유기농 시장을 서로 앞다투어 최대한 매수한 상황에서 '유기농'이 무슨 의미일까? 유독물질이 적기는 하겠지만, 이런 거대기업과 미국 농무부의 환경 관리를 어느 수준까지 믿을 수 있을까?

나는 2004년 4월에 미국 농무부가 대규모 식품가공업체의 요구에 못 이겨, 동물 성장호르몬을 사용하거나 소에게 비유기농 사료를 먹이거나 특정 살충제를 뿌린 농가에도 유기농 인증을 허락하려 했다는 기사를 읽었다. 소비자들의 격렬한 항의가 잇따르자 그제야 농무부는 방침을 철회했다.

그 순간 나는 한숨을 쉬고 좀더 분발해야겠다는 생각을 하며, 인터넷에 '지속 가능한 식생활'과 같은 문구를 치고 로카보어스(Locavores.com)나 에티큐리언(Ethicurean.com)과 같은 웹사이트를 읽어보기 시작했다. 알고 보니 나는 이 일에 적성이 안 맞는 정도가 아니었다. 정말로 요리를 배워야 하는 거였다(이런 젠장). 게다가 파스타 정도면 되는 게 아니었다. 농산물 직거래 시장에서 사온 신선한 재료를 다루어야 했다. 게다가 1년 동안 집에서 반경 160킬로미터 안에서 생산된 식품만 먹기로 결심한 진짜 하드코어 부부가 있다는 사실을 알게 되었을 때 나의 공포심은 배가되었다. 밴쿠버에 사는 작가 부부 앨리사 스미스와 제임스 매케넌은 인터넷에서 컬트의 반열에 올랐다. 이들이 노 임팩트 식 식생활이 만족시켜야 할, 소름 끼치도록 높은 기준을 이미 설정한 셈이었다.

나는 결연하게 맞서기로 했다. 나는 두 사람의 책을 출간할 예정인 출판사에 전화를 걸어 앨리사의 이메일 주소를 알아냈다. 나는 그녀와 이메일을 몇 번 주고받은 끝에 드디어 전화통화를 했다.

앨리사는 우리 식생활이 이대로 괜찮은지 제임스와 함께 걱정하다 160킬로미터 식생활 프로젝트를 시작하게 됐다고 했다. 그녀의 이야기에 따르면 북반구에서는 식료품이 생산농가에서 소비자의 식탁까지 이동하는 거리가 대략 평균 3200킬로미터라고 한다. 한 가지 어이없는 예를 들자면 캘리포니아에서는 딸기가 제철일 때 딸기 수입도 절정에 달한다. 그다음으로 뉴욕에서는 딸기의 제철이 시작될 때 캘리포니아 딸기가 뉴욕에 넘쳐난다. 알고 보니 미국에서 농산물 재배에 쓰이는 석유가 17퍼센트나 된다는데, 이는 석유와 관련 있는 온실가스 배출량의 17퍼센트를 차지한다는 뜻이기도 하다.

나는 앨리사와 이야기를 나누는 동안 두 가지 기분을 느꼈다. 하나는 집에 온 듯한 기분이었다. 이 프로젝트를 진행하면서 내가 얼마나 외로웠는지 그제야 느낄 수 있었다. 나처럼 걱정하고, 나처럼 좀더 만족스럽게 사는 방법과 우리 별을 좀더 아끼는 방법을 찾고 싶어하는 사람과 이야기를 나누었더니 마침내 백조들을 만나고 기뻐하는 미운 오리새끼가 된 것 같았다. 앨리사는 나를 괴짜라고 생각하지 않았다. 게다가 환경 영웅이 돼서 바쁜 몸임에도 불구하고 앨리사와 제임스는 약간의 가르침도 잊지 않았다.

하지만 경쟁심도 잠깐 스쳐지나갔다. 우리 둘 중 누구 팔뚝이 더 굵을까? 저들이 반경 160킬로미터로 설정했다면 나는 120킬로미터로 해야지…….

그런데 앨리사가 밀가루와 소금 이야기를 꺼냈다. 인근에서 생산되는 밀가루가 없어서 한참 동안 빵을 먹지 못했다는 것이다. 밀 재배업자와 방앗간을 찾느라 몇 개월 동안 헤맸노라고 했다. 순간, 일이 훨씬 더 어렵게 느껴졌다. 이 부분은 생각지도 못한 일이었다. 일반적인 식품만 그런 게 아니라 모든 재료가 해당사항이었다. 자기 지역에서 구운 빵이면 되는 게 아니라 자기 지역에서 재배된 밀가루로 만든 빵이라야 했다.

앨리사가 어떤 식으로 소금을 구했는지 알려주었다. 그들은 배를 타고 만 한가운데로 나가 바닷물을 한 양동이 떠왔다. 그런 다음 집으로 돌아와서 소금만 남을 때까지 그 물을 끓였다.

그들과 경쟁하려니 내가 브루투스와 팔씨름을 하는 뽀빠이가 된 듯한 심정이었다. 그것도 시금치가 안 나는 지역에서 말이다.

앨리사가 말했다. "하지만 우리는 음식 걱정만 한 거잖아요. 당신처럼 모든 걸 걱정할 필요가 없었죠. 당신 기준은 스스로 생각해야 해요."

앨리사의 말뜻은 여유를 가지라는 것이었다. 그녀가 나의 숨통을 틔워주었다. 어쩌면 쓰레기와 이산화탄소 배출을 자제하며 더욱 어마어마한 단계로 넘어가야 하는 상황에서 앨리사나 제임스와 같은 수준으로 로컬 푸드를 고집할 필요는 없을지 모른다. 나는 나 혼자 벌인 경쟁에서 행복하게 패배를 인정하고 뻔뻔하게 항복을 선언했다. 사실 나는 동지를 만나서 너무 기뻤다. 앞으로 앨리사와 제임스를 로컬 푸드 계의 신으로 떠받들어야겠다.

앨리사와 제임스는 그들의 열정을 증명하기 위해 임의적으로 160킬로미터를 선택한 게 아니었다. 그 지역 농경지가 동쪽으로 캐스케이드 산맥, 북쪽으로 코스트 산맥, 남쪽으로 바운더리 만까지가 고작이었다. 밴쿠버에서는 이런 지형적인 한계 때문에 반경 160킬로미터 이내에서 난 농작물이 아니면 480킬로미터 너머에서 난 농작물이었다.

나는 나만의 친환경적인 로컬 푸드의 기준을 세워야 할 때가 되자 자전거를 타고 지역주민들과 대화를 하러 나섰다. 첫번째 대상은 '저스트 푸드'의 폴라 루카츠와 캐러 프레이버이다. 저스트 푸드는 1990년대 초에 도시 농사를 장려하고 지방 농민과 뉴욕 시민 간의 직거래를 주선하는 방식으로 친환경적인 식생활을 장려한 선구적인 단체이다. 그러니까 캐러와 폴라가 농산물 직거래 시장과 '소비자가 후원하는 농업인' 제도를 도입해 농민들과의 직거래를 주선한 주인공이다.

저스트 푸드 중역 회의실에 다 같이 자리를 잡고 앉자 폴라와 캐러가 허드슨 강 유역과 뉴저지와 코네티컷 이곳저곳의 비옥한 농지에서 충분한 농산물이 생산되고 있으니 우리 가족이 굶어죽을 일은 없다는 희소식을 전한다. 그리고 제임스와 앨리사가 사는 밴쿠버와 달리 뉴욕에는 지형의 경계가 없어서 근거리 식품과 원거리 식품을 쉽게 구분할 수 있다고 한다.

폴라가 말한다.

"우리는 차에 농산물을 싣고 뉴욕으로 건너와서 어디 납품하거나 팔고 다시 농장으로 하루 만에 돌아갈 수 있는 농민들과 손을 잡고 일을 하죠."

"그게 어느 정도 거리인가요?"

내가 묻는다.

"400킬로미터요."

그렇구나. 400킬로미터. 앞으로는 그것이 나의 반경이 될 것이다.

나는 로컬 푸드에서 빠져나갈 구멍을 찾고 싶은 마음에, 『이코노미스트』에서 로컬 푸드 운동이 실제로는 경제에 별 도움이 안 될지 모른다는 기사를 읽은 적이 있다고 언급한다. 예를 들면 스페인의 야외에서 길러 영국으로 공수한 토마토가 영국의 온실에서 재배한 토마토보다 화석연료 사용이나 이산화탄소 배출 면에서 이익일 수 있다는 것이다.

"온실가스 배출이 주요 관심사면 제철음식만 먹어야 해요."

폴라가 말한다. 그러니까 스페인이건 어디건 온실에서 재배한 토마토는 먹으면 안 된다는 뜻이다.

"지금 제철음식이 뭔가요?"
나는 지금 1월이라는 사실을 되새기며 묻는다.
"음…… 양배추, 뿌리채소, 감자죠."
"그런 식으로 먹는 사람들이 있나요?"
"수천 년 동안 다들 그렇게 먹고 살았어요. 제철이 아닌 채소를 보관하기도 했지만, 지금 그러기에는 너무 늦었죠."
"그럼 저는 양배추 수프만 먹고 살아야 하나요?"
두 사람은 웃음을 터뜨린다.
"인근에 커피 농장도 별로 없겠죠?"
두 사람은 다시 웃는다.
"하지만 창턱에 화분을 놓고 페퍼민트를 재배할 수 있어요."
폴라가 유익한 정보를 알려준다.

미셸은 재활용이 가능한 컵을 들고 다니며 날마다 샷을 세 번 추가한 아이스 에스프레소를 마신다. 그런 그녀에게 커피 대신 페퍼민트차를 마시라는 것은 마약중독자에게 아이스크림을 주며 당분에 취해보라고 말하는 것과 같은 일이다.

미셸에게 집에서 만든 페퍼민트차를 마시라고 했을 때 내 결혼생활이 어떻게 될까 속으로 계산하는데, 폴라와 캐러가 교통수단과 관계된 온실가스 배출을 최소화하는 수준을 넘어 로컬 푸드 생산을 지원하는 문화를 확산시켰을 때의 이득을 열심히 설명한다. 소규모 농민들은 가족 대대로 물려받은 땅을 관리하는 데 관심이 많고, 전반적으로 환경 관리를 충실히 하고 자원을 효율적으로 사용할 가능성이 높다고 한다.

사실 빌 맥키벤의 『심오한 경제』에 따르면 소규모 지역농장에서 단위면적당 생산하는 농작물이 기업형 농장보다 많고, 땅과 물과 화석연료도 더욱 효율적으로 사용한다. 사실 미국에서는 물을 가장 많이 쓰는 농업이 수질오염의 가장 큰 원흉이고, 토양을 침식하고 목초지와 습지를 사라지게 만드는 주범이다.

옥수수 지대에서 미시시피 강 쪽으로 씻겨 내려간 비료는 멕시코 만까지 흘러들어간다. 바닷물에 비료가 섞이면 산소를 먹어치우는 조류가 폭발적으로 증가한다. 그 결과 멕시코 만에 생긴 2만 540제곱킬로미터의 사해가 물고기, 새우, 게 등 온갖 수중생물들을 질식시키고 있다. 환경보호협회에 따르면 해마다 9만5천 톤의 비료가 멕시코 만으로 흘러간다.

그뿐 아니라 거대한 공장형 농장에 농사가 집중되면 먹을거리에 대한 불안이 엄청나게 높아진다. 작년만 해도 획일화된 식료품 공급 시스템 덕분에 살모넬라균이 창궐해 160명이 병을 앓으면서 전국적으로 토마토 리콜 소동이 벌어졌고, 200명의 환자를 낳고 세 명의 목숨을 앗아간 병원성 대장균에 오염된 시금치의 리콜 소동도 있었고, 캘리포니아의 어느 기업에서 6만5천 톤의 쇠고기를 회수하는 역대 최고의 사건도 있었다.

로컬 푸드를 지지하는 사람들은 가까이에 있는 수많은 농가를 통해 식료품 생산을 다양화해야 그런 질병을 막을 수 있다고 주장한다. 지역망이 구축되면, 옥수수 재배가 집중된 중서부 지방에 홍수 피해가 났을 때 전세계 옥수수 시장이 휘청했던 것처럼 한 지역의 문제가 전국적으로 확산되지 않는다고 한다.

소규모 농가에 — 거대한 농장과 기업이 아닌 사람들 손에 — 식료품 생산을 맡겼을 때 환경과 건강과 지역사회의 차원에서 생기는 이점은 이밖에도 많다. 예를 들어 뉴욕 주변만 해도 북부 지역과 뉴저지, 코네티컷의 농경지가 부동산 개발 열풍과 근교의 지나친 확산을 막는 완충재 역할을 하고 있다. 북부의 농경지를 보존하면 난개발을 저지하는 한편, 뉴욕의 식수를 보호하는 효과도 있다.

미국의 지역농민들은 농작물의 다양성과 영양가 있는 식탁을 지키는 파수꾼이기도 하다. 2000년에는 옥수수, 콩, 밀, 건초, 이렇게 네 가지 작물을 생산하는 데 이 나라 농경지의 85퍼센트가 사용되었다. 이들은 가공식품으로 만들어지거나 패스트푸드점의 햄버거에 쓰이는 쇠고기의 사료로 쓰이고, 그 결과 비만이라는 미국의 유행병에 일조하게 된다. 반면에 지역농민들은 그린 마켓과 농산물협동조합을 통해 맥도날드와 KFC와 길모퉁이 구멍가게 말고는 선택의 여지가 없는 동네주민들에게 신선한 과일과 채소를 공급한다.

환경을 관리하고, 건강식의 접근성을 높이고, 동물을 윤리적으로 대우하고, 지역 식품망을 구축하자는 운동이 20세기 중반에 처음 시작되었을 때 성실하고 정말로 열성적인 유기농가에서는 그 목표를 실현하는 데 매진했다. 사회 참여적인 농민들은 제2차 세계대전 이후 한 작물에 집중하는 대규모 농경이 환경과 인간의 건강에 미치는 영향을 걱정하는 마음에 유기농산물 생산 제도를 실험하기 시작했다.

과학자들에 따르면 전시에 폭약을 만드는 데 쓰였던, 질소가 잔뜩 들어간 화학물질이 화학비료로 용도 변경되었다고 한다. 마찬가지로 전시에 식물과 곤충 — 심지어 사람까지 — 을 죽이는 독가스를 만드는 데 쓰였던 화합물도 포장을 바꿔 제초제와 살충제로 재탄생될 수 있었다. 덕분에 군수공장들이 명맥을 유지하며, 땅을 묵혀두거나, 윤작을 하거나 동물의 배설물을 모아서 만드는 두엄 등 겉보기에는 구식인 것 같지만 환경적으로 안전한 방식을 외면하는, 산업화된 신식 농경법의 밑바탕이 되었다.

현대적이고 정형적인 대규모 영농이 대세를 이루면서 '현대적인' 방식을 거부하고 소규모 지역농가에 집중하는 유기농업은 비주류가 되었다. 그러다 1960년대에 레이첼 카슨이 『침묵의 봄』을 통해 살충제 노출의 심각성을 고발했다.

그러자 소비자들이 갑자기 무농약 식품에 열광하기 시작했다. 유기농법을 개발한 사회 참여적인 농민 겸 사상가들이 전국적으로 채택할 수 있을 만한 기준을 명문화했다. 유기농 식품 시장이 성장하자 기업형 농장들은 조화롭고 친환경적이고 건전한 농업철학이 아니라 단순히 더 많은 대가를 지불할 용의가 있는 소비자들을 유인하는 식품 생산방식의 관점에서 유기농법에 관심을 보였다.

2002년에 미국 농무부가 국가적인 차원의 유기농 기준을 규정했을 때, 사회 참여적인 농민 겸 사상가들은 기업형 영농단체들과의 기나긴 전쟁에서 이미 패한 뒤였다. 하지만 몇몇 초창기 유기농민들은 '완벽한' 기준이 '좋은' 기준의 적이라고 생각했다. 그들은 미국 전역의 식품업체에서 현실적으로 적용할 수 있는 기준을 원했다.

미국 농무부의 유기농 기준은 사회적, 윤리적, 환경적 책임을 강조하는 유기농 운동의 근본취지를 수용하지 못했다. 이제는 유기농 우유를 생산하겠다고 젖소들을 목초지에 방목할 필요가 없다. 우리 안에 가두어놓아도 유기농 닭과 돼지를 기를 수 있다. 유기적으로 가공하는 식품에 식품첨가물과 합성화학물질을 넣어도 된다. 화학비료를 마음껏 써도 된다.

가장 최악의 사태는 공장식 농장이 유기농 인증을 받을 수 있다는 것일지 모른다. 유기농 운동의 원래 취지가 산업적인 영농법을 거부하는 것이었는데, 그런 영농법까지 망라하는 것으로 기준이 확대되었다.

저스트 푸드 중역 회의실에서 폴라와 캐러가 말하길 내가 농산물 직거래 시장에서 만난 여러 지역농민들이 스스로 '한 단계 높은 유기농산물'을 판매한다고 생각하는 이유가 그 때문이라고 한다. 나의 단골이 될 지역농민들은 대부분 법적인 제재가 없어도 가축들을 목초지에 풀어놓고, 체계적으로 해충을 관리하고, 윤작을 하고, 물려받은 땅에 다양한 작물을 재배하고, 푸대접을 받는 이웃주민들에게 신선한 농산물을 공급한다.

"그러니까 모든 지역농민들이 유기농산물을 생산하는 거죠?"

내가 묻는다.

"농무부 인증은 없어도 대부분 옛날식 유기농법을 따르죠. 수많은 소규모 농가 입장에서는 인증을 받는 과정이 너무 비싸고 번거롭거든요."

심지어 농무부 인증 요건조차 대규모 농가를 편애한다.

"그런데 인증이 없으면 무슨 수로 알 수 있나요?"

"눈을 똑바로 쳐다보면서 물어보세요. 로컬 푸드가 좋은 게 이런 거예요. 농민들과 대화를 나누고 가장 중요하게 여기는 게 무엇인지 물어봐서 자기 생각하고 맞으면 그 농민이 생산한 농산물을 구입하는 거죠."

공장형 농장에서 많이 완화된 농무부 유기농 기준이라도 적용해 기존 화학물질의 위협으로부터 우리와 물과 땅을 구해주었으면 좋겠다. 하지만 마이클 폴란이 『잡식동물의 딜레마』에서 말한 것처럼 "5일 걸리는 3천 마일(4800킬로미터) 거리에서 [생산돼] '홀 푸드'에서 [플라스틱] 도시락에 담겨 팔리는 샐러드를 도대체 누가 유기농 식품이라고 할 수 있을까?"

여행 경험이 풍부한 샐러드 도시락이 미국 농무부의 유기농 인증 기준상으로는 합격점을 받을지 몰라도 노 임팩트 실험을 벌이는 나는 이보다 나은 것을 원한다.

나는 2006년에 국제연합 식량농업기구에서 발표한 「축산업의 긴 그림자」를 끙끙대며 읽고 있다. 그것은 소 15억 마리가 우리 별의 환경에 미치는 영향을 390쪽에 걸쳐 하나하나 나열한 보고서이다. 육우업은 전세계적으로, 또 지역적으로 수위를 다투는 최악의 환경문제를 유발하는 원흉이다.

목초지를 만드느라 전세계 숲이 벌채되고 있고, (믿거나 말거나) 소가 되새김질하는 과정에서 트림을 통해 나오는 메탄가스가 전세계적으로 배출되는 온실가스의 18센트를 차지한다니 교통수단보다 더 심각한 수준이다. 수질오염에서부터 산성비에 이르기까지 축산업이 환경에 미치는 악영향은 그밖에도 끝없이 이어진다.

그리고 수산업 문제도 있다.

나는 예전에도 전세계 수산업의 심각한 타락상을 고발하는 보고서를 여러 차례 읽은 적이 있는데, 『사이언스』 2006년 11월호에 실린 기사에 따르면 현재와 같은 추세가 계속될 경우 2048년이면 해양이 척박해진다고 한다. 살아남는 조류는 있겠지만, 거의 비다시피 한 광활한 해양에서 암컷과 수컷이 만나 새끼를 낳는 게 하늘의 별따기가 되기 때문에 수산업이 사양길로 접어든다고 한다. 또한 전세계 수산업계의 규모가 이미 29퍼센트 축소되었다고 덧붙인다.

희소식이 있다면 추세를 바꿀 수 있다는 것이다. 수산업계에서 자원이 고갈된 곳에서는 조업을 삼가는 식으로 책임감 있게 대처하면 바다를 되살릴 수 있다. 해양관리협회에서 승인한 해산물만 먹는 것도 한 가지 방법이겠지만, 예를 들어 뉴욕의 초밥집 같은 곳에서는 이를 잘 지키지 않는다.

이런 고민을 거쳐 노 임팩트 식생활 최종안이 다음과 같이 만들어졌다. 반경 400킬로미터 안에서 재배된 농산물이나 그것을 재료로 만든 제철음식만 먹는다. 온실에서 재배한 식품은 안 된다. 쇠고기도 안 된다. 해산물도 안 된다. 축산업계의 문제에도 불구하고 병원에서는 이자벨라에게 우유를 계속 먹여야 된다고 한다. 이건 받아들이기로 한다. 이자벨라가 콩 알레르기가 있고 내 주변에서 단백질 공급원이 될 만한 다른 대체수단을 찾을 수 없기 때문에 치즈도 허용하기로 한다.

이제 미셸에게 알릴 차례다.

"우리가 늘 말했던 것처럼 간단하고 건강한 식생활을 하자는 거네?"

내가 지역농산물을 강조하면서 멀리서 재배된 밀가루로 만든 파스타나 기타 조금이라도 가공된 식품은 못 먹을 수도 있다고 했을 때 미셸이 한 말이다.

"그러니까 꼬리를 흔들거나 얼굴이 달려 있는 건 안 된다는 말이지?" 내가 쇠고기와 해산물도 안 된다고 하자 그녀가 기분 좋은 목소리로 말한다. "사실은 우리, 채식주의자가 되어야 해. 그게 우리 신조에 맞잖아."

"한 가지 더 있어."

내가 말한다.

"뭔데?"

"커피."

"인근에서 생산된 커피를 마셔야 한다는 거야?"

"인근에서 커피 생산이 안 된다고."

"그럼 그 대신 뭘 마셔?"

나는 딱 잘라서 대답하지 못한다. 그 대신 뉴욕의 식료품 정책을 주제로 석사논문을 쓴, 우리 지역의 독자적인 식료품 전문가 로렌 탤벗 이야기를 꺼낸다.

"로렌 말로는 로컬 푸드를 먹으면 엄청난 유대감을 느낄 수 있대. 식탁에 놓인 음식을 재배한 모든 농민들에게 감사의 기도를 드리게 된다는 거야. 예를 들면 '짐, 완두콩 고마워요' '존, 달걀 고마워요' 이런 식으로 말이야."

미셸이 말한다. "그건 알겠고, 커피는 어떻게 할 생각인데?"

나는 잠깐 자세를 바꾸고, 창턱을 가리킨다.

"저기에서 페퍼민트를 키워서 아침마다 차를 끓여줄게."

나는 최선을 다해 '나 진짜 좋은 남편이지' 하는 뜻이 담긴 미소를 짓는다. 미셸은 나를 말똥말똥 쳐다보기만 한다.

우리 집에서 "콜린, 페퍼민트차 고마워" 이런 감사의 기도는 들리지 않을 것이다.

이렇게 해서 나는 그 추운 1월과 2월에 농산물 직거래 시장을 이쪽 끝에서 저쪽 끝까지 왔다 갔다 하며 돌아가는 방식을 천천히 터득한다. 처음에는 뭐가 어디 있는지 알 수가 없다. 게다가 일반적인 요리나 장보기와 판이 전혀 다르다. 요리책을 보고 요리를 선택한 다음 나가서 재료를 살 수가 없다. 시장을 돌아다니며 뭐가 있는지 보고, 내게 축복이 내린 재료들로 뭘 만들 수 있을지 고민해야 한다.
"전에는 한 번도 시도해본 적 없는 채소들을 가지고 실험을 벌여야 할 거예요."
캐러와 폴라는 이게 마치 좋은 일이라도 되는 것처럼 신이 난 목소리로 이렇게 말했다.
롱아일랜드에서 직접 재배한 콩으로 두부를 만드는 한국인 농부가 있다. 신난다(하지만 알레르기가 있는 이자벨라는 먹지 못한다). 빵을 파는 사람에게 반경 400킬로미터 이내에서 재배한 밀가루로 만들었느냐고 물었더니 아니라고 한다. 그런데 내 반경 안에 있는 펜실베이니아에서 재배한 밀가루와 귀릿가루를 들고 나온 '블루 팜'이라는 곳이 있다. 이걸로 내가 빵을 만들면 된다. 이게 신나는 일인지 아닌지는 두고 봐야 알 일이다.
나는 싱싱해 보이고 쓸 수 있을 것 같은 재료들을 산다. 그러고는 길을 더듬어 간다. 로컬 푸드를 먹으려고 할 때 요리 전문가를 흥분시키는 것이 이 '모험' 부분이다.

로컬 푸드 단계 이전에는 다 랩으로 포장되어 있었기 때문에 괜찮은 치즈를 찾을 수가 없었다. 여기에서는 그렇지가 않다. 치즈 덩어리를 썰어서 종이에 싸준다. 나는 그들에게 자극을 주기 위해 종이 목초를 먹여 젖소를 키우고 그 젖으로 치즈를 만드는 사람 앞에서 보란 듯 모슬린 장바구니를 꺼낸다. 종이를 쓰지 않겠다는 뜻이다.

"예전에는 다들 그렇게 했는데 말이죠."

치즈 장수는 내 노고를 알아준다.

나는 긴장을 풀고 즐기기 시작한다. 심지어 농민들에게 화학비료를 쓰느냐고 묻기까지 한다. 한 농부가 말한다.

"어쩔 수 없으면 살충제를 쓰겠지만, 저희 채소를 보면 올해에는 안 썼다는 걸 알 수 있을 겁니다."

그가 가지고 온 채소는 식료품점에서 파는 것만큼 흠집 하나 없이 깨끗하지는 않다는 뜻이다.

수확이 적은 겨울 몇 달 동안 (아침식사용) 달걀과 귀리, 감자, 리크(백합과의 파 비슷한 식물—옮긴이), 양배추, 당근, 순무, 여러 종류의 치즈, 집에서 만든 빵, 우유, 양파, 버터 그리고 빼놓을 수 없는 스웨덴 순무가 우리 집 찬장을 채운다.

리크를 데치고 달걀을 몇 개 휘저어 프라이팬에 붓고 치즈를 약간 위에 얹은 다음 그릴에 넣으면 잠시 후 프리타타(고기, 치즈, 야채 등을 넣고 만드는 오믈렛의 일종—옮긴이)가 완성된다. 샐러드용으로 양배추도 좀 찢는다. 아침에는 오트밀을 만든다. 프리타타와 남은 샐러드를 커다란 유리병에 담아 출근하는 미셸에게 들려보낸다. 그날 저녁에는 리크와 감자로 수프를 만든다.

우리 가족의 새로운 일상이 탄생된다.

내가 요리를 하는 동안 미셸은 식탁에 앉아 같이 수다를 떤다. 이자벨라는 부엌에 의자를 놓고 서서 돕는 척한다. 로컬 푸드를 먹은 지 며칠 지났을 뿐인데, 텔레비전 앞에서 기름투성이 테이크아웃 음식을 입으로 쑤셔넣던 예전과 비교를 하지 않으려야 안 할 수가 없다. 이제 우리는 대화를 나눈다. 텔레비전 대신 부엌이 우리 생활의 중심으로 자리 잡는다. 이자벨라에게 말을 거는 시간이 전보다 많아졌다.

수프가 다 됐다. 나는 수프를 식탁에 내려놓는다.

"맛있다."

미셸이 말한다.

"괜히 그럴 필요 없어."

"진짜야. 앞으로 계속 이렇게 먹었으면 좋겠다. 지금까지 도대체 무슨 생각으로 살았던 걸까?"

내 경우에는 커피를 끊었더니 빈둥빈둥 시간을 보낼 곳이 없어서 괴롭다. 가끔은 커피 그 자체보다 어디 앉아서 신문을 보는 척하며 신문을 보는 척하는 다른 사람들을 훔쳐보는 게 목적인 경우도 있는데 말이다. 다행히 이른바 '사회생활상 어쩔 수 없는 경우'는 제외하기로 했다. 우리가 맺은 '로컬 푸드 먹기 계약' 안에 들어 있는 조항인데, 친구들과 만날 때는 예외를 인정한다는 의미이다. 누가 같이 저녁을 먹자고 할 때 우리는 손가락을 흔들며 "안 돼, 우리는 환경운동을 하고 있거든"이라고 대답하지 않는다. 만나서 재미있게 즐긴다. 마찬가지로 친구와 함께라면 커피를 마실 수도, 음식점에서 외식을 할 수도 있다.

이 조항의 묘미가 있다면 혼자 식사를 하거나 커피를 마실 수 없게 만든다는 것이다. 나는 할 수 없이 사람을 더 자주 만난다. 이제는 음식점과 카페가 너무 바쁘고 지칠 때 임시변통으로 끼니를 해결하는 곳이 아니다. 내가 직접 만들어 먹으려니 시간이 없어서 간단하게 음식을 먹고 커피를 마시며 자원을 소모하는 곳이 아니라 인간관계를 돈독히 다지는 곳이다. 원래 목적을 찾은 것이다.

가끔 생각해보면 다양한 인간관계와 공동체가 부족한 것이 환경문제의 근본적인 원인이 아닐까 싶다. 적어도 내 경우에는 그로 인해 나 이외의 다른 문제에 대해 책임감을 느끼지 않았다. 공동체가 없으면 무슨 수로 나를 보호해주는 좀더 넓은 세상과 본능적인 유대감을 느낄 수 있을까? 어쩌면 프로젝트를 시작했을 때 내가 세상을 변화시킬 수 없을 것처럼 느껴졌던 것도 내가 변화시킬 만한 그 어떤 것과도 끈끈한 관계를 맺지 못했기 때문이었을지 모른다.

그런데 미셸의 경우에는 커피를 끊고 나서 순수하게 중독 때문에 힘들어한다. 그녀는 로컬 푸드 단계를 앞두고 커피 마시는 횟수를 점차 줄이기보다 오히려 늘렸다. 조만간 술을 끊기로 한 알코올중독자 같았다. 한번은 어떤 사람에게 25달러짜리 스타벅스 기프트 카드를 받은 적이 있었다. 그런데 그걸 하루에 다 썼다. 가엾은 우리 부인이 하루에 다섯 번 스타벅스 매장에 가서 샷을 세 번 추가한 아이스 에스프레소를 주문하고는 재활용 컵에 담아달라고 한 것이다.

나는 점점 요령을 터득해나가고 있다! 블루 팜에서 말린 고추를 사다 양배추에 섞었더니 맛을 돋운다. 나는 요리법에서 말하는 설탕 대신 인근에서 생산된 꿀을 넣어 정말 맛있는 애플 크럼블을 만들었다. 게다가 인근에서 생산돼 포장 없이 파는 식초가 없기 때문에 산뜻하고 톡 쏘는 식초 만드는 방법까지 알아냈다.

방법을 소개하자면 먹다 남은 과일— 사과 씨, 산딸기 찌꺼기(산딸기가 제철이 아니기 때문에 우리는 쓰지 못한다), 기타 등등—을 대충 썬다. 물 1리터에 꿀 4분의 1컵(요리법에서는 설탕을 쓰라고 했지만 우리 프로젝트 규칙에 맞게 수정한다)을 넣고 젓는다. 먹다 남은 과일을 넣고 천으로 덮는다. 가끔 저어주면서 발효될 때까지 2주에서 3주 동안 기다린다.

이 식초에 어울리는 과일이 있다면? 딩동댕. 양배추이다.

'일회용 포장지 금지'와 '오로지 로컬 푸드'가 결합하면 어떤 결과가 나올까? 분명히 말할 수 있지만, 요령을 터득하기 전에는 먹을 만한 게 별로 없다. 나는 뭔가 새로운 걸 발견할 때마다 춤을 추고 싶은 심정이다.

터덜터덜 걸어간 파티에서 우연히 만난 친구가 그리스에서 이민 온 자기 어머니가 거의 날마다 요구르트를 만든다는 이야기를 한다. 나는 이 말을 듣고 뛸 듯이 기뻐한다. 이유는? 친환경 식생활을 시작한 이래 지금까지 쓰레기 금지 조항을 만족시키는 요구르트나 기타 간식거리를 찾지 못했기 때문이다.

친구가 이메일로 자기 어머니의 비법을 알려주었고, 나는 그날 저녁에 처음으로 시도해보았다. 최고다. 무슨 기계가 있어야 요구르트가 만들어지는 줄 알았더니 그게 아니었다. 우유 1리터를 끓여서 손가락을 넣어도 될 만큼 식힌 다음 요구르트 배양균을 한 숟가락 넣고 그릇으로 옮겨 담요를 덮어둔 채 다음날 아침까지 기다리면, 만세! 요구르트가 만들어진다. 꿀과 섞어서 먹는다. 맛있다.

그나저나 요리하고, 장을 보고, 요구르트와 빵과 소금에 절인 양배추를 만들고, 가족들을 위해 식탁을 차릴 시간이 어디에서 생기는지 다들 궁금할 것이다.

일단 텔레비전을 안 보면 된다. 미국인들은 하루 평균 네 시간 반 동안 텔레비전을 보는데, 이를 바꿔 말하면 미셸과 나는 날마다 몸에 좋은 음식을 만들어 건강을 관리할 만한 시간이 아홉 시간 생긴다는 뜻이 된다.

뿐만 아니라 앨리사와 제임스가 『플렌티(Plenty)』에서 말하길(캐나다 판 제목은 『100마일 식생활』이다) 영국의 어느 조사결과에 따르면 차를 몰고 슈퍼마켓에 가서 주차할 곳을 찾고 냉동 피자나 이미 만들어진 샐러드를 찾으러 돌아다니는 데 드는 시간이 20년 전에 음식을 직접 만들어먹는 데 들었던 시간과 거의 맞먹는다고 한다. 테이크아웃 음식과 반조리 식품을 사고 외식하는 데 드는 돈을 버는 시간은 또 어쩔 것인가.

나는 빵 만드는 시간이 어떻게 생길까?

이 프로젝트를 진행하면 할수록 시간을 거슬러 올라가는 듯한 기분이 든다. 나는 비닐에 담아 가게에서 파는, '빵'이라고 불리는 물컹물컹한 물건을 그 오랜 세월 동안 무슨 수로 견뎠을까? 왜 더 괜찮은 것을 달라고 요구하지 않았을까? 그보다 더 괜찮은 게 있다는 걸 알기는 했을까?

내 삶을 돌이켜보고 내가 어떤 삶을 바라는지 생각해보면 관건은 빵 만들 시간을 어떻게 마련하는지가 아니다. 예전에 가끔 그랬던 것처럼 아이와 놀아줄 시간을 어떻게 마련하는지도 아니다. 내가 무슨 이유로 내 인생을 그런 식으로 설정했는지가 관건이다.

노 임팩트 프로젝트를 시작하기 전에 나는 이런 식으로 살고 싶었을까?

노 임팩트 프로젝트를 끝낸 뒤에도 이런 식으로 살고 싶을까?

내가 1년에 걸쳐 노 임팩트 프로젝트를 진행하며 한 가지 깨달은 게 있다면 그 모든 변화를 시도할 수 있다는 자체가 호사라는 사실이다. 그럴 만한 시간이 있다는 게 행운이다. 어떻게 보면 빵을 굽고, 자전거를 타고, 이른바 현대사회의 효율성과 편의를 거부하며 느리게 사는 게 내 일이다. 하지만 1년은 금세 지나갈 것이다. 나는 다른 일거리로 돌아가야 할 것이다. 그럼 어떻게 될까? 나는 어떤 식으로 살게 될까?

얼어붙을 듯이 추운 2월의 어느 날, 우리는 집에서 걸어서 30분 거리에 있는 이스트 빌리지에 나와 있다. 이자벨라의 생일이라 어린이용 중고 옷가게인 '제인스 익스체인지'에 가서 이자벨라에게 직접 선물을 고르게 한다. 우리는 아무거나 골라보라고 한다. 아무거나. 이자벨라는 반짝이는 금색 슬리퍼 한 켤레를 고르고 끝이다.

"우리 딸, 후회 안 할 자신 있어? 아무거나 다 되는데."

"나는 금색 슬리퍼 갖고 싶어."

장난감도 있고, 온갖 종류의 옷들도 있다.

"하지만 아무거나 다 되는데?"
"나는 금색 슬리퍼 갖고 싶어."
값은 2달러이다.

밖으로 나와보니 정말 너무 추워서 카페로 얼른 들어가 몸을 녹이는 수밖에 없다. 일요일 브런치를 하는 시간인데 아무것도 주문하지 않고 손을 비비며 테이블에 가만히 앉아 있게 카페에서 내버려둘 리가 없다. 나는 긴장이 된다. 이건 로컬 푸드가 아니다.

미셸이 말한다.

"여보, 편하게 생각해. 이자벨라 생일이잖아."

나는 긴장을 푼다. 달걀과 감자를 주문하고 근사한 시간을 보내지만, 지나고 나니 죄책감이 든다. 나는 고백하기 위해 앨리사에게 이메일을 보낸다.

그녀는 이런 내용의 답장을 보낸다.

"어머나, 추운 날 따뜻한 카페의 유혹이라니…… 우리도 규칙상 가끔 외식을 허용했어요. 감히 장담하건대 그 덕분에 제정신을 유지했을 거예요."

하지만 그녀는 이렇게 덧붙인다.

"엄격해야 전향할 수 있는 법이죠."

부정행위 이야기가 나왔으니 말인데, 나는 여행 일시금지 조항을 깨고 간단한 조사를 위해 그랜드 센트럴 터미널에서 기차를 타고 허드슨 강을 따라 북쪽으로 두 시간 달린다. 내가 역에서 자전거를 타고 그의 낙농장까지 갈 수 있을지 여부를 놓고 로니 오소프스키와 장시간 전화

통화를 했지만, 내가 얼마나 괴짜로 보일지 깨달은 뒤 자전거는 두고 가서 픽업트럭을 몰고 마중 나온 그와 만난다.

그의 농장은 부모님이 1941년에 시작한 곳이라고 한다. 우리는 구불구불한 언덕을 따라 아름다운 시골로 향한다. 농장에 도착하자 트럭에서 내린다. 살이 에이도록 추운 2월의 어느 날이다. 농장에 꼭 필요한 사일로(가축의 사료를 저장하는 지하 창고—옮긴이)와 축사는 있지만 소는 안 보인다. 그가 말한다. "오늘은 안으로 들여보냈어요. 축사가 어는 걸 방지하려고요."

70마리쯤 되는 튼튼한 가축들이 체열로 축사를 덥히지 않으면 착유와 배관시설이 꽁꽁 얼어붙을 것이다. 모퉁이를 돌아 축사로 들어간다. 나는 발걸음을 멈춘다.

다른 세상 같다. 창문이 먼지투성이라 그곳으로 들어오는 햇빛에 적갈색이 돈다. 튼튼한 녀석들이 외양간에 두 줄로 서 있다. 앞쪽 땅바닥에 흩뿌려진 옥수수를 씹느라 규칙적인 리듬이 흐른다. 녀석들의 콧구멍과 말린 입술에서 나온 입김이 추위 때문에 허공에서 부옇게 소용돌이를 그린다. 입김 때문에 녀석들이 용처럼 보인다.

나는 얼마 전에 동물보호단체 조사관이 몰래 촬영한 비디오를 본 적이 있었다. 미국 역사상 가장 큰 규모의 쇠고기 리콜을 촉발한 바로 그 비디오이다. 그 조사관은 캘리포니아의 집단사육시설에 몇 주간 머물며 '주저앉는 소'에 관심의 초점을 맞추었다. 예를 들어 광우병에 걸린 쇠고기가 시장에 유출되는 것을 사전에 방지하기 위해 미국 농무부에서 마련한 검사기준에 따르면 육우는 자기 힘으로 도살장에 걸어 들어갈 수 있어야 한다.

동물보호단체에서 촬영한 비디오를 보면, 도살장 직원들은 주저앉은 소를 걷게 하려고 별의별 수단을 동원했다. 호스를 콧구멍에 대고 물을 뿌려 일어서게 하는 식이었다. 다리에 쇠사슬을 묶어 트럭으로 진흙 속을 끌고 다니기도 했다. 그들은 소를 일어서게 하려고 불도저까지 동원했다. 그리고 비디오가 시작될 때부터 끝날 때까지 소들의 울음소리가 들린다. 울부짖는 것이다.

그런데 이 농장에서는 인간과 동물의 관계가 전혀 다르다.

로니가 움직인다. 그는 축사 안을 돌아다니며 소들에게 말을 걸고, 쳐다보고, 어루만진다. 한 마리씩 이름으로 부른다. 그는 녀석들을 좋아한다. 좋아하는 게 내 눈에 보인다. 그 녀석들은 그의 소유물이 아니다. 그의 동료이다. 로니가 말하길 젖 양이 많아지도록 몇 백 년에 걸쳐 품종개량이 된 젖소는 송아지가 먹다 남긴 젖을 사람이 짜주지 않으면 죽는다고 한다.

나는 낙농업이 환경에 미치는 영향에 대해 수많은 글을 읽었지만, 공생관계에서 배울 것이 있다는 생각이 든다. 소가 뼛골을 빼먹을 상품에 불과한 그 집단사육시설 직원의 작태를 말하는 게 아니다. 이곳에서는 전혀 다른 차원에서 그 공생관계를 해석한다.

로니가 말한다. "내가 어떤 소를 제일 좋아하는지 아세요? 장난꾸러기를 제일 좋아해요. 장난기가 다분한 녀석들, 문밖으로 나가라고 해도 말을 안 듣는 녀석들, 개성이 있는 녀석들요."

이 농장의 소들은 밖에서 풀을 뜯으며 대부분의 시간을 보낸다고 한다. 들어와서 젖을 짤 때는 로니가 직접 기른 옥수수를 먹는다. 옥수수의 10퍼센트는 다른 데서 구입한 것이다. 한 마디로 이 농장의 소들은 잘 살고 있다. 나는 그가 병에 담아서 판매하는 우유를 마시니 우쭐해진다.

"하지만 한 가지 여쭤보고 싶은 게 있는데요. 왜 유기농 인증을 안 받으시나요?"

"항생제를 쓰니까요."

"사료에 항생제를 넣는다고요?"

나는 순간 경악을 금치 못한다.

"아뇨, 아뇨. 그런 게 아니라 소가 아프거나 젖통에 염증이 생기면 수의사를 부르는데, 수의사가 항생제로 치료하는 수밖에 없다고 하면 항생제를 쓰거든요. 유기농장에서는 그런 경우 소를 도살장으로 보내야 해요. 우리는 도살장으로 보내지 않고, 항생제가 젖으로 나오지 않을 때까지 착유를 하지 않습니다. 어디 감염이 됐다고 소를 죽이는 건 잔인한 짓이잖아요."

로니는 그의 젖소들이 15년, 20년씩 사는 데 자부심을 느낀다. 전형적인 낙농장에서는 일곱 살을 넘기는 젖소가 25퍼센트도 안 된다.

로니는 나를 사무실로 데리고 가서 커피를 주고, 트럭으로 역까지 바래다주기 위해 나선다. 나는 그의 남동생을 만난다. 그에게 우유를 선택할 때 어떤 기준을 세우면 되겠느냐고 묻는다.

그가 대답한다. "한 가지 방법밖에 없어요. 직접 찾아가서 젖소들이 어떤 대접을 받는지 확인하는 방법이요."

나는 다시 로니의 트럭에 오르고, 내가 한 해 동안 차로 이동한 거리의 10분의 1에 해당되는 거리를 달린다.

내가 말한다. "힘들고 돈은 안 되는 일인 것 같은데요. 그런데도 이 일을 놓지 못하는 이유가 뭡니까?"

로니는 오후 내내 무엇을 본 것이냐고 묻는 듯한 표정으로 나를 쳐다본다.

"소를 사랑하거든요."

나는 길거리를 걸어가다 가끔 이자벨라를 봐주었던 친구 미셸을 만난다. 나는 그녀를 집으로 데리고 와서 수프를 대접한다.

나는 끼니를 찾아 뉴욕을 헤매는 기분이 어떤 건지 안다. 그리고 내가 찾는 게 몸에 좋은 음식이 아닌 듯한 기분을 나도 예전에는 종종 느꼈다. 저녁으로 내가 정말 원하는 게 뭘까? 치즈일까 고기일까 아니면 편안하게 앉아서 좋아하는 사람들과 어울리는 걸까? 내가 친구 미셸을 위해 당장 그런 자리를 마련하다니 기분이 좋았다.

우리 부부는 친구들에게 나중에 선약이 있더라도 우리 집에 들러서 저녁 먹고 가라고 이야기하기 시작했다. 친구들이 찾아온다. 나는 프리타타나 스크램블 에그를 대접하고, 가끔은 그냥 구운 치즈에 직접 소금에 절인 양배추를 내기도 한다.

친구들이 찾아오면 먹으면서 이야기를 나누고, 그러면 친구들이 선약을 취소하고 눌러앉기도 한다. 우리는 스크래블(단어의 철자를 맞추는 게임—옮긴이)을 한다. 심지어 몸짓으로 알아맞히는 게임의 재미까지 재발견한다. 우리 거실에서 네 팀이 대결을 펼치고, 우리는 눈물이 뺨을 타고 흐를 때까지 배를 잡고 웃는다. 우리의 생활 리듬이 바뀌고 있다.

전자오락기기 덕분이 아니다. 특별히 맛이 있지는 않지만 집에서 만든 음식 덕분이다. 텔레비전이 아니라 식탁이 우리 생활의 중심이 된 덕분이다. 우리 집이 진정한 의미의 집이 된 덕분이다.

솔직히 먹지 못하는 딸기와, 프로젝트를 시작하기 전에 썼던 발사믹 식초가 가끔은 그리울 때도 있다. 예전에 사다놓은 소금이 조만간 바닥나지 않을까 싶어 두렵기도 하다. 하지만 그래도 내 친구들을 죄다 거두어 먹이며 살짝 할머니가 된 듯한 기분을 즐기고 있다. 그건 기분 좋은 일이다. 손님을 초대해 다들 신발을 벗어던지고 편히 쉬다 갈 수 있게 하는 것도 기분 좋은 일이다.

현대인의 그 분주한 생활이 다른 사람들도 싫은 것 같다. 우리 가족의 경우 올 한 해만큼은 열외가 되었다. 요즘 들어 친구들이 우리 주변으로 몰려드는 것도 그래서일까?

이자벨라를 자전거에 태우고 브루클린 다리를 건넌다. 이자벨라가 자전거를 세우라고 한다. 그러고는 물끄러미 쳐다본다. 빌딩들을, 강물을, 보트들을. 다음날 아이가 묻는다.

"자전거 타고 또 다리 건너도 돼요, 아빠?"

지금은 밤이고, 내가 가장 친한 친구 태너와 전화를 끊자마자 당장 미셸이 달려들어 그의 부인에 대해 캐묻는다. 부인이 다시 담배를 피워서 화가 난대? 걱정이 된대? 두 사람, 어쩔 생각이래? 친구도 좋고 집밥도 좋고 몸짓으로 알아맞히는 게임도 좋지만, 미셸에게는 약간의 스캔들과 약간의 흥분이 필요하다. 나는 그녀가 친구들과 하는 통화를 엿듣는다. 그녀는 결혼생활에 대해 물으며, 친구들의 일상이라는 드라마에 재를 뿌리려고 한다.

희한한 일이 벌어진다. 미셸이 여러 색깔의 매직을 한 움큼 들고 내 쪽으로 걸어온 것이다. 그녀가 말한다.
"벽에 글씨 쓰고 싶어."
"뭐라고?"
그녀는 같은 말을 반복한다.
"왜?"
"그냥. 그냥 그러고 싶어."
"그건 안 될 것 같은데."
내가 말한다.
"너무하잖아. 이 프로젝트의 모든 걸 왜 당신이 결정해야 해?"
"이 프로젝트의 목적은 친환경적인 생활이지 벽에 낙서하는 게 아니야."
미셸이 말한다. "아니야. 이 프로젝트의 목적은 우리가 어떻게 살고 싶은지 고민하는 거야. 생활방식을 바꾸는 거라고. 나는 벽에 글씨를 써보고 싶어."
나는 잠시 생각해본다.
"처음이니까 욕실 벽으로 만족하는 게 어때?"
"좋아."
그녀는 욕실 안으로 들어가 이렇게 쓴다. "햇볕이 가장 좋은 소독약이다." 미국의 연방대법관이었던 루이스 브랜다이스가 한 말이다. 미셸은 정보원이 제기한 소송의 황당함을 이런 식으로 표현한다. 진실이

드러나면 악취는 사라질 것이라는 뜻이다. 그녀는 여러 가지 색으로 몇 가지 문장을 더 쓴다.

잠시 후 둘이 소파에 누웠을 때 내가 묻는다. 당신 왜 그래? 전화 내용은 뭐야? 매직은 또 뭐고?

"텔레비전이 없으니까 다른 오락거리를 찾아야 하잖아."

미셸이 빈정거린다. 마치 홈 비디오로 〈유혹의 섬〉(휴양지에 젊은 커플들을 모아놓고 서로 다른 커플의 이성을 상대하는 리얼리티 프로그램— 옮긴이)이라도 찍어 지루함을 날려버리기라도 하려는 눈치이다. 하지만 미셸은 그게 아니라고 한다.

"자기만의 판타지 세상이 생기면 얼마나 무서운지 알아? 그게 실생활을 침범해 모든 걸 무너뜨릴까봐 걱정이 되거든. 그래서 나를 닮고, 위험할 게 전혀 없는 텔레비전을 통해 전율을 느끼면서 하루 종일 소파에서 사는 거야. 나는 실생활에 눈을 감고 있었던 것 같아. 지금은 내 생활에 눈을 떴어. 텔레비전은 두 번 다시 보지 않을 거야."

며칠 뒤 아버지가 찾아와 욕실 벽에 적힌 글에 대해 묻는다. 나는 설명을 한다. 아버지는 당신도 뭘 써도 되느냐고 한다. "시의적절한 아이디어만큼 강력한 것도 없다." 노 임팩트 프로젝트를 가리켜 하는 말이다.

모두들 미쳐가는 걸까?

위대한 천기저귀 실험의 최근 상황.
미셸이 동참하기 시작했다.

그녀는 이자벨라가 종이기저귀를 하루 24시간 내내 차고 있을 때의 유독성 여부에 대해 생각하기 시작했다. 참기저귀협회의 로리 테일러가 나에게 말했던 것처럼 석유화학제품이 우리 아이한테 어떤 영향을 미칠지 아무도 모르는 일이다. 과대망상증 환자가 하는 말처럼 들릴지 모르겠지만, 비소페놀 A로 만든 젖병이 얼마나 위험한 것으로 밝혀졌는지 생각해보라. 반면에 유기농 면이 아이의 살갗에 닿았을 때는 아무것도 걱정할 일이 없다.

과학적인 분석결과와 부모로서 걱정되는 마음은 둘째 치고, 어느 날 내가 빨아놓은 천기저귀를 찾아 돌아다니느니 벽장 뒤에 아직 숨어 있는 종이기저귀를 쓰는 게 더 간편하지 않을까 생각했을 때 이자벨라가 자기 의견을 냈다. 몸부림을 치고 울부짖으며 종이기저귀를 못 채우게 했던 것이다.

"벨라 새 기저귀 주세요."

아이는 이렇게 울부짖었다.

나도 종이기저귀 비슷한 것을 단 하루만이라도 엉덩이에 차고 있으면 그 심정을 이해할 수 있을 것이다.

이쯤에서 노 임팩트 프로젝트를 진행하며 발견한 가장 중요한 사실을 공개하는 것이 좋겠다. 텔레비전을 치우면 생활에 변화가 생긴다. 나는 어느 일요일 오후에 텔레비전이 단순히 서로 끌어안고, 대화하고, 몸짓으로 알아맞히기 게임할 시간만 빼앗은 게 아니었다는 것을 깨달은 적이 있다.

나는 딱히 하는 일 없이 앉아 있다. 현관문이 열리고 미셸이 들어온다. 이자벨라는 침대에서 낮잠을 자고 있다. 처음에 미셸과 나는 오락거리를 찾느라 어쩔 줄 몰라한다. 그러다 문득 깨닫는다. 무엇을 깨달았는지에 대해서는 우리가 한때 텔레비전이 차지했던 시간을 채우기에 가장 좋은 방법을 드디어 찾았다는 것까지만 공개하겠다.

내 남자친구들이 노 임팩트 프로젝트 중에서 텔레비전 보지 않기 운동에 동참하라고 자기 아내들에게 압력을 행사하는 이유를 이제는 여러분도 알 수 있을 것이다.

일곱

과시적 비(非)소비

쓰레기 금지, 이산화탄소를 배출하는 교통수단 금지, 지속 가능한 식생활 단계가 모두 자리를 잡았고, 지금 나는 환경에 아무런 영향을 미치지 않고 옷이나 장난감이나 기타 생활용품을 구입하는 방법을 고민하고 있다. 어떻게 하면 티 안 나게 소비할 수 있을까?

방안과 선택의 여지를 연구하기 시작하는데, 여기 이 미국에서는 적극적인 소비자가 훌륭한 시민이라는 관념과 계속 부딪힌다. 애국자가 되려면 쇼핑해야 한다. 신용카드 청구서에 파묻혀야 경제를 유지하는 데 이바지하는 것이다. 하지만 나는 이해가 안 된다. 우리가 왜 경제를 위해 봉사해야 하는 걸까? 경제가 우리를 위해 봉사해야 하는 것 아닌가(물론 요즘은 하는 게 영 신통치 않지만)?

국내총생산(GDP)이 증가하면 좋은 것이니 다들 이를 위해 열심히 노력해야 된다고 한다. GDP 증가는 우리가 잘하고 있다는 증거이며, 공동선의 지표라고 한다. 하지만 조사를 해보니 암 환자가 늘어날수록 보건 분야가 성장한다. 이혼율이 높아질수록 법률 분야가 성장한다. 카트리나 같은 허리케인이 많아질수록 긴급 서비스 분야가 발전한다. 단순히 맹목적인 '경제발전'을 목표로 삼아야 할까, 아니면 삶의 질을 개선하는 동시에 우리 서식지를 보호하는 방향으로 발전시키는 걸 목표로 삼아야 할까?

경제가 성장한다고 해서 보통 사람들의 주머니가 두둑해지거나 더욱 만족스럽게 사는 것은 아니다. 공휴일이 늘어나거나 제트스키를 더 자주 탈 수 있는 것도 아니다. 보통 사람이 자기 가족에게 닥친 끔찍한 참사 때문에 저축한 돈을 쓴 것에 불과한데 이것이 경제성장으로 반영될 수도 있다.

어쩌면 우리가 하루 여덟 시간이 아니라 열 시간 동안 일에 매달렸고, 아이들과 충분히 시간을 보내지 못해 미안한 마음에 크리스마스 때 평소보다 돈을 두 배로 썼다는 뜻일 수도 있다.

미국의 GDP는 1950년 이후 550퍼센트 성장했다. 그런데 행복의 크기는 얼마나 늘었을까? 거의 0에 가깝다. 우리는 튼튼한 경제체제에 봉사하기 위해 가족들과 가까운 데 살지 않고, 전국으로 뿔뿔이 흩어져 직장과 가까운 데서 산다. 일부는 아르바이트까지 해서 더 많은 물건을 사들이고, 유럽인들은 한 해에 7주나 즐기는 휴가를 고작 2주로 만족한다. 우리는 이런 생활에서 얼마나 많은 만족을 얻을 수 있을까?

설령 무차별적인 경제성장이 더 나은 삶을 의미하는 척도라 해도 그 성장의 40퍼센트는 가장 부유한 1퍼센트의 주머니 속으로 직행한다. 그러니까 100명이 있다면 그중 한 사람이 경제혜택의 거의 '절반'을 독차지한다는 뜻이다. 경제성장이 필요한 사람들에게로 '확산'된다는 말은 순 헛소리다.

이런 사실이 노 임팩트 프로젝트와 서로 연결이 되는 것은, 공장에서 우리에게 필요하다 싶은 온갖 물건들을 만들고, 그 과정에서 우리 별의 자원을 우려먹어야 '성장'이 이루어지기 때문이다. 우리는 이런 성장을 위해 일을 해야 한다는데, 사실은 성장과정에서 우리 별의 지원능력이 파괴돼 난처한 지경으로 우리를 몰고 간다.

이것은 악순환이다. 우리는 원하는 물건을 손에 넣으려고 죽도록 일을 하지만, 그 물건을 만드는 과정이 우리 별을 파괴해 우울해지고, 그러면 기분전환이 될 만한 물건을 사기 위해 더욱 열심히 일에 매달리게 된다.

문제는 왜 그러냐는 것이다. 아무래도 우리가 즐기기 때문일 텐데……. 그런데 어느 조사결과에 따르면 응답자의 70퍼센트가 크리스마스가 그렇게 상업적이지 않았으면 좋겠다고 하면서 해마다 쇼핑 대란에 합류한다. 행복학을 연구했던 심리학자들을 여러분도 기억하는지 모르겠다. 그들이 밝혀낸 것처럼 물질적인 부분이 행복에 미치는 영향은 일시적이지만, 지역사회나 나의 가장 소중한 능력을 발휘해 저 높은 목표를 향해 일을 하고 있다는 보람과 같은 것은 지속적으로 행복지수를 높인다.

그런데 우리는 무엇을 하고 있을까? 우리는 더 많은 시간을 일에 매달리고 더 많은 것을 손에 넣으려고 애를 쓰며, 창의력을 발휘하지 못하거나 친구들과 어울릴 시간이 없다는 데 슬퍼한다.

지금 나는 훈계하려는 게 아니다. 비난하려는 것도 아니다. 나도 마찬가지이니 말이다.

나는 의자에 앉아서 '소비의 폐해'에 대해 조사하는 동안에도 테크노라티(블로그용 검색엔진이다)를 통해 다른 블로그와 비교해가며 내 블로그의 인기 순위를 강박적으로 확인하고 있다. 오전 열한 시까지 몇 명이나 방문했을까? 나는 방문객 집계란을 클릭한다. 열한 시 십 분에는 몇 명이나 방문했을까? 클릭. 5분 뒤인 열한 시 십오 분에는 몇 명이나 방문했을까?

테크노라티가 뭔지도 모르는 친구에게 이런 강박증에 대해 이야기했을 때 내가 얼마나 한심한 인간인지 더욱 뼈저리게 피부로 느껴진다.

이게 내가 태어난 이유일까? 테크노라티에서 높은 순위에 오르는 것? 게다가 내가 1위가 된다 한들 만족할 수 있을까? 그럴 리 없다.

나는 이런 목표에 집착해서 이승에서의 얼마 안 되는 시간을 전혀 쓸데없는 일—예를 들면 망할 테크노라티 같은 것—에 다 써버리는 바람에 정말로 중요한 일에 관심을 기울이지 못해, 내 편협한 시각으로 나를 망치고 우리 별을 망치고 다른 생명들을 망치곤 한다. 그런데 주변에서 다들 나와 똑같이 하고 있는 것을 보면 솔직히 겁이 난다.

하늘에 대고 맹세하건대, 만약 그런 태도가 나와 다른 사람들에게 좋은 영향을 미친다고 생각했으면 나는 그냥 입 다물고 있었을 것이다. 그런데 그렇지가 않다. 나는 돈과 재물과 성공을 최우선시할 때마다 임종을 앞두고 "뭘 좀더 많이 샀으면 좋았을 텐데"라고 말하는 사람이 있을까 하는 생각이 든다. 나는 인생의 종반부에 신경이 쓰인다. 그 생각이 머리에서 떠날 줄 모른다.

나만 그런 걸까? 남들도 나하고 비슷할까? 나는 잠자다 죽은 어린 동생과 총으로 자살한 삼촌 때문에 병적으로 여기에 집착하는 걸까? 아니면 세상이 워낙 이상해서 그런 걸까?

나는 경제와 삶의 질의 대해 계속 조사하다 자기 운명에 불만스러워하는 실리콘밸리의 백만장자들이 많다는 『뉴욕타임스』 기사를 접한다. 그들은 지금도 가진 게 부족하다고 죽도록 걱정했고, 모든 게 채워지는 날을 위해 뼈 빠지게 일을 했다.

대부분의 백만장자들이 불행을 해결하기 위해 선택하는 방법은? 가진 게 부족해서 생긴 문제가 분명하니 더 많은 것을 가질 수 있도록 열심히 일을 하는 것이다.

블로그가 전세계 2천 등 안에 드는데도 행복하지 않을 때 머릿속에서는 1천 등 안에 들면 행복해질 거라는 속삭임이 들린다. 실리콘밸리의 백만장자인데도 행복하지 않을 때 머릿속에서는 정신을 바짝 차리고 억만장자가 되면 해결될 문제라는 속삭임이 들린다.

나는 예전에 미니애폴리스에 사찰을 세운 일본의 어느 선사 이야기를 읽은 적이 있다. 내가 기억하기로 그는 나이가 아주 많았고 건강도 좋지 않아 특별한 경우를 제외하고는 설법을 중단한 상태였다.

사찰에 축하할 일이 생겨 큰스님이 설법을 해야 하는데, 시간이 다 되어가는데도 보이지 않았다. 하지만 약속한 시간이 되자 선방 문이 열리고, 선사가 다리를 절며 방 한가운데로 걸어갔다.

방 한가운데에 도착하자 선사는 헛기침을 한 뒤 한 문장을 내뱉었고, 그런 다음 주위를 둘러보고는 절뚝거리며 선방을 나가 자기 거처로 돌아갔다. 그가 선방에 모인 수많은 손님들에게 들려준 지혜의 말씀은 다음과 같았다.

"인간은 누구나 조만간 죽습니다."

노 임팩트 프로젝트가 시작되기 1년 전, 그러니까 2006년 여름에 미셸과 이자벨라와 내가 토스카나에서 차를 타고 시에나로 가는데, 미셸이 뒤를 돌아보니 당시 8개월이던 이자벨라가 화산이 폭발하는 것처럼 토를 하고 있었다. 우리는 시에나의 오래된 담벼락과 공원을 지나 이자벨라를 차에서 내렸다.

느닷없이 밑에서 철벅철벅하는 소리가 들리고, 이제 이자벨라는 밑으로도 뿜어내고 있다. 이탈리아어도 모르는데 여기에서 무슨 수로 병원을 찾을 수 있을까?

이자벨라의 머리가 갑자기 어깨 위로 툭 떨어진다. 의식을 잃은 것이다. 그런데도 구토와 설사가 멈추지 않는다. 미셸이 길거리로 뛰어들어 베스파 스쿠터를 타고 가던 젊은 여자를 거의 낚아채다시피 한다. 미셸이 고함을 지른다.

"구급차 불러줘요! 우리 애가 아파요!"

미셸도 나도 말은 하지 않지만, 8개월에 죽은 내 동생의 유령—지금 이자벨라와 똑같은 월령이다—이 문득 머릿속을 어지럽힌다. 우리는 둘 다 혹시나 하는 마음에, 이자벨라가 이제 8개월을 넘겼다고 기쁘게 말할 수 있는 날을 기다리고 있었다. 왜 아직 구급차가 오지 않는 걸까?

나는 이자벨라의 이름을 부르기 시작한다. 정신을 차리게 만들어야 한다는 생각이 들었기 때문이다. 나는 다시 한 번 큰소리로 외친다. 아무 변화가 없다. 나는 다급한 마음에 그녀의 허벅지를 깨문다. 그것도 세게. 이자벨라가 울음을 터뜨리며 고개를 들지만 그 즉시 다시 앞으로 떨어뜨린다. 나는 다시 허벅지를 깨문다. 병원에 도착하면 의사들이 시뻘건 자국에 대해 물을 것이다.

날카로운 사이렌 소리와 함께 구급차가 도착한다. 딸아이는 십자가에 못 박힌 것처럼 두 팔을 양옆으로 벌린 채 알몸으로 간이침대에 눕혀진다. 구급대원이 미셸을 부축해 앞좌석에 태우는 게 언뜻 보인다. 미셸이 기절할지 모른다고 생각한 것이다.

이제 됐어. 머릿속에서 이런 소리가 들린다. 이번 생에서 아이를 떠나보내는 일은 두 번 다시 없을 거야. 이자벨라가 죽으면 나도 따라 죽는 거다. 나는 절벽에서 뛰어내릴 준비가 되어 있다. 머릿속에서 그러면 살아도 사는 게 아니라는 말이 들린다. 그렇게 악착같이 살 필요가 뭐 있느냐는 말도 들린다.

집중. 집중해야 한다.

구급차가 움직인다. 구불구불한 옛날 길을 전속력으로 달리니 중심을 잡기가 힘들다. 나는 앞으로 두 가지 음색이 공존하는 유럽의 구급차 소리를 들을 때마다 가슴이 저릴 것이다. 이제 딸아이는 온몸이 창백하고, 평소에 불룩했던 배가 지금은 푹 꺼져서 움푹 들어가 있다.

내가 소리를 지른다. "아이가 숨을 안 쉬어요! 숨 쉬고 있나요?"

"예, 숨 쉬고 있어요."

구급차에 동승한 응급구조사가 말한다. 그녀는 내 눈을 가만히, 뚫어져라 쳐다본다. 응급실 입구에 도착하자 열 명쯤 되는 의사와 간호사들이 기진맥진한 이자벨라의 조그만 몸을 만지기 시작한다.

"MRI를 찍어야겠습니다." 한 의사가 말한다. "신경에 이상이 생겼는지 걱정이 되네요."

미셸과 나는 바닥에 무릎을 꿇고 앉아서 아무 신에게나 기도를 한다. 구급차를 기다리는 동안에는 내가 잘 참고 미셸이 거의 기절할 뻔했다. 여기 이 MRI 대기실에서 더 강단 있는 사람은 미셸이다. 그녀가 기도를 주도한다. 몇 개월 전에 나는 죽은 내 동생 데이비드가 이자벨라를 항상 지켜주겠다고 말하는 꿈을 꾼 적이 있었다.

미셸이 말한다. "데이비드가 이자벨라를 지켜주고 있어. 데이비드가 이자벨라를 지켜주고 있어."

잠시 후 의사가 웃는 얼굴로 나온다.

웃는 얼굴로.

"아이가 정신을 차렸습니다. 할 수 없이 진정제를 투여했습니다. 자꾸 청진기를 가지고 장난을 치려고 해서요. 아이의 머리에는 아무 이상 없습니다."

여기는 병실이고, 지금은 새벽 세 시이고, 이자벨라는 깨어 있지만 진정제 때문에 졸려한다. 내가 목에 대고 입술을 부르르 떨자 이자벨라는 웃음을 터뜨린다. 힘이 없기는 하지만, 그래도 웃음은 웃음이다.

끝났다. 이자벨라는 괜찮다. 의사 말로는 탈수증이었을 수도 있고, 벌레에 물렸을 수도 있고, 그전에 먹인 두유 때문일 수도 있다고 한다 (이래서 우리가 이자벨라한테 두부를 먹이지 못한다).

"희소식이 있다면 어린아이를 상대로 할 수 있는 심장과 뇌 검사를 모두 마쳤다는 겁니다. 아이의 상태가 이렇게 완벽하다는 걸 두 분만큼 확실히 장담할 수 있는 부모님도 몇 안 될 거예요."

그런데 이자벨라는 상태가 완벽할지 몰라도 나는 이 사건을 이야기하거나 글로 옮기거나 읽거나 편집할 때마다 눈물을 흘린다. 선사가 미니애폴리스에 모인 신도들에게 말했던 것처럼 인생은 보잘것없다는 생각을 떨쳐버릴 수가 없다. 우리는 모두 그저 '사랑스러운 손님'일 뿐이다. 이렇게 값진 인생인데, 대수롭지 않은 것에 인생을 —그리고 우리 별의 자원을— 낭비하는 성향이 우리 모두에게 공통적으로 내재되어 있는지 궁금할 따름이다.

그나저나 기를 쓰고 남과 경쟁하고 자원을 소비해봐야 행복해지지 않고 어쩌고 하는 것은 실제로 자원을 낭비하는 사람들에게만 해당되는 말이다. 세상에는 필요한 것에 비해 가진 게 너무 적어서 더 많이 소비해야 하는 사람들도 많다.

그래서 이 환경운동이 더욱 복잡해지는 것이다. 2050년이면 이 행성의 인구가 90억이 되는데, 선진국 인구는 불과 10억이다. 잘사는 나라에 사는 우리 10억 명은 환경에 미치는 영향을 0으로 줄일 수 있지만, 다른 80억 명은 반짝이는 신형 태양전지판과 풍차를 마련할 여건이 안 되니 우리가 더 이상 쓰지 않는 석탄을 태워야 한다.

미국과 서유럽에 사는 우리들은 자원 소비를 줄이는 방법을 찾아야 할 뿐 아니라, 역설적으로 재생 가능한 에너지와 지속 가능한 제품을 생산하는 비법을 개발도상국에 전수할 방법도 찾아야 한다. 그래야 전 세계적으로 소비가 늘기 시작해도 우리 별이 견딜 수 있다.

구닥다리 사회주의 방식으로 부를 재분배하자는 게 아니다. 우리는 지금 역사상 전무후무하게 한 배에 타고 있다는 이야기를 하려는 것이다. 바닥에 구멍이 뚫리지 않게 서로 돕지 않으면 다 같이 침몰하게 될 것이다.

따라서 2007년 중순의 시점에서 노 임팩트 프로젝트의 과제는 다음과 같다. 삶의 질과 자원 소비 간의 균형을 도모하는 게 목적이라면 구매는 어떤 식으로 해야 할까?

소비를 완전히 줄이는 게 가능할까? 아무것도 사지 않고 살 수 있을까? 아무것도 쓰지 않고 살 수 있을까? 소비가 나쁜 거라면 소비에 좋은 면은 하나도 없는 걸까? 2009년까지 경제위기가 계속되는데, 그 원인 중 하나가 수요가 부족하기 때문이라고 한다. 즉, 사회 전반적으로 소비가 위축돼 그렇다는 것이다. 그렇다면 어쨌거나 소비는 좋은 걸까? 경제적인 행복이 환경적인 행복과 대치된다는 것은 잘못된 발상일까?

『그것을 사지 않기』의 저자이자 실험 주체인 주디스 레빈은 1년 동안 정말로 필요한 소모품 말고는 아무것도 사지 않았다. 사실 그럴 수 있었던 것은 그 이전까지 쌓아놓은 물건들이 있었기 때문이다. 그리고 그녀가 정말로 은둔생활을 하거나 쓰레기를 뒤질 각오까지 되어 있지 않았다면 쌓여 있던 물건들이 다 떨어진 뒤에도 계속할 수 있는 실험이 아니었다.

나는 그녀의 책을 감명 깊게 읽었지만, 앞으로도 계속 지킬 수 있는 원칙을 세우고 싶었다. 게다가 앞에서도 이야기했던 것처럼 가진 게 아무것도 없는 사람들이 많고 많은데, 그들은 소비를 철저하게 자제하는 생활에 별로 흥미를 느끼지 못할 것이다.

나는 밥을 먹는다. 숨을 쉰다. 살기 위해 자원을 쓴다. 비(非)소비 단계에서 내 목적은 단순한 생존이 아니다. 궁극적으로 나의 목적은 낭비하지 않는 것이다. 사실은 그것이 노 임팩트 프로젝트의 목적이다. 자원을 낭비하지 않고, 인생을 낭비하지 않는 것이다. 어떻게 우리 별에 피해를 입히지 않고 잘 살 수 있을까?

그런데 우리 별을 구하되 잘 살지 못하면 그것도 끔찍한 낭비이기는 마찬가지이다.

세속적인 것에 대한 집착과 행복한 삶의 진정한 조건 사이에서 균형을 잡는 문제가 나의 호기심을 자극한다. 종교계에서는 여기에 대해 뭐라고 할지 궁금하다. 그들은 어떤 길을 제시할까?

예수가 금욕에 대해 한 말: 제임스 헤이스팅스의 『그리스도와 복음 사전』에 따르면 예수는 세속적인 소유욕이 '*summum bonum*(라틴어로 '최고선'을 뜻한다)'을 추구하는 것보다 우선시될 정도가 아닌 이상 세속적인 소유를 멀리할 필요가 없다고 설교했다. 세속적인 물건을 소유하는 것 자체보다 그것을 어떻게 쓰고 악용하는지가 더 중요한 문제였다.

석가모니가 금욕에 대해 한 말: "속세를 포기한 사람이 피해야 할 양극단이 있느니라. 이것이 무엇이겠느냐?" 한쪽은 쾌감과 욕망만 좇는 쾌락주의이다. 다른 한쪽은 금욕이라는 고행을 통해 속세를 거부하는 것이다. 석가모니는 이 양극단 사이에 중용이 있다고 한다.

노 임팩트 맨이 금욕에 대해 한 말: 내가 시도만 해도 아내와 아이가 나를 버리고 떠날 것이다.

두 친구가 나의 고민을 거든다. 랍비 스티브 그린버그가 이메일에서 말하길, 자기가 생각하기에는 금욕에도 두 가지 종류가 있다고 한다. 하나는 창조와 육체와 쾌감을 근본적으로 거부하는 — 한마디로 인간이길 거부하는 — 금욕이고, 또 하나는 "우리에게 필요하고 없어서는 안 되고 정말로 가지고 싶은 것과 그렇지 않은 것을 잘 가르치는" 임시 도구로 쓰이는 금욕이다. 노 임팩트 실험의 목적을 상당히 근사하게 요약한 말이다.

나는 커피를 사이에 두고 교수 겸 작가인 줄리엣 쇼어에게 너무 물질적이고 정신적인 측면이 부족한 게 우리의 문제점이냐고 묻는다. 그녀는 신작 『풍요로움: 환경위기 시대의 경제학』에서도 논의한 것처럼 그것이 잘못된 이분법이라고 한다. 그녀가 말하길 동양의 종교에서는 물질적인 것과 성스러운 것을 별개로 간주하지 않는다. 물질적인 것이 성스러운 것이니 그렇게 간주해야 된다는 것이다. 물질적인 것 — 그리고 거기 연계된 우리 별의 자원 — 을 천하게 생각해 성스러운 측면이 조금도 없는 것처럼 쓰레기 취급하는 것이 우리의 문제이다.

실생활에 적용할 수 없을지는 몰라도 이 모든 것들이 지속 가능한 소비 단계의 철학적인 밑거름이 된다. 결국 나는 노 임팩트 계획에 맞춰 살려고 노력하며 이 땅에서 새로운 자원을 빨아들이지 않고 살 수 있는 방법을 찾고 싶었으니 말이다. 나무를 베지 말 것. 산에 새로 터널을 뚫지 말 것. 내가 쓸 물건을 만드느라 강이나 개울을 오염시키지 말 것. 하지만 우리 경제가 다다익선을 강조하는데 무슨 수로 그럴 수 있을까?

1940년대와 1950년대에는 한층 가속된 기계화와 새로운 생산체제

덕분에 전과 같은 양을 생산하려면 전보다 일하는 시간을 훨씬 줄여야 했다. 사람들의 욕구가 충족돼도 경제적으로는 그 이상을 생산할 여력이 있었다. 하지만 차와 냉장고와 집과 식기세척기를 사고 나면 뭐가 더 필요할까? 산업자본가들은 사람들의 욕구가 충분히 충족되면 모든 공장이 조만간 문을 닫아야 되는 게 아닌지 걱정하게 되었다.

그들이 내놓은 해법은? 의도적인 노화였다. 제조업자들은 제품의 수명을 교묘하게 줄일 방법을 찾기 시작했다. 사람들이 물건을 사고 또 사게 하기 위해서였다. 반복 소비를 조장한 것이다. 우리는 차가 한물간 것처럼 느껴지면 새 차를 산다(이것을 패션의 한시성이라고 한다). 10년 된 냉장고가 고장 나면 새 냉장고를 산다(이것을 계획적인 노화라고 한다). 산업자본가들은 예전만 해도 종이접시나 면도날 정도에 불과했던 일회용품을 모든 분야로 확대시켰다. 경제적인 문제가 해결됐다.

아, 슬프다, 사람들과 회사들이 못됐구나, 할 일이 아니다. 오히려 그 반대이다. 우리 별의 자원이 무궁무진한 것처럼 느껴졌던 당시에는 이것이 상식적인 일이었다. 그때 우리 사회는 자연을 마음대로 주무르는데 넋이 팔려 과학기술과 물질적인 풍요로움이 더 나은 삶을 보장할 것이라고 상상했다. 10년 뒤면 더 좋은 제품을 살 수 있는데, 시간이 지나면 진부해지도록 만들면 안 될 이유가 없었다. 반복 소비는 경제 엔진을 계속 가동시켜 더 나은 제품을 만들게 하는 하나의 방법이었다.

하지만 인구가 많아지고 산업이 성장하자 어느새 버려진 유독물질 때문에 모든 강들이 오염되고, 이산화탄소가 대기를 가득 채우고, 우리 별이 지치기 시작했다. 예전에는 간편한 관행이었건만, 이제는 관행대로 하려면 우리의 서식지가 감당할 수 없을 만큼 많은 자본을 쏟아부어야 한다. 그것은 실효성을 잃은 옛날 습관이다. 이제는 바꿔야 한다.

모든 경제활동이 에너지와 원자재를 끝도 없이 소모하는 방향으로 집중되면 감당할 수가 없다. 우리는 땅에서 자원을 파내 그것으로 무언가를 만든 다음 다시 땅속에 판 구멍으로 보낸다. 쓰레기 매립지로 말이다. 자원 소비를 줄이는 방향으로 경제를 바꿀 방법을 찾으면 어떨까?

자동차와 식기세척기와 텔레비전과 컴퓨터가 절대 망가지지 않거나 계속 고치고 업데이트해서 쓸 수 있다고 상상해보자. 예를 들어 한 가족이 한 세대당 식기세척기를 한 대만 살 수 있다면 어떨까? 자동차의 평균수명이 20년이나 그 이상이라면 어떨까? 신발이 절대 닳지 않는다면 어떨까?

제품 그 자체가 아니라 그 제품에 결부된 서비스를 산다면 어떨지도 상상해보자. 잔디 깎는 기계를 사지 말고 빌려서 잔디를 깎으면 어떨까? 잔디 깎는 기계는 대부분 일주일에 한 시간 정도만 제외하고는 차고에 처박혀 있기 일쑤인데, 한 사람이 40가구를 상대로 대여업을 해서 떼돈을 벌면 안 될까? 진공청소기도 마찬가지이다. 아이들 장난감도 마찬가지이다.

먼저 그 모든 것을 만드는 데 드는 시간을 절약할 수 있다. 돈도 절약할 수 있다. 우리 별의 자원도 절약할 수 있다. 어쩌면 우리가 그렇게 열심히 일할 필요도 없을지 모른다. 재생 가능한 에너지를 생산하는 친환경 직업이 생길지 모른다. 약 10억 인구의 식수 문제를 해결하는 데 산업현장의 남아도는 인력을 투입할 수 있을지 모른다.

소수에게 사치품을 제공하는 게 아니라 모든 사람들에게 없어서는 안 될 필수품을 공급하는 쪽으로 노동력을 활용하면 수요가 급감하는 것을 막을 수 있을지 모른다.

한편 나는 우리 가족이 노 임팩트 프로젝트에 맞춰 최대한 지속 가능한 구매를 하는 방법을 계속 찾고 있었다. '친환경 제품'을 구입하는 것으로는 해결이 될 수 없었다. 진정한 친환경의 기준이 모호하기 때문이었다.

예를 들어 면만 해도 — 심지어 유기농 면의 경우에도 — 키우려면 엄청난 물이 들어간다. 대나무 섬유가 매력적인 대체물로 부상 중이다. 하지만 소비는 계속 증가하는 상황에서 전세계가 면을 버리고 대나무를 선택하면 대나무를 재배하느라 우리 별에 똑같은 부담을 지워야 하지 않을까? 내가 생각하기에는 쓰는 자원을 바꾸는 게 아니라 적게 쓰는 것이 앞으로 나아가야 할 방향이었다.

그때 나는 샌프란시스코에 '콤팩트'라는 단체가 있다는 이야기를 들었다. 새것을 사지 않겠다는 서약을 통해 — 그래서 이름이 콤팩트였다 (compact에 협약, 계약의 뜻이 있다—옮긴이) — 불완전하게나마 친환경적인 생활을 하려는 단체였다. 그러니까 그들은 욕구를 부인하지 않는 면에서 금욕적이지는 않았지만, 땅에서 자원을 캐내지는 않았다.

중고시장의 인기는 새 물건을 사는 사람들에게 어떤 동기를 부여해준다. 물건을 조심스럽게 써야 나중에 비싸게 팔 수 있으니 말이다. 콤팩트는 나름대로 경제적인 관점에서 자원을 관리할 동기를 부여하고 있었다.

그래서 콤팩트의 창립회원 중 한 명인 레이첼 케슬에게 이메일을 보냈더니, 그녀가 이메일로 그들의 규칙을 알려준다. 나는 그 규칙들을 노 임팩트 프로젝트에 적용한다. 이제는 그걸 미셸에게 공개하기만 하면 된다.

우리는 대화의 시간을 앞두고 소파에 앉아 있고, 나는 나 때문에 여기까지 끌려온 아내를 바라본다. 그녀는 어떨 때는 고마워하고, 어떨 때는 질색하고, 보통은 새로운 규칙에 반항하지만 머지않아 좋은 점을 깨닫는다. 그녀는 로컬 푸드를 사랑하고, 킥보드를 타고 출근하는 것을 사랑하고, 텔레비전이 없어서 우리 둘이 보낼 수 있는 더 많은 시간을 사랑하지만, 카페인 부족으로 인한 두통에 계속 시달려서 커피를 끊었다 다시 마시기를 반복하고 있다.

이제 나는 이 소파에 앉아 새로운 규제사항을 소개하려고 한다. 나는 먼저 우리가 프로젝트 중에서 '지속 가능한 소비' 단계로 진입했다는 설명부터 한다.

"하지만 나는 이미 아무것도 안 사는데?"

미셸이 끼어든다.

사실 미셸은 프로젝트와 관련해서 수많은 결정을 스스로 내리고 있다. 나는 이 친환경적인 프로그램을 강구하느라 끙끙댔지만, 그녀는 중독이 되어 있고 그녀에게 안 좋은 영향을 미치는 것들을 나름대로 정리하면 모든 게 해결된다고 결론을 내린 뒤였다.

그에 따라 그녀는 다 같이 전기제품과 작별을 고하기 훨씬 전부터 텔레비전을 포기했고, 로컬 푸드가 도입되기 전부터 맥도날드와 기타 정크 푸드를 끊었고, 아주 초창기부터 쇼핑을 단념했다. 그녀는 중독을 끊으면서 새로운 이점을 발견했다. 살이 빠졌고, 부부관계가 좋아졌고, 감당할 수 없을 정도로 돈을 쓰는 일이 없어진 것이다.

하지만 미셸의 쇼핑 모라토리엄은 내가 구상한 것만큼 철저하지 않았다. 나는 설명을 계속한다.

"노 임팩트 프로젝트의 새로운 지속 가능한 소비 규칙을 소개할게."

나는 이렇게 말하고 다음과 같은 내용을 또박또박 설명한다.

1. 새 상품을 사지 않는다.
2. 주위 사람 또는 대여점에서 빌리거나 중고를 구입한다(속옷과 양말은 제외).
3. 속옷과 양말은 반드시 유기농 제품을 구입한다.
4. 영화나 미리 녹화, 녹음이 된 대중오락을 지양한다(이것은 미셸의 주장으로 넣은 항목이다).
5. 모든 일회용품 혹은 프로젝트 전부터 사용해오던 포장된 제품의 대안을 찾는다. 화장품, 스킨케어 제품, 비누, 샴푸, 세정제, 일회용 볼펜, 일회용 면도날 등이 여기에 해당된다.
6. "그리고" 내가 말한다. "화장지와 생리대를 대용할 물건도 찾아야 해."

나는 앞에서 언급한 사항을 모두 지켰을 때 생기는 긍정적인 측면에 대해서 계속 이야기한다.

1. 크레이그스리스트, 프리사이클, 기타 중고용품 판매점에서 즐거

운 시간을 보낼 수 있다.
2. 원하는 모든 것을 인터넷에서 읽을 수 있다.
3. 골동품점과 벼룩시장을 어슬렁거릴 수 있다.
4. 오락거리를 라이브로 즐길 수 있다.
5. 친구들과 더욱 자주 어울릴 수 있다.

나는 반발을 기다리지만 조용하다. 미셸은 이렇게 말하고는 그만이다.
"하지만 내가 생각하는 노 임팩트는 쇼핑을 아예 끊는 거야. 그러니까 마음이 안 내키면 중고도 안 사도 되는 거지?"
"당연하지."
내가 대답한다.
그러자 그녀가 뜻밖에 명랑한 목소리로 묻는다.
"화장지도 쓰면 안 될 만큼 환경에 미치는 피해가 심각해?"
"일회용품을 아예 쓰지 않으려는 거야. 그리고 종이로 만든 제품이 얼마나 해로운지는 이미 알고 있잖아."
"재생화장지를 쓰면 안 되는 이유는 뭐야?"
"종이를 재생하는 데 쓰인 에너지를 변기에 넣고 물을 내리면 그만인 물건보다 더 좋은 걸 만드는 데 써야 하니까."
돌이켜보면 정말 극단적인 조치였다. 하지만 경험해보니 전혀 극단적이지 않았다. 화장지는 기본적으로 서구에 국한된 문화인데, 전세계 인구의 절반 이상이 화장지를 쓰는 것보다 물로 씻는 게 훨씬 더 위생적이라고 생각한다. 그런데 내가 간과한 부분이 있다면 얼마 전부터 우리를 따라다니기 시작한 『뉴욕타임스』 기자가 이것을 어떻게 받아들이느냐 하는 것이었다.

미셸은 소파에 앉아서 좀더 곰곰이 생각하더니 입을 연다.

"우리는 지금 생활을 해체하고 있어. 대대로 이어져 내려왔고 주변에서 일러주는 방식대로 살기보다 모조리 해체해서 어떤 식으로 다시 맞추고 싶은지 고민하는 거지. 그런 제품들을 두 번 다시 쓰지 않겠다는 게 아니야. 1년 동안 실험을 하면서 다시 쓸지 여부를 결정하는 거지."

나는 일회용 면도기를 대체할 용품으로 아버지에게 접이식 면도칼을 선물로 받았는데, 이것으로 경정맥을 베지 않고 수염을 깎는 방법을 터득하는 것 말고는 지속 가능한 구매 단계에서 새롭게 할 일이 별로 없다.

쓰레기와 이산화탄소를 배출하는 교통수단을 자제하고 지속 가능한 식품만 먹는 것은 우리의 일상에 많은 변화를 초래한다. 물론 이런 변화들은 아직도 같은 자리를 지키고 있다. 하지만 지속 가능한 소비 단계에서는 중고를 사는 것 말고는 달리 할 게 없고 우리는 필요한 게 아무것도 없기 때문에 타성으로 움직이는 듯한 기분이 든다.

우리는 예전에 입던 옷들을 몇 벌 처분하려고 '하우징 웍스' 중고품 할인점을 찾은 길에 나무를 직접 깎아서 만든 흔들목마를 발견한다. 갈기는 털실을 짜서 만들었고, 이름이 스텐실로 박혀 있다. 마일스. 마일스라는 아이를 위해 만든 장난감인 게 분명해 잠시 망설여지지만, 그냥 말의 이름일 수도 있으니 이자벨라를 위한 깜짝 선물로 사기로 한다.

집으로 들고 오자 이자벨라가 당장 올라타 앞뒤로 흔들기 시작한다. 아이는 개한테 같이 타자고 한다.

"올라와, 프랭키. 올라와."

아이는 웃으며 목마를 앞뒤로 흔든다.

남이 쓰던 목마는 지저분할 줄 알았는데, 오히려 과거의 사연과 더불어 살아 숨 쉬는 것처럼 느껴진다. 어느덧 나는 솜씨 좋은 할아버지가 손자에 대한 사랑을 담아서 만든 거라고 상상하고 있다. 장난감 가게에서 산 이름 없는 플라스틱 장난감보다 이 선물이 더 따뜻하게 느껴진다.

나중에는 26번가 벼룩시장의 조그만 부티크 노점에서 미셸이 입으면 좋을 루이비통의 파란색 줄무늬 블라우스가 눈에 띈다. 그녀는 살짝 기분전환이 필요하다고, 쇼핑하던 시절로 살짝 돌아가보고 싶다고 했다. 벼룩시장의 부티크 주인 남자는 이렇게 말했다.

"이런 이야기는 하면 안 될지 모르겠지만, 원래 나이 들어서 죽은 드래그퀸(여장남자—옮긴이)이 입던 셔츠예요."

호손 밸리 농장의 수석 농부인 스테픈 슈나이저가 한 말이 생각난다. 호손 밸리는 '바이오다이내믹'하다고 한 것이 말이다. 원래는 루돌프 슈타이너(오스트리아 철학자—옮긴이)에게서 비롯된 발상인데, 농장은 살아 있는 거대한 유기체라는 것이 스테픈의 철학이다. 호손 밸리의 경우, 그 유기체의 심장이 젖소들이다.

젖소들은 하루 종일 24헥타르의 풀밭에서 풀을 뜯고, 하루에 한 번 안으로 들어가 젖을 짠다. 축사에서 모은 배설물은 퇴비로 만들어져

5.6헥타르의 텃밭에 유일하게 쓰이는 거름이 된다. 하지만 스테픈의 설명에 따르면 퇴비가 단순히 거름 역할만 하는 것이 아니라고 했다. 화학비료의 경우에는 불가능한 신비한 무언가를 퇴비가 땅에 전달한다. 생명을 말이다.

먼저 소들은 땅의 생명력과 땅속의 생물들, 비, 구름, 태양, 온 우주 그리고 풀 그 자체를 품고 있는 풀을 먹는다. 그런가 하면 풀은 씹혀서 소화되는 동안 소의 생명력을 그러모은다. 소의 배설물을 5.6헥타르의 텃밭에 뿌리는 것은 24헥타르의 생명력을 한곳에 집중시키는 것이다. 돋보기로 햇빛을 모으는 것처럼 말이다.

이 말을 문자 그대로 믿느냐 안 믿느냐의 여부를 떠나서, 이런 생명력으로 인해 내가 이자벨라의 흔들목마와 미셸의 블라우스를 보면 가슴이 뭉클해지는 게 아닐까 싶다. 흔들목마처럼 블라우스도 과거의 사연을 생각하면 전주인과의 유대감이 느껴진다. 그리고 새것을 샀을 때보다 기분이 더 좋은 것 같다. 분명 사연 때문일 것이다.

미셸은 새 물건을 살 수 없기 때문에 '자기 집 벽장에서 쇼핑하기'를 열심히 즐기고 있다. 무언가 꺼낼 때마다 사연도 함께 꺼내 호들갑스럽게 이야기한다. 예를 들면 젠과 함께 그 남자를 만났을 때 어쩌고, 언니 모린이 조카들을 낳았을 때 어쩌고 하는 식이다.

나에게는 할아버지한테 물려받은 커프스 링크가 있다. 그것을 하면 할아버지처럼 중요하고 진지해지는 것 같은 기분이 든다. 심지어 내가 커피를 마시는 유리병에도 이제는 사연이 있다. 내 친구들이 전부 다 탐을 내는 접이식 면도칼에도. 이런 사연들을 생각하면 물건을 버리지 말고, 소중히 간직하고 아끼고 싶어진다. 어쩌면 이것이 줄리엣 쇼어가 말한, 물질에 담긴 성스러움일 것이다.

우리가 소비하는 이유에 대해서.

펩시 광고를 보면 어떤 남자가 침대에 누워 있는데 자명종이 울린다. 그는 5분 뒤에 다시 울리는 버튼을 누르고 또 누르다 급기야 엉망인 꼴로 허둥지둥 출근하고, 임원회의에 지각해 해고 통보를 받는다. 잠시 후 똑같은 남자가 이번에는 자명종이 울리면 '펩시 콜라 한 캔(아니면 다른 펩시 제품)'을 마신 다음 벌떡 자리에서 일어나, 세상에서 가장 멋진 제임스 본드처럼 근사하게 양복을 차려입고 임원회의에 참석해 프레젠테이션을 하고 모든 이의 박수갈채를 받는다.

이 광고의 재미있는 부분이 무엇인가 하면, 언뜻 보기에는 펩시를 마시면 성공한다는 뜻인 것 같다. 하지만 사실 결정적인 부분은 성공이 아니다. 박수갈채이다. 펩시를 마시면 성공할 수 있고 '그러면' 사랑받을 수 있다는 것이다.

애니 러너드는 온라인 비디오 〈물건 이야기〉에서 이 점을 지적한다. 모든 광고는 하는 이야기가 똑같다. 당신은 지금 한심하지만 이걸 사면 달라지고 모든 이의 사랑을 받을 수 있다고 한다. 하지만 우리가 그렇게 사랑받고 싶어하는 이유가 그런 물건들을 사려고 너무 열심히 일을 하기 때문이라는 이야기는 하지 않는다. 우리는 광고에서 사랑을 가져다준다고 말하는 물건을 사려고 일을 하느라 너무 바빠서 사랑할 시간이 없다.

지금 내가 하는 이야기가 너무 극단적으로 들릴지 모르겠지만, 나처럼 지금 이 단계까지 프로젝트를 진행한 사람이라면 이런 결론을 내릴 수밖에 없을 것이다.

만약 우리가 원하는 게 사랑이라면 중개인—이런저런 물건들— 은 건너뛰고 그냥 만나서 어울리면 어떨까?

그나저나 사연이 있는 물건 이야기가 나왔으니 말인데, 찻주전자와 거름망이 필요했다. 커피를 포기할 수 있을지 모른다는 근거 없는 희망을 품고 창턱에 페퍼민트를 기르고 있기 때문에 차를 끓여 마실 도구가 있어야 한다.

'베드, 배스& 비욘드'에 가서 찻주전자를 살 수도 있다. 아니면 야후의 프리사이클을 이용해볼 수도 있다. 양도하고 싶은 물품을 올리거나 받고 싶은 물품을 올리면 된다.

그래서 나는 중고시장 경제를 체험할 겸, 찻주전자와 거름망이 필요하다는 글과 쓰지 않는 소니 워크맨 헤드폰을 양도한다는 글을 올린다. 오래지 않아 찻주전자와 거름망을 줄 수 있는데, 허드슨 강 근처의 14번가에 살고 있으니 와서 가지고 가라는 이메일이 날아온다.

내가 나가려고 준비를 하는데 미셸이 묻는다.

"어떻게 생긴 찻주전자래?"

순간 나는 아는 게 아무것도 없다는 사실을 깨닫는다. 이 얼마나 재미있는 일인가. 필요한 물건을 얻을 수만 있으면 그걸로 되는 것이다. 다행히 찻주전자는 일반적이고 아주 예쁜 파란색 도자기이다. 거름망도 두 개나 있다.

나는 물감을 뒤집어쓴 품이 화가로 보이는 그녀에게 프리사이클을 통해 어떤 물건들을 받았느냐고 묻는다. 그녀는 트레일러하우스—그렇다, 이동식 주택 말이다— 와 애완용 쥐를 한 쌍 얻었다고 한다. 한편 헤드폰을 '찜한' 여자는 얼마나 횡재한 기분인지 모른다고, 공짜로 뭐가 생긴 것이 난생처음이라며 내게 이메일을 보냈다.

나는 파란색 찻주전자를 집으로 들고 가 차를 끓이면서 차는 어디에서 났고—우리 집 창턱—, 찻주전자는 어디에서 났으며, 여자 화가와 애완용 쥐에 대해 이야기해야겠다.

어느 날 저녁에 집에 들어와보니 어마어마하게 큼지막하고, 죽은 나무로 꽉꽉 채워진 일요일판 『뉴욕타임스』가 식탁에 놓여 있다. 프로젝트 규칙에 따르면 신문은 금지사항이다. 지금까지 우리는 재활용품 수거함을 뒤져서 신문을 읽어왔다.

하지만 미셸은 여전히 오락거리에 중독되어 있다. 나도 이해한다. 완벽하게 이해한다. 하지만 그날 저녁에 나는 규칙은 규칙이라는 완고한 입장이었다. 나를 따라다니는 카메라와 『뉴욕타임스』 기자들한테 우리도 인간인 게 '들통나면' 어떻게 하나 싶어서 나약하게 발가벗겨진 듯한 기분이었기 때문에 날이 곤두서 있기도 했다.

"이러면 안 되잖아."

내가 말한다.

"나도 알아. 하지만······."

"이 프로젝트를 진지하게 생각하고 있기는 한 거야? 내가 없으면 신문을 사고 그런 거야?"

나는 화가 나기도 하고 우습기도 한, 정말 묘한 기분이다. 우스운 이유는 내가 펩시 광고 비슷한 바보가 된 것 같기 때문이다. 나는 신문을 안 사고 아내한테도 똑같은 것을 강요하는 방식으로 이 세상을 구하겠다고 나선 사람 같다.

"신문 하나 산 게 뭐 대수라고 그래."

미셸이 말한다.

"극단적인 실험을 몸소 체험하지 않으면 그 실상을 무슨 수로 알 수 있겠어? 내가 어떻게 해야 돼? 신문이 떡하니 있는데, 신문 없이 살면 어쩌고저쩌고 하면서 말을 지어내야 해?"

"그럼 도로 갖다줄까?"

"그래."

그녀는 내 말대로 했다. 하지만 만족스럽지 않았다. 아내한테서 무언가 빼앗는데 만족스러울 리 없다. 규칙이 있는 프로젝트를 시작해놓고 규칙을 어기는 것도 만족스럽지 않기는 마찬가지이다. 규칙을 어겼을 때 벌어지는 사태를 이해하고, 규칙을 지키면서 그 빡빡함을 몸소 점검하는 것도 프로젝트의 일부분이라는 사실을 깨달았어야 했을지 모른다.

하지만 그날 저녁에는 심각한 사태의 전조를 걱정했던 것 같다. 일단 신문을 보기 시작하면 그다음에는 어디든 택시를 타고 다닐 게 뻔했다. 그러면 블로그에 대고 뭐라고 해야 할까? 다큐멘터리를 보는 사람들은 뭐라고 할까? 이렇게 규칙을 어기기 시작했다가 둑이 무너지면 어쩐다? 사실 나는 환경적으로 올바른 일을 하려고 노력하는 것도 있었지만, 거품 안에서 사는 것이 무섭기도 했다.

내가 이 프로젝트를 진행하면서 몇 번이고 맞닥뜨렸던 게 있다면 성공에 대한 집착이었다. 이제는 이 프로젝트를 '제대로' 끝내지 않을 방법이 없다. 테크노라티와 비슷하다. 나와 우리 사회의 물질적인 집착을 호되게 꾸짖고 그런 집착으로 인해 우리 별과 우리가 행복해질 수 없는 것이라고 열변을 토하면서, 나의 사소한 집착으로 인해 부부관계가 삐걱거리게 만들고 있다.

이런 식으로 살면 우리 별이 망가진다는 사실을 누구나 마음속으로는 알고 있다. 하지만 이 엄청난 생존경쟁에 발을 담그는 게 아니라면 인생의 목적이 무엇일까? 점점 더 많은 재물과 과학기술을 축적하는 게 아니라면 인생의 목적이 무엇일까? 경제에 이바지하는 게 아니라면 무엇에 이바지해야 되는 걸까? 아무 경쟁도 하지 않을 바에는 생존경쟁이라도 하는 게 낫다.

우리는 어느 방향으로 가야 하는지 모르는 것보다 잘못된 방향으로라도 가는 게 더 마음 편하다고 생각한다. 이른바 목적을 위해 미셸을 닦달하는 것이 현실—하룻밤 숨을 돌리고 싶었던, 딱하고 착하고 참을성 있는 아내—을 있는 그대로 받아들이는 것보다 마음 편하다.

자원 소비를 줄인다고 내 삶의 빈 공간이 채워지지는 않을 것이다. 사랑하는 사람들이 영원히 살지도 않을 것이다. 하지만 남편들이 아내들한테 더 잘하면 이미 많은 상처를 입은 이 세상이 조금 더 좋아질 것이다. 이것이 바로 지금 우리 눈앞에 존재하는 세상을 고스란히 보호할 수 있는 진리이다.

나는 비구니인 페마 초드론 스님이 세계무역센터가 무너졌을 때 뉴욕 시민들이 보낸 반응에 대해 이야기하는 비디오를 본 적이 있었다.

그녀는 인간의 기본적인 상태를 가리켜 "허공에 떠 있다"라고 표현했다. 여기에서 허공에 떠 있다는 것은 모르는 상태를 뜻했다. 즉 인간이 죽으면 어떻게 될까, 이런 질문에 대한 해답을 모르는 상태였다. 우리는 다음에 어떤 일이 벌어질지 모르니 지금 어떻게 해야 하는지 알 수가 없다. 때문에 인생의 목적을 제대로 알지 못한다. 우리가 왜 태어났고, 누가 우리를 탄생시켰는지에 대해서도 알지 못한다.

우리는 알지 못하는 것들을 이해하려고 수많은 이야기를 읽는다. 종교 이야기, 가족 이야기, 성공 이야기, 온갖 이야기를 읽는다. 최근에 나는 소비를 줄이면 모든 게 어떤 식으로 잘되는지에 대한 이야기에 집착하고 있다. 우리가 이렇게 읽어대는 것은 해답을 모르는, '허공에 떠 있는' 상태를 인정하기만 하면 된다는 걸 믿지 못하기 때문이다. 예전에 또 어떤 선사는 나에게 말하길 모른다는 사실을 편안하게 받아들이는 것이 수련의 전부라고 했다.

하지만 페마가 말하려는 요지는 세계무역센터에 비행기가 충돌하는 식의 사건은 우리가 감당하기 너무 엄청난 일이라는 것이다. 이런 사건이 벌어지면 모든 게 너무 엄청나고 혼란스럽다. 그것을 이해할 방법도 없고, 말로 설명할 방법도 없고, 우리는 다시 허공에 떠 있는 상태로 돌아간다. 아무것도 모르는 상태로 말이다.

그러면 어떻게 될까? 세계무역센터 사건이 벌어졌을 때 나는 집에 혼자 있고 싶지 않았다. 다른 사람들과 함께 있고 싶어서 길거리로 나가 아무라도 만날 때까지 무작정 걷기 시작했다. 모두들 도심지로 향했고, 어떻게 된 일인지 아무도 알 수 없었고, 남들도 그렇다는 걸 알 수 있었고, 우리는 도대체 어찌 된 영문인지 알지 못하는 똑같은 처지였다.

그걸 알고 나면 갑자기 인생의 목적을 깨닫게 된다. 나처럼 어찌할 바 모르는 옆 사람을 꽉 붙잡고, 헤쳐나갈 수 있도록 서로 돕는 것이 인생의 목적이다. 페마가 비디오에서 말했던 것처럼 이것이 우리가 알 수 있는 단 한 가지 사실이다.

집에 와보니 미셸이 침대에 누워 있다. 이자벨라는 그 옆 '언니들 침대'에서 자고 있다. 미셸이 일어나 앉는데, 눈은 빨갛고 뺨은 젖어 있다. 나는 옆에 앉는다. 앉아서 얼굴에 붙은 머리카락을 쓸어넘겨준다.
"여보, 왜 그래?"
"신문 미안해."
그녀가 말한다.
"어휴, 왜 그렇게 바보 같은 소리를 하고 그래."
"그런 일이 이자벨라한테 다시 벌어지면 어떻게 하나 그런 생각이 들어서 못 견디겠어."
이탈리아에서 있었던 사건을 말하는 것이다. 내 눈에도 당장 눈물이 그렁그렁 맺힌다.
"아직 아기인데."
미셸이 말한다.
"아무 일 없을 거야. 아무 일 없을 거야."
나는 이렇게 말하지만, 알 수 없는 일이다.
"신문에서 읽었는데, 어떤 남자의 딸이 암에 걸렸는데 보험회사 측에서 아직 실험 단계인 치료법을 쓴다고 보험금 지급을 거부했대. 회사에서부터 눈물이 났어."

그녀는 지금도 계속 울고 있다.

"이자벨라한테 그런 일이 벌어질지 모르잖아. 아니면 당신한테 벌어지든지."

"그런 일 없을 거야."

나는 이렇게 말한다. 그래야 하기 때문이다.

"그래서 그랬어."

미셸이 말한다.

"뭐가?"

"텔레비전, 책, 신문, 쇼핑. 가끔은 정면으로 부딪히고 싶지 않아. 너무 힘들어서. 당신은 어떻게 그걸 견뎌?" 그녀가 묻는다.

나는 그녀를 안아준다.

여덟

딸깍 불이 꺼지고

우리가 전기를 끊을 준비를 하고 있을 때 『뉴욕타임스』의 청탁을 받고 쓴 논평이 드디어 실린다. 내 바람보다 짧게 편집됐고, 본지 논평난이 아니라 일요일판 도시 섹션에 실리기는 했지만 뭐 어떤가? 나는 좋아서 어쩔 줄 모른다. 『뉴욕타임스』에 논평이 실리다니 꿈이 현실로 이루어진 셈이다.

몇몇 친구들에게서 전화가 온다. 나는 논평 자체에도 뿌듯하고, 사회 변화에 진보적으로 접근하느냐 보수적으로 접근하느냐 하는 식의 이분법을 넘어 나만의 방법을 소개했다는 것에 대해서도 뿌듯하다. 잠시 후 전화가 울린다.

두 번.

첫번째 전화는 내셔널 퍼블릭 라디오 뉴욕 채널인 WNYC이다. 아침 토크 프로그램인 〈브라이언 레러 쇼〉에서 돌아오는 목요일에 나를 초

대해 신문 논평과 프로젝트를 주제로 30분 동안 이야기를 나누고 싶다고 한다. 나는 긴장이 된다. 집필은커녕 아직 조사도 안 끝난 책을 주제로 이야기를 나누게 되다니 작가 입장에서는 드문 일이다. 스스로 생각하기에 나는 환경위기와 그 대처방안에 대해 모르는 게 없는 척척박사가 아니라 아직 평범한 사람에 가까운데 말이다.

다시 전화벨이 울린다.

이번에는 최근 나를 따라다니고 있는 『뉴욕타임스』 기자이다.

"목요일에 기사가 실릴 거예요. '홈 & 가든' 섹션 1면이요."

"그거 대단한 거야?"

나중에 내가 미셸에게 묻는다.

"대단한 거야."

목요일 아침이 되자 나는 라디오 방송국으로 출발하기 전에 잠깐 짬을 내서 『뉴욕타임스』 기사를 읽는다. 그 기사에서는 내 실험을 가리켜 "좋게 말하면 구닥다리 시트콤의 한 장면 같고, 나쁘게 말하면 윤리적으로 불투명한 자기 홍보"라고 한다. 나는 솔직히 말해서 기분이 상한다. 이건 사실이 아닌데. 나는 풀이 죽는다.

그래도 나는 자전거를 타고 시청 근처에 있는 WNYC 방송국으로 향한다. 브라이언 레러가 나를 맞이하고, 둘이서 같이 계단으로 25층까지 올라간다. 인터뷰는 술술 진행된다. 나는 자전거를 타고 집으로 돌아오며 『뉴욕타임스』에서 정말로 실망스러웠던 부분에 대해 곰곰이 생각한다. 헤드라인에 대해서 말이다.

헤드라인 때문에 나의 노력이 하찮은 것이 됐다. 나 하나로 인해 환경운동 전체가 손가락질을 당하면 어떡하나 싶어 걱정스럽다. 헤드라인에서는 내 프로젝트를 이렇게 표현했다.「화장지 없이 지낸 한 해」.

집에 도착한 나는 친구와 가족 들의 반응이 어떤지 알아보기 위해 이메일을 체크하기로 한다. 그런데 그전에 기사가 내 블로그의 인기에 어떤 영향을 미쳤는지 알아보기로 한다. 지금은 오전 열한 시인데, 사이트의 측정기에 따르면 지금까지 2만 몇 명이 내 블로그에 다녀갔다고 한다.

그럴 리가. 나는 새로 고침을 클릭한다. 2만1천 명. 다시 새로 고침을 클릭한다. 2만 2500명! 독자가 생긴 거다! 이건 모든 작가의 꿈이 아닌가! 하지만 아니다. 나는 당황해서 말 그대로 제정신이 아니다.

이메일을 연다. 나는 보통 하루에 열 통에서 스무 통 정도 이메일을 받는다. 오늘은 지금까지 온 이메일이 150여 통이다. 제목들이 '〈투데이쇼〉에서 보냅니다' '〈60분〉에서 소개하고 싶습니다', 뭐 이렇다. 이번에는 자동응답기를 켠다. 저 멀리 일본과 오스트레일리아 방송국에서 남긴 메시지까지 있다.

전세계 사람들이 내 이야기를 듣고 싶은 모양이다. 도대체 그 사람들한테 무슨 말을 해야 할까? 인류 최악의 위기상황이라고 할까? 나더러 잘난 체한다고 나무라도 좋지만, 그 순간에는 내가 말을 잘못해서 사람들을 잘못된 방향으로 인도할까봐 죽도록 무서웠다. 공포를 느꼈다.

모두들 돕겠다고 나선다. 출판사도, 에이전트도. 하지만 환경적으로 사는 방법을 조용히 고민하던 내가 강도는 약하나마 언론의 취재 공세에 휘말리게 됐을 때 정신 바짝 차릴 수 있게 붙잡아준 것이 있다면 빵 만들기였다.

신문기자와 라디오 프로그램 들이 아무리 인터뷰를 원해도 가족을 먹여살리는 것은 여전히 내 몫이었다. 그러니까 결국에는 부엌으로 돌아가 소매를 걷어붙이고 밀가루와 물의 양을 재서 반죽을 시작하는 수밖에 없다. 일종의 생존이 달린 명상의 시간이다. 싱크대 앞에서 명상을 하면 오늘 너와 너희 가족이 굶게 된다는 설도 있지만.

어디에선가 내가 읽거나 듣기로는 랍비도 하루의 10퍼센트를 정원 손질과 설거지와 요리와 일상적인 일에 써야 된다고 한다. 그래야 다른 사람들과 관계를 맺을 수 있다. 그래야 머리를 박차고 나와 구체적으로 현실에 뛰어들 수 있다.

조용하고 머리를 쓰지 않아도 되는 이 빵 만들기가 내 삶에 필요했던 여유를 주었다. 그것이 쉬는 시간이다. 일상의 리듬을 알맞은 속도로 늦춰주는 몇 가지 일 중 하나이다. 빵을 만들 때는 밀가루 범벅으로 만들 각오를 하지 않는 한 전화도 받을 수 없다. 블랙베리의 리듬이 사라져야 노 임팩트 프로젝트가 계속된다.

나는 '발전소에서 공급되는 전기 사용하지 않기'를 앞두고 '집 안에서 배출되는 이산화탄소 없애기' 단계로 접어들 준비를 하다, 인공조명을 켜지 않는 사람들은 종종 '2차 수면' 현상을 경험한다는 글을 접한다. 어두워지면 잠자리에 들었다 한밤중에 일어나 촛불을 켜고 한 시간쯤 시간을 보내다 다시 잠자리에 든다는 것이다. 이런 사람들이 늦게 잠자리에 들어 밤새 죽 자는 사람들보다 아침에 일어났을 때 더 개운하다고 한다.

A. 로저 에커치는 『뉴욕타임스』에 이런 논평을 실은 바 있다.

근대까지만 해도 (…) 사람들은 아홉 시에서 열 시 사이 잠자리에 들어 자정이 지난 뒤 일어나서 파이프 담배를 피우고, 에일 한 통을 마시고, 심지어 이웃사람과 이야기를 나누었다.

그냥 침대에 남아 사랑을 나누는 사람들도 있었다. (…) 대부분은 그냥 가만히 누워서 조금 전에 꾼 꿈의 의미가 무엇인지 곰곰이 생각하며, 눈을 뜨자마자 일어나는 현대인들은 알 수 없는 잠재의식을 들여다보았다.

이렇게 신기한 수면 패턴의 근본적인 이유는 아마 산업화 이전에는 집집마다 깜깜해서일 것이다. 즉 인공조명이 없었기 때문일 것이다.

남들처럼 살지 않으면 어떨까? 다른 걸 시도하면 어떨까? 이 사회라는 승합차에서 내려 다른 방향으로 가보면 어떨까? 플러그를 뽑으면 어떨까? 남들이 필요하다고 하면 왜 우리도 필요하다고 생각할까? 왜 날이 어두워질 때 잠자리에 들면 안 될까? 왜 의문을 제기하면 안 될까?

나는 거의 평생 동안 주변사람들의 말에 따라 이 보잘것없는 인생을 살았지만, 지금은 많은 부분을 뒤집고 있다. 내 삶을 스스로 규정하고 있다. 그런데 놀라운 사실은? 조금 재미있다는 것.

'조금'이라는 단어에 주목해주기 바란다. 솔직히 고백하건대 우리가 사용하는 전기로 인해 온실가스가 배출되지 않도록 차단기를 내리려던 때는 불안해서 어쩔 줄 몰라했으니 말이다. 물론 2차 수면에 대한 호기심은 있었다. 하지만 또 한편으로는 지푸라기라도 잡고 싶은 심정이었다.

처음 시작했을 때, 노 임팩트 프로젝트를 처음 구상했을 때 나는 일부러 철저하게 계획을 세우지 않았다. 모두 그러는 것처럼 더듬더듬 길을 찾고 싶었다. 당시에는 이산화탄소가 안 나오는 대체 전등을 찾을 수 있을 거라고 생각하며, 차단기를 내리자고 쉽게 다짐할 수 있었다.

아무튼 이 프로젝트의 목적은 박탈 자체를 위한 박탈이 아니었다. 나는 전기를 대체할 만한 더 나은 수단을 찾을 수 있을 거라고 단순하게 생각했다. 콘에드(미국 최대의 민간전력회사—옮긴이)를 대체할 재생에너지가 있어야 마땅한 것이었다.

하지만 내 짐작은 틀렸다. 적어도 뉴욕에는 없었다. 아파트에 사는 사람들은 합법적으로 지붕에 태양전지판이나 풍차를 달 수 없었다.

나는 자전거 발전기에 대해서도 알아보았다. 두세 시간 정도 페달을 밟아야 하루를 간신히 버틸 수 있다고 했다. 나는 콘에드의 친환경 대체에너지에 찬성했다. 그런데 알고 보니 수익금이 다른 지방의 풍력발전기를 유지하는 데 쓰이기는 하지만, 나는 뉴욕 시의 천연가스관을 통해 공급되는 전기를 쓰는 수밖에 없었다.

친환경 대체에너지도 의미 있는 일이기는 했지만, 엄격히 말해서 내가 에어컨을 켜면 좀더 많은 천연가스가 연소되고 뉴욕의 발전소에서 더 많은 이산화탄소가 배출되는 것은 여전했다.

알고 보니 미국의 대부분 도시에서는 야외공간을 충분히 확보해 자가발전을 할 수 없기 때문에 아무리 돈을 들여도 100퍼센트 재생에너지로 살 수가 없다. 이것이야말로 개인적인 실천으로 해결할 수 없는 부분이었다. 재생에너지를 쓰려면 재생에너지를 공급하는 전력회사가 있어야 하고 — 적어도 화석연료가 재생에너지보다 저렴한 동안에는— 정부 차원에서 규제를 통해 전력회사에 압력을 넣어야 한다.

이 자체가 보람 있는 발견이었다. 개별적인 실천의 한계에 부딪히기 시작하고 집단적인 실천도 전적으로 필요하다는 사실을 알게 돼서 흥미로웠다.

하지만 뭘 알아나가는 것이 노 임팩트 맨의 취지는 아니었다. 거기서 알게 된 사실들을 실천에 옮기는 것이 노 임팩트 맨의 취지였다. 따라서 화석연료에 의존할 수밖에 없는 우리 사회의 현상태를 감안했을 때, 진심으로 노 임팩트를 고집하고 싶으면 플러그를 꽂았을 때 나오는 전기를 아예 쓰지 않는 것이 가장 좋은 방법이었다.

말이야 쉽지.

처음으로 노 임팩트 실험이 조금 어이없게 느껴졌다. 우리 별을 위해 전등을 끌 사람이 도대체 어디 있을까? 그것을 두고 진일보했다고 할 수는 없었다. 생활의 질을 이야기하는 전세계 전문가들이 비만과 싸우는 방법으로 자전거 타기를, 근교생활의 외로움과 싸우는 방법으로 전원생활을 처방할지 몰라도 2차 수면 현상의 부활을 위해 전기 사용을 금하자고 주장하지는 않을 것이다.

전기 사용 금지라니 상당히 황당하게 느껴지기는 했지만, 나는 그런 기분을 상대하기보다 환경에 미치는 영향을 최소화하는 데 몰두했다. 환경에 미치는 영향을 최소화하자는 말을 내뱉었으니 나의 접근방식이 과연 합리적인지 솔직히 자문할 차례였다. 나는 머릿속으로 좀더 실용적인 방법을 찾기 시작했다.

한편 미셸은 전기를 끊는 것에 대해 놀라울 정도로 긍정적이었다.

"좋아. 오늘 당장 스위치를 내리자."

그녀가 말했다.

"당신은 불안하지 않아?"

"텔레비전도 못 보고, 쇼핑도 못 하고. 내가 더 이상 잃을 게 뭐가 있겠어? 게다가 촛불을 켜고 책을 읽을 수밖에 없는 좋은 핑계가 생기잖아."

그녀는 아무래도 노 임팩트 프로젝트가 자기보다 나를 더 힘들게 만드는 지점에 이르렀다는 사실에 쾌재를 부르는 듯했다.

그나저나 양초는 밀랍양초라야 했다. 석유로 만든 양초는 땅속에 묻혀 있던 탄소를 꺼내 허공으로 날려보내는 물건이었다.

미셸이 말했다. "편하게 생각해. 여기서 배우는 게 있을 테니까. 두고 보면 알겠지만. 그게 이 프로젝트의 취지잖아, 안 그래? 실험이잖아. 연구잖아."

내가 말했다. "암흑 속에 처박히는 데서 뭘 배울 수 있겠어? 당신 입장에서는 괜찮겠지. 에어컨이 있고 컴퓨터를 쓸 수 있는 곳으로 날마다 출근하니까. 나는 가끔 집에서 일을 해야 해. 그런데 컴퓨터를 켤 방법이 없잖아. 게다가 냉장고며, 빨래며, 여름의 불볕더위는 어쩌라고?"

"차차 방법이 생기겠지."

그녀가 말했다.

그 말은 곧, 이런 궁지 속으로 우리를 끌고 들어온 장본인이 바로 나라는 뜻이었다.

내가 고민해야 할 사항들은 다음과 같았다.

- 딸아이의 우유를 상하지 않게 보관하는 방법.
- 해가 졌을 때 어느 정도 인공조명을 확보할 수 있는 방법.
- 바람 한 점 없고 37도를 웃도는 뉴욕의 여름에 대처하는 방법.
- (공동작업실에서처럼) 집에서도 계속 블로그를 운영하고 자료를 조사하고 글을 쓸 수 있게 노트북에 전원을 공급하고 인터넷을 이용하는 방법.
- 세탁기나 건조기 없이 빨래를 하는 방법.

너무 많이는 말고, 여러분이 전기 사용 금지라는 바보 같은 짓을 통해 뭘 배운다는 게 말이 되느냐고 섣부르게 단정 짓지 않도록 살짝 공개하자면 전세계 인구의 4분의 1에 해당되는 16억 명이 아직도 전기 없이 살고 있다는 사실을 기억해주기 바란다. 그리고 전기를 쓰지 못하고 깨끗한 물을 마시지 못하고 건강이 안 좋은 것은 가난과 밀접한 연관이 있다는 사실도 기억해주기 바란다.
전기 없이 사는 사람들은 날마다 이런 고민에 봉착한다.

- 딸아이의 우유를 상하지 않게 보관하는 방법.
- 해가 졌을 때 어느 정도 인공조명을 확보할 수 있는 방법.
- 바람 한 점 없고 37도를 웃도는 날씨에 대처하는 방법.
- 컴퓨터나 전세계와 소통할 수 있는 다른 기기에 전원을 공급하는

방법.
—세탁기나 건조기나 기타 노동을 절약해주는 기기 없이 빨래를 하는 방법.

냉장고가 없으면 제품을 시장에 공급하지 못하는 농민들을 생각해보자. 더운 날, 중요한 약이 상하지 않게 막을 방법이 없는 시골 의사들을 생각해보자. 밤이 되면 어두워서 아이들이 숙제를 할 수 없는 집의 부모를 생각해보자.

그래서 날마다 이런 고민에 봉착하는 16억 인구는 경제가 발전하면, 선진국에 사는 우리가 그랬던 것처럼 그것이 지구 온난화를 가속화시킨다 하더라도 석탄을 원료로 하는 전기를 선택할 권리가 있다. '소비 절감' 철학을 파헤쳐보면 그것을 전세계적으로 적용할 수 있는지 의구심이 생길 수밖에 없다. 전기도 못 쓰는 사람이 어떻게 그보다 더 소비를 절감할 수 있겠는가 말이다.

노 임팩트 프로젝트 이전에 우리 집에서는 이런 식으로 온실가스가 배출되었다.
우리 건물 지하에서 보일러에 든 기름을 끓이면 우리 집 라디에이터에서 스팀이, 수도꼭지에서 뜨거운 물이 나왔다. 천연가스로 우리 집 냄비와 프라이팬을 달궈 음식을 만들었다. 그리고 앞에서도 이야기했던 것처럼 우리 집에 전기를 공급하기 위해 저 너머의 발전소에서 더 많은 천연가스가 불태워졌다.
일반 주택이 지구 온난화에 기여하는 통로는 대충 이렇다. 난방, 전기 그리고 요리. 물론 일반 주택에서 사용하는 전기는 전체의 37퍼센트에 불과하다. 나머지는 생산업(27퍼센트)과 상업(36퍼센트)에서 사용한다.

『탄소 시대』의 저자 에릭 로스턴이 쓴 기사에 따르면 화석연료의 연소로 인한 지구 온난화의 역사는 지금으로부터 357만 년에서 299만 년 전인 지구의 석탄기로 거슬러 올라간다. 그 시대를 석탄기라고 부르는 것은 현재 대기 중 이산화탄소의 90퍼센트가 당시에는 땅속에 묻혀 있었기 때문인데, 일설에 따르면 수목이 당시 초대륙이었던 지구의 습지를 온통 뒤덮고 있었다고 한다.

수목들은 자라고 죽어서 쓰러져 습지 속에 묻히는, 끝이 없어 보이는 순환을 반복했다. 셀 수도 없이 많은 수목들이 한 그루, 한 그루 광합성을 통해 대기 중의 이산화탄소를 흡수했고, 이것은 결국 진흙 속에 묻혔다. 2백만~3백만 년이 지나면서 탄소를 품은 수목이 굳어 석탄이 됐다.

산업혁명과 함께 시작된 시기로 테이프를 빠르게 돌리면 우리는 이 나무화석을 땅에서 꺼내 기계와 발전소에 넣고 태운다. 석탄을 태우는 과정에서 발생한 열기가 물을 압축증기로 바꿔 뿜어내면 이것이 터빈을 돌리고, 터빈이 전기를 생산해 우리 에어컨에 전력을 공급한다.

문제는 날마다 발전소의 불덩이에 석탄을 한 삽씩 떠서 넣으면, 광합성을 하고 이산화탄소를 흡수했던 수백만 년 전의 과정이 거꾸로 재연된다는 사실이다. 딱딱하게 굳은 수목을 태우면 원래 자리였던 대기로 이산화탄소가 날아간다. 지금 같은 추세로 화석연료를 태운다면 이산화탄소가 땅속에 묻히는 데 걸렸던 시간보다 대기로 다시 돌아가는 데

드는 시간이 훨씬 짧을 것이다.

하지만 희소식이 두 가지 있다.

나무화석을 태워 필요한 전력의 42퍼센트를 공급받기는 하지만 우리는 이미 태양열, 풍력, 수력, 지열 등 여러 가지 대안을 마련해놓았다. 그리고 에너지 전문가들은 우리 사회의 에너지 효율을 50퍼센트씩이나 늘릴 수 있다고 추정한다. 먼저 열기와 냉기가 빠져나가지 않게 건물에 단열공사를 하는 식의 조치를 취하면, 태우는 화석연료와 배출되는 온실가스를 50퍼센트 줄일 수 있다.

반면에 안 좋은 소식도 두 가지 있다.

지속적인 인구 증가도 하나의 원인이겠지만, 향후 20년 동안 전세계적으로 필요한 에너지의 양이 45퍼센트 증가할 것으로 예측된다. 에너지 효율 개선을 통해 덜어낸 석탄 한 삽을, 새로운 수요를 만족시키는 데 거의 고스란히 헌납해야 하는 것이다. 그뿐 아니라 화석연료가 태양열과 풍력 발전에 비해 훨씬 저렴한 이상, 업계에서는 재생에너지 사용을 필요한 수준으로 끌어올리는 데 재정적인 지원을 하지 않을 것이다.

그런데 또 하나의 반전이 있다. 사실 화석연료는 재생에너지에 비해 저렴하지 않다는 것이다. 화석연료를 사용하려면 우리와 우리 별이 치러야 하는 대가가 더 많다. 문제는 석탄과 석유를 쓰는 데 드는 '실제비용'은 당장 돈으로 환산되지 않는다는 점이다.

예를 들어 석탄을 캐내느라 산꼭대기가 사라졌을 때 산허리에 살던 사람들이 입을 피해를 생각해보자. 이로 인한 수질오염과 강 하류에 사는 사람들의 의료비와, 석탄을 태울 때 배출되는 이산화탄소가 대기에 미치는 악영향을 생각해보자. 이런 것들이 석탄의 시장가격에는 반영되지 않는다.

이런 비용은 상품의 가격에 포함되지 않기 때문에 경제학자들은 이를 가리켜 '외부효과'라고 한다. 화석연료를 위해 우리 사회와 우리 별이 치러야 할 실제비용이 가격에 반영된 것보다 훨씬 높은 현상은 '시장실패'라고 한다. 시장실패로 인해 업계에서는 더 비싼 자원을 계속 사용한다. 이 때문에 지구의 기온이 하늘로 치솟고 우리 모두 말 그대로 통닭구이가 되기 전에 시장실패를 막아야 한다.

해결할 방법으로는 두 가지가 유력한데, 둘 다 정부의 개입이 필요하다. 하나는 기업들이 온실가스 배출에 대해 금전적인 책임을 지게 함으로써 실제비용에 맞게 화석연료의 가격을 설정해 외부효과를 반영하자는 것인데, 이렇게 하면 재생에너지가 비교적 저렴해진다는 데 착안한 발상이다. 또 다른 방법은 기존의 재생에너지 기술 적용을 보조하고 미래의 기술을 개발하는 데 막대한 정부 예산을 투자하자는 것이다. 이 방법 역시 재생에너지의 가격을 상대적으로 낮추는 한편 수백만 개의 일자리를 창출하는 효과가 있다.

하지만 내가 노 임팩트 프로젝트를 시작하고 1년 6개월 동안 글을 쓰고 있지만 미국 정부는 어떠한 조치도 취하지 않는다. 온갖 이익집단들이 의미 있는 시도를 모조리 방해하고 있다. 그런데 기후학자들 말로는 기후변화로 인한 최악의 상황을 피하려면 10년 안에 석탄 사용을 전면 중단해야 된다고 한다.

이를 위해 전세계 경제는 어떤 대가를 치러야 할까? 시나리오를 거꾸로 뒤집어서 생각해보자. 먼저 아무것도 하지 않았을 때 치러야 할 대가에 대해 생각해보는 거다.

기후학을 경제학적으로 해석한 영국의 원로 경제학자 니콜라스 스턴 경은 기후변화를 반대 방향으로 돌려놓지 않으면 그로 인한 대참사에 대처하는 데 전세계 GDP의 20퍼센트가 소모될 것으로 추정했다. 기후변화를 수수방관하면 그로 인한 홍수, 허리케인, 가뭄, 식량난, 유행병에 대처하는 데 전세계 경제 에너지의 5분의 1을 쏟아부어야 한다는 뜻이다.

반면에 오늘부터 전세계 GDP의 1퍼센트를 효율성 제고와 재생에너지 개발에 투자하면 가장 끔찍한 결과를 피할 수 있다고 한다. 1달러당 1센트씩만 기후 관리하는 데 쓰면 된다는 뜻이다. 1달러당 20센트와 비교하면 정말 얼마 안 되는 금액이다.

이제, 고맙게도 워싱턴 DC에서 우리의 관심사를 처리하는 데 몸 바치고 있는 한 명의 대통령과 한 명의 부통령, 435명의 하원의원, 100명의 상원의원이 2008년 말을 기준으로 이 사실을 어떻게 받아들이고 있는지 살펴보자. 다 합쳐서 537명인 이들은 스턴이 말한 지금 1퍼센트와 나중 20퍼센트를 비교했다. 수많은 경제학자와 과학자들이 기후변화에 대해 공개한 정보를 모두 흡수했다.

모두 합쳤을 때 공직생활 경험이 수천 년이고, 법학을 비롯한 기타 박사학위들이 이루 헤아릴 수도 없을 만큼 많은 이들은 함께 궁리하고 의논하고 심사숙고하고 논의했다. 그러고는 모든 지략과 기지와 힘을 동원해—여론조사도 두세 번 동원됐다—한 가지 결론을 내렸다.

정치적으로는 기후변화를 과학적으로 예방할 방법을 강구하기가 불가능하다는 결론이었다.

따라서 이 글을 쓰고 있는 지금, 내가 노 임팩트 프로젝트를 처음 시작하고 거의 2년이 다 된 2008년 말을 기준으로 했을 때 미국의 행정부와 사법부는 스스로 기후 위기에 가장 효과적이라고 생각하는 방침을 고수하고 있다.

수수방관.

이 정도면 여러분도 차단기를 내릴 마음이 생기지 않을까?

내가 몸담고 있는 선종을 설립한 한국 스님에 얽힌 또 다른 이야기가 있다. 대선사님은 전세계 종교 지도자들이 한자리에 모여 훈훈하게 인간적인 대화를 나누면 세계평화를 이룰 수 있다고 생각했다. 전세계 지도자들이 다 같이 목욕을 하는 것이다.

대선사님이 생각하기에 전세계 지도자들을 한 욕탕에 모으려면 교황의 초대장이 필수였다. 그는 교황이 이런 편지를 써주길 바랐다. "친애하는 종교 지도자님께. 우리 다 같이 뜨거운 욕탕에 들어가 세계평화를 이룰 수 있는 방법을 연구하는 게 어떻겠습니까? 교황 올림."

때문에 대선사님은 초청장도 없이 비행기를 타고 로마로 건너가 바티칸시티 안으로 들어가서는 교황을 만나고 싶다고 말했다. 경비는 미리 약속을 잡지 않았으니 안 되겠다고 했다. 그러면서 그를 다른 사제에게 보냈다. 하루 이틀이 지나자 사제가 그를 주교에게 보냈다. 2, 3일이 지나자 이번에는 주교가 추기경과 약속을 잡았다.

전하는 이야기에 따르면 문제의 추기경은 대선사님이 제안한 목욕탕 회담의 효용성을 느끼지 못했던 터라, 대선사님의 시도는 거기에서 끝이 났다.

그런데 선가(禪家)에서 이 이야기가 회자되는 것은 대선사님의 '일단 저지르기' 정신 때문이다. 가만히 앉아서 최선의 방법이 무엇일까 고민하기보다 세상을 구하러 나서자는 뜻이니 말이다. 각자의 위치에서 시작하면 일부는 실패하더라도 우리 중 한 명 혹은 우리들 천 명 중 두세 명은 결승선을 지나 임무를 완수할 것이다.

만약 그렇지 못하더라도, 대선사님과 교황의 이야기를 접한 수많은 제자들이 그랬던 것처럼 우리를 보고 다른 수천 명이 각자의 위치에서 일단 저지를 것이다. 그중 한 명이라도 성공하면 대선사님의 황당한 시도는 의미가 있는 것이다.

솔직히 대선사님은 살짝 어이없는 시도를 한 것이었고, 나도 마찬가지이다. 전기를 끊겠다니…… 하지만 나는 세상이 어떻게 될지 알면서 수수방관하는 괴짜가 되느니 뭐라도 시도하는 괴짜가 되겠다.

그리고 가끔은 어이없는 시도가 이런 일에 필요한 세간의 관심을 끌기도 한다.

인터뷰 요청이 쇄도하고, 나는 이 15분의 유명세로 사람들의 생각을 바꾸고 싶은 마음이 무엇보다 간절하다. 나는 경험이 풍부한 몇몇 환경운동가에게 전화를 걸어 조언을 구한다. 무슨 말을 하면 되느냐고 묻는다.

그중 한 명이 이렇게 말한다.

"모든 사람들이 당신을 따라하면 환경문제가 내일 당장 해결되겠죠. 하지만 그럴 리 없을 테니 전등을 바꿨으면 이제 국회의원을 바꿀 차례라고 알려주세요."

그러니까 앞으로 텔레비전에 나가거나 기자들과 인터뷰를 할 때, 나는 고작 몇 개월 동안 이 프로젝트를 진행한 것뿐이라 권위 있는 사람이 못 되니 20년 경험의 전문가한테 들은 말을 대신 전하겠다고 이야기 해야 할까? 하지만 한 가지 문제가 있다. 나는 그와 생각이 다르다는 것이다.

나는 국회의원을 바꾸는 것만으로는 절대 부족하다고 생각한다. 정치인들을 설득할 필요도 있지만, 이곳 미국에서 필요한 것은 배출되는 이산화탄소의 양을 95퍼센트 정도 줄이는 일이다. 이것은 어마어마한 일이다. 법만으로는 할 수 없는 일이다. 국회의원을 바꾼다고 — 국회의원 교체는 하나의 변수에 불과하다 — 될 일이 아니다.

정부뿐 아니라 사회가 바뀌어야 한다. 기존의 관행은 싫다. 나는 그보다 더 나은 것을 원한다. 인간과 지구, 양쪽 모두를 더 행복하게 만드는 생활방식을 원한다.

내 모습에 내가 놀란다. 기자들에게 남이 시킨 대로가 아니라 진짜 내 생각을 말하고 있다. 내 목소리를 찾고 있다. 우리는 각자 개인적으로 우리가 살고 있는 이 세상에 대해 책임을 져야 한다. 우리의 권력을 더 이상 정치인들에게 위임하지 말아야 한다. 우리 모두 세상에 기여할 수 있다고 믿어야 한다.

미셸이 씩씩대며 집으로 들어선다. 어느 친구가 『뉴욕타임스』를 읽었는데, 그걸 보고 자기 아내가 미셸과 악수도 하지 말라고 했다는 것이다. 우리더러 정나미가 떨어진다는 거야. 미셸이 말한다. 그녀는 살짝 눈물을 흘린다. 그러다 매직을 들고 화장실로 들어간다. 그녀는 벽에 이런 글을 남긴다. "내가 너더러 악수하자고 그랬니?"

한편 나는 전기를 쓰지 않지만 이산화탄소를 배출하는 집 안의 요소에 대해 여전히 고민 중이다. 요리, 난방, 온수. 이 세 가지에 대해서는 취할 수 있는 조치가 거의 없었다.

요리의 경우에는 이른바 '혐기성(嫌氣性) 소화기'에 대해 알아보았다. 혐기성 소화기는 썩어가는 음식 찌꺼기나 가축 배설물에서 배출되는 메탄가스를 모으는 밀폐용기를 말한다. 그런데 알고 보니 혐기성 소화기는 대도시의 아파트에서는 쓸 수 없는 물건이다. 홈 디팟에서 살 수도 없고, 프랭키가 있지만 배설물이 모자라다.

그다음으로는 다른 데 설치된 혐기성 소화기에서 뽑아낸 메탄가스를 깡통에 담아서 파는 게 있는지 알아보았다. "동물 똥에서 나오는 메탄가스를 어디에서 살 수 있는지 혹시 아세요?"라고 몇 군데 전화를 걸어보았지만 별 소득이 없었다는 점만 밝혀두겠다.

날것만 먹으면 되지 않느냐고 할 사람도 있을지 모르겠다. 그런 식단을 주장하는 사람들에게 개인적으로 악감정이 있는 것은 아니지만, 이미 반경 400킬로미터 안에서 생산되는 식품만 먹고 있는 상황이다보니 친구들이 그런 소리를 했을 때 나는 그냥 "생각해줘서 고맙다"라고만 했다.

현실적인 대체에너지원만 있었더라면 전기레인지를 쓰면 될 텐데, 가스레인지를 고수하는 수밖에 없었으니 내 탓이로소이다.

온수의 경우에는 찬물로 샤워하면 인체 일부기관의 혈액순환이 좋아진다고 장황하게 설명을 늘어놓은 사람이 있었다. 나는 참고해보라는 뜻에서 그들의 이메일을 미셸에게 전하겠다고 했다. 하지만 그 방법 말고는 온수를 아껴쓸 수 있는 비법을 계속 찾는 것으로 만족하는 수밖에 없었다.

난방의 경우에는 음식점에서 버린 쿠킹호일로 만드는 바이오디젤을 쓰자고 우리 아파트 주민들을 설득할 방법이 없을까 알아보았지만, 난방유를 제조하는 회사 중에서 바이오디젤을 공급하는 데가 한 군데도 없었다. 따라서 라디에이터를 끄는 수밖에 없었는데, 라디에이터를 끄고도 겨울 내내 가끔은 창문을 열어야 했다.

우리는 노 임팩트 프로젝트를 통해 기본적인 부분만 해결하는 수준으로 자원 소비를 최대한 줄였다. 우리는 더 이상 낭비하지 않았다. 하지만 기본적인 부분을 해결하려면 여전히 사회에 의존하는 수밖에 없었다. 그런데 알고 보니 우리 사회는 친환경적으로 선택할 여지가 많지 않았다.

핵에너지라는 대안에 대해 짤막하게 짚고 넘어가자면,
보험업계에서는 핵에너지 산업을 위험한 업종으로 간주한다. 따라서 핵에너지 업체는 정부의 보조를 받는 자가보험체제로 운영된다. 나는 핵에너지 산업이 기업보험에 가입할 수 있을 만큼 안전해지면 대안으로 진지하게 고려해볼 것이다. 하지만 아무리 보험 가입이 되더라도 이익의 수혜자인 주주, 투자자, 임원들이 공장에서 나온 핵폐기물을 자기 집 지하실에 기꺼이 보관할 만큼 안전을 장담해야 한다는 것이 선행조건이다.

한편 인도와 중국에 대해 짤막하게 짚고 넘어가자면,

사람들은 인도와 중국을 손가락질하며 기후변화의 주범이라고 이야기한다. 전세계적으로 개발도상국에 재생에너지를 공급할 방법을 찾아야 하는 것은 사실이다. 하지만 중국이 설령 미국만큼 온실가스를 배출한다 해도 인구가 다섯 배이다.

이러니저러니 해도 미국과 대부분의 서유럽 국가들에서 국민 일인당 배출하는 이산화탄소를 따지면 중국의 다섯 배이다. 따라서 내가 인도와 중국에 대해 하고 싶은 말이 있다면? 우리 걱정이나 하자는 것이다.

나는 더워서 냉장고가 없으면 음식이 금세 상하는 나이지리아 북부에서 개발된 신기한 물건으로 이자벨라의 우유 문제를 해결한다. 모하메드 바 아바라는 교사가 개발한 '단지 속의 단지'는 큰 질그릇 단지 안에 작은 단지를 넣고 그 사이를 젖은 모래로 채운 물건이다. 안쪽 단지에 우유와 채소를 넣고 뚜껑을 닫으면 된다.

알렉스 스테픈이 쓴 『월드 체인징』에 따르면 축축한 모래에서 수분이 증발하면서 기온을 떨어뜨리는 것이 '단지 속의 단지'의 원리이다. 그 결과 안쪽 단지와 그 안에 든 물건이 서늘한 상태를 유지한다는 것이다. 나이지리아에서 3일이면 썩던 가지를 단지 속의 단지에 넣어두자 27일 동안 끄떡없었다. 하루면 썩던 아프리카 시금치는 12일 동안 끄떡없었다. 덕분에 음식의 청결도와 전반적인 건강상태가 양호해졌다.

다시 미국으로 돌아와 뉴욕의 여름과 싸워야 하는 나는 큼지막한 단지를 찾아 뉴욕 일대를 헤맨다. 그러다 새 물건을 사지 않기로 맹세한 사실을 떠올린다. 다행스럽게도 우리 아파트 지하에 커다란 화분 두 개가 있고, 어느 건설현상 인부가 버리고 간 모래주머니도 있다. 나는 그걸 집으로 들고 올라와 작업을 마친다. 우유 문제가 해결됐다, 일단은.

한편 나의 부탁을 받은 블로그 독자들이 전기 없이 빨래할 수 있는 각양각색의 방법을 제시한다. 앨리라는 여성은 남아프리카공화국의 기숙학교에 있었을 때 어떤 식으로 빨래를 했는지 이메일로 알려주었다. 온갖 빨래를 욕조에 넣고 두세 시간 동안 물에 담근 다음 반바지를 입고 욕조 안으로 들어가 때가 빠질 때까지 밟으면 된다고 했다.

빨래를 커다란 양동이에 넣고 화장실 '뚫어뻥'으로 뒤흔들라는 등, 여러 가지 방법들이 답지했다. 그런데 개가 혀로 내 얼굴을 핥도록 내버려두면 안 되는 이유가 그 혀로 또 어디를 핥았는지 알 수 없기 때문이다. 화장실 '뚫어뻥'으로 빨래를 하려니 딱 그런 기분이다. 게다가 앨리가 알려준 방법이 훨씬 더 재미있을 것 같았다.

나 혼자만 그렇게 생각한 게 아니었다. 처음으로 시도해보았을 때 — 나는 정말로 전기를 끊기 전에 온갖 방법을 다 시험했다 — 이자벨라도 당장 끼어들었다. 그러더니 "엄마도 같이해요"라고 어찌나 큰 소리로 부르는지 미셸도 거드는 수밖에 없었다. 우리는 빨래 위에서 점프하며 난장을 쳤고, 앞으로는 이 일을 '포도 밟듯 빨래하는 날'이라고 부르기로 했다.

전기 금지 단계의 마지막 항목을 준비할 차례가 됐을 때 내 친구 엘리자베스가 '솔라 원'이라는 회사에 연락해 일반 창문 크기의 전지판 하나면 되는 휴대용 태양광 발전장치를 빌렸다. 우리는 전지판을 들고 몰래 옥상으로 올라가서 전선을 우리 집 창문과 연결했다.

서류가방 크기의 외장 배터리가 당장 내 노트북과 인터넷 모뎀에 힘을 불어넣고, LED 램프에 연결된 몇 개의 큼지막한 배터리를 충전한다. 우리 집이 타임스 광장처럼 환해지지는 않겠지만, 전기를 끊는 날을 앞두고 흔들리던 내 마음을 다잡기에는 충분하다.

단 한 가지 문제가 있다면 무슨 이유에서인지 이 망할 '단지 속의 단지'가 효과가 없다는 것과, 포도 밟듯 빨래를 하거나 말거나 이자벨라와 미셸이 조만간 흥미를 잃을 게 분명하다는 것과, 네 시 반이면 해가 지는 겨울에는 태양전지판 하나로 쓸 수 있는 전력에 한계가 있다는 것이다.

친한 선배 메이어가 추진 중인 로컬 푸드 먹기 운동의 일환으로 라과디아 마을농장에서 당근을 심고 있는데, 전기를 끊다니 말도 안 되는 일이라고 메이어가 펄쩍 뛴다.

"메이어, 전기를 끊는 것 자체가 목적이 아니에요. 우리의 소비행태를 끊임없이 점검하자는 거죠."

"나도 알아, 콜린. 그래서 걱정이 되는 거야."

"그뿐 아니라 언론에서 관심을 보이고 있으니까 내 시도가 좀 황당해 보이더라도 덕분에 좋은 이야기를 전파할 만한 기회가 생기지 않겠어요?"

내가 조금 어리광을 부리고 있는 건지 모른다. 메이어는 시민운동과 반전운동으로 잔뼈가 굵은 베테랑이고 나는 그의 의견을 존중한다. 그런데 잠시 후 그가 한 말 때문에 머리가 멍해진다.

"거대 언론에서 자네를 좋아할 수밖에. 자네가 개인적인 차원에서 전기를 아껴써야 한다고 말하면서 기업들이 우리를 죽이고 있다는 사실을 잊게 만들고 있잖아. 저들이 세상을 파괴하고 있는데, 자네는 쓰레기 걱정만 하고 있단 말이지."

또 다른 날, 이번에는 콩을 심고 있다. 이번에는 메이어가 좀더 부드럽고 너그럽다.
"누가 시발점이 될지는 아무도 모르는 일이잖아? 우리 모두 각자 최선을 다해야지. 자네가 그 시발점이 될지도 모르는 일 아니겠어?"

또 다른 날, 이번에는 잡초를 뽑고 있다. 내가 메이어에게 반전운동을 벌인 지 35년째인데 왜 포기하지 않느냐고 묻는다.
"선배 눈에는 안 보이는지 몰라도 아직도 전쟁이 끊이지 않잖아요."
나는 시위를 통한 사회변화를 더 좋아하는 그를 살짝 비꼬려고 이런 말을 했을지 모른다. 어쩌면 아직도 마음의 상처가 남아서 그랬을 수도 있다.
메이어가 대답한다.
"세상이 달라질 거라는 기대는 애초에 포기했지. 그게 내 천성이니 세상에 조금이나마 기여할 수 있도록 계속 노력하는 수밖에 없다고 받아들였어. 나는 가만히 있지 못하는 사람이니까."

전기 끊기라는 황당한 일을 앞두고 있으면 이런 생각을 하게 된다. 나의 실천으로 세상이 조금이라도 달라질 수 있을지 아니면 역효과를 낳을지 많이 걱정이 된다. 그러다 결국 이 세상이 달라지더라도 알 방법이 없다는 사실을 깨닫는다. 마지막에는 메이어의 대답 속에 들어 있는 궁금증만 남는다.

나는 천성적으로 가만히 있지 못하는 사람이 되고 싶은가 아닌가?

파티가 열린다.

우리는 노 임팩트 프로젝트를 진행하는 동안 이런저런 단계에서 파티를 열었다. 각자 반경 400킬로미터 이내에서 생산된 음식만 가지고 오는 로컬 푸드 파티를 연 적도 있다. 몸짓으로 알아맞히는 게임과 스크래블은 백 번쯤 했다. 우리 집 저녁식탁은 누구나 함께할 수 있다. 이번에는 전기 사용 금지 단계의 시작을 자축하는 파티이다. 오늘밤에 차단기를 내릴 생각이다.

우리는 큰 소리로 웃는다. 재미있는 농담을 한다. 몸짓으로 알아맞히는 게임을 한다. 모두들 푹 빠져 있다. 친구들은 대부분 우리 프로젝트를 응원한다. 내가 직접 하고 싶은 마음은 없지만, 네가 해준다니 반갑다. 그들은 농담조로 이렇게 말한다.

몇 주 전 로컬 푸드 파티 때는 내 친구 숀이 가을 수확기에 만든 사과소스를 들고 왔다. 직접 딴 사과로 만든 소스였다.

"계피만 로컬 푸드가 아니야."

그가 미안해하는 목소리로 말했다. 어떤 친구는 인근에서 난 달걀로 프리타타를 만들어왔다. 또 어떤 친구들은 인근에서 재배한 미니 채소를 들고 왔다. 모두들 누가 어디서 무엇을 들고 왔고, 있는 재료에 맞춰서 요리법을 어떤 식으로 바꿨는지를 놓고 이야기꽃을 피웠다.

노 임팩트 프로젝트 자체도 파티 때마다 항상 화제로 등장했다. 미셸의 상사인 로빈은 로컬 푸드 파티에 간다고 했더니 친구가 이렇게 물었다고 했다.

"나 원 참, 웃기네. 가구도 인근에서 만든 거래?"

숀이 말했다.

"솔직히 저도 이 프로젝트를 좋아하지만, 처음 이야기를 들었을 때 짜증이 나더군요. 하지만 왜 짜증이 나는지 파악하고 그 속내를 파헤쳐 보기로 했습니다. 우리는 간신히 현실을 외면하고 있는 상태 아닐까요? 다른 나라에서는 사람들이 굶어죽고 저녁은 어떻게 때워야 할지 막막한 상태인 현실을 우리 모두 어느 정도는 알고 있습니다. 그러면서 10달러를 주고 세 번쯤 들을 CD를 삽니다. 그 10달러면 누군가의 생명을 구할 수 있는데 말입니다.

모두들 알고 있지만 어떻게 하면 되는지 방법을 모르고 있는데, 이 황당한 노 임팩트 프로젝트가 등장해서 우리를 흔들어놓고, 현실을 상기시키고, 아슬아슬한 외면의 벽을 무너뜨려 미안해지게 만드니 처음에는 화가 나고 그렇게 만드는 사람한테 짜증이 날 수밖에요."

지금 이 파티가 끝나면 불을 끄겠지만 당장은 게임을 하고, 배꼽이 빠질 때까지 웃으면서, 달려온 뉴욕 시민들 모두 재미있는 시간을 보낸다. 우리는 텔레비전과 이런저런 것들을 없애는 대신 친구들을 얻었다. 한쪽 물길을 약하게 만들면 다른 쪽이 강해진다. 텃밭에서 잡초를 뽑으면 영양소가 풍부한 식물들이 자랄 공간이 생긴다.

하지만 이와 동시에 불편하고 창피한 마음도 있다. 전기 사용 금지라니 지금도 너무 극단적인 조치로 느껴진다. 나는 머뭇머뭇 밀랍양초를 한 개씩 나누어준다. 다 같이 10부터 숫자를 거꾸로 센다. 섣달그믐이라도 되는 것처럼 모두들 큰 소리로 외친다. 내가 차단기를 내리자 어둠이 사방을 덮는다. 성냥을 켜자 허공으로 불똥이 튄다. 내가 옆 사람이 들고 있는 양초에 불을 붙인다. 그는 다시 옆 사람이 들고 있는 양초에 불을 붙이고, 잠시 후 모든 양초가 환하게 빛난다. 낭만적인 순간이다.

하지만 그때 사람들 표정이 내 눈에 들어온다. 다들 이제 어떻게 하면 되느냐고 묻고 있는 듯하다. 촛불이 켜지자 다들 본능적으로 목소리를 낮춰 속삭이기 시작한다. 하품을 하기 시작한다. 어두운 불빛에 알맞은 일이라고는 잠밖에 없다. 차단기를 내리고 15분 만에 모두들 나가버린다.

처참한 기분이 든다.

이 프로젝트 이야기를 들으면 사람들이 불편해하면서도 생각을 하게 된다고 했던 손의 말을 되새기는 수밖에 없다. 에너지를 전혀 안 쓰고 살겠다는 뜻에서 전기를 끊는 게 아니다. 우리 땅을 희생시키지 않고 더 나은 삶, 더 만족스러운 삶을 살 수 있는 방법을 찾도록 우리 자신과 친구들과 관심을 보이는 모든 사람들을 자극하기 위해 끊는 것이다.

한마디로 말해서 교황을 욕탕으로 초대하기 위해 끊는 것이다.

뭐가 제일 힘든지 모두들 알고 싶어한다.

포장된 제품을 안 쓰는 건지, 어디든 자전거나 킥보드를 타고 다녀야 하는 건지, 냉장고 없이 살아야 하는 건지, 그것도 아니면 무엇인지.

사실은 다 틀렸다. 가장 힘든 일은 습관을 바꾸는 것이다. 나를 타성에서 끌어내 다르게 사는 법을 배우는 것이다. 하지만 당분간은 모든 게 다시 타성으로 돌아가고 싶어한다. 여기에서 '당분간'은 한 달을 뜻한다. 습관을 바꾸려면 한 달이 걸린다고들 한다.

그러니까 택시로 출근하고, 엘리베이터로 9층까지 올라가고, 키친타월에 코를 풀고, 딸아이에게 종이기저귀를 채우다 바꾸려고 하면 처음 한 달 정도는 아주 죽을 맛이다. 새로운 생활방식이 본질적으로 어려워서 그런 게 아니다. 모든 생활이 옛날 방식에 맞춰져 있기 때문에 죽을 맛이다.

성장통. 하지만 무슨 대안이 있을까? 성장을 멈춰버리는 것?

우리 사회가 기후변화나, 우리의 건강과 행복과 안전을 책임지는 서식지의 다른 위기상황에 대해 정말로 대처할 마음이 있으면 성장통을 겪어야 한다. 석탄을 캐서 먹고사는 탄광촌은 어떤 식으로 도와야 할까? 고속도로 대신 철도를 건설하면 자동차산업은 어떻게 해야 할까? 자원 집약적인 소비경제에 제동을 걸면 어떨까?

이것이 우리가 절룩거리면서도 여기까지 걸어온 이유이다. 이것이 정치인들이 기후 문제를 해결하기 위해 뭐든 할 것처럼 구는 게 정치적으로 불가능한 이유이다.

정치인들은 우리 별이 감당할 수 없는 쪽에서 감당할 수 있는 쪽으로 생활방식을 바꿀 때 생기는, 습관 변화로 인한 불편함을 우리가 원치 않을 거라고 생각한다. 우리가 성장통을 바라지 않을 거라고 생각한다. 하지만 그들은 성장통의 이면에 성장이 있다는 사실을 알지 못한다. 경제적인 성장이 아니라 — 경제적인 성장이 가장 중요한 요소는 아니지 않은가 — 인간적인 성장이 말이다. 생활방식의 성장. 삶의 질의 성장.

다른 단계에서 그랬던 것처럼 지금 이 전기 단계에서도 똑같다. 처음에는 성장통이 찾아온다. 그런 다음 인간적인 성장이 찾아온다.

앞에서 말한 '단지 속의 단지'는 효과가 없었다. 적어도 내 입장에서는 말이다. 우유가 상했다. 야채는 썩었다. 두세 번은 음식에서 고약한 냄새가 풍겨 로컬 푸드 규칙을 어기고 외식을 하는 수밖에 없었다. 그러다 나는 사는 양을 줄이고 장을 자주 보면 된다는 것을 터득했다. 일주일에 한 번이 아니라 세 번씩 농산물 직거래 시장에 갔다. 이자벨라에게 주는 우유는 저장용 우유—다른 말로 하면 치즈—로 바꾸었다. 줄기가 있는 채소들은 꺾은 꽃처럼 물에 담가 신선도를 유지했다. 노하우를 터득하기까지 시간이 좀 걸렸지만, 결국에는 모든 게 아무 문제 없었다.

또 다른 엄청난 문제는—미셸보다 내 입장에서 더 엄청난 문제였다—전력이 부족해 노트북을 밤새도록 켜둘 수 없다는 것이었다. 그래서 내가 채택한 방법은 낮에 일을 하는 것이었다. 정말 근사한 생각 아닌가! 야근이라는 거머리에 피를 빨리지 않고 낮에 끝내다니! 낮에는 부득이하게 일에 시간을 할애하겠지만 저녁시간은 나와 나의 가족에게 바치겠다니!

다들 재물과 에너지와 현대생활의 온갖 장비들이 우리를 자유롭게 만든다고 생각하지만, 나도 그런 것 없이 얼마 동안 지내보지 않았다면 그로 인해 또 얼마만큼 족쇄가 채워지는지 알지 못했을 것이다. 전기는 이자벨라와 놀아주어야 할 밤에도 일을 할 수 있는 '자유'라는 족쇄를 채웠다.

전기 사용 금지 단계가 시작되자 제빵기를 켤 방법이 없는데 무슨 수로 계속 빵을 굽느냐고 진지하게 묻는 이메일이 여러 통 답지했다. 제빵기? 우리가 언제부터 기계가 없으면 빵을 만들 수 없다고 생각하게 됐을까? 그것이 자유일까 아니면 기계에 대한 강제적인 의존일까?

인간에게 놀라운 점이 있다면 함께 전진한다는 것이다. 우리는 집단에 속하는 것을 좋아한다. 소속집단이 가는 방향으로 움직인다. 집단의 일원이 되는 것은 지역사회의 사랑을 느끼고 싶다는 뜻이고, 집단 밖으로 나가는 것은 어떤 의미에서 그런 사랑을 거부하겠다는 뜻이니 같이 움직이는 것도 좋은 일이다. 그런데 문제는 그러는 동안 집단이 움직이는 방향에 대해 책임지는 사람이 아무도 없다는 것이다.

우리는 지금 이 문제를 얼른 결정해야 한다. 이 집단은 이제 어느 방향으로 가야 할까?

내가 한 가지 알게 된 사실이 있다. 전기를 끄고 돌아다니면 반진보주의자라는 딱지가 붙을 수 있다는 것이다. 처음에는 전기를 아예 차단하더니 이제는 푸드 프로세서나 블렌더나 식기세척기나 전자레인지나 심지어 냉장고마저 애당초 필요 없는 물건이었다고 말을 하고 있으니 말이다.

그런데 여기서 잠깐. 내가 여기에 세탁기를 포함시키지는 않았다. 덜렁대고 흰옷을 사랑하며 음식을 잘 쏟는 아내와 아장아장 걸어다니는 아이의 옷을 한두 달 정도 손으로 빨아보면 왜 그랬는지 여러분도 알 수 있을 것이다. 사람들이 뭐가 힘드냐고 묻는다. 그러면 나는 다른 나라의 수많은 사람들이 그러는 것처럼 우리 가족이 입는 옷을 손빨래하는 게 힘들다고 말한다.

그러자 사람들이 나를 반진보주의자라고 부르기 시작한다. 가끔은 화가 난다는 듯이 이렇게 덧붙이기도 한다.

"그럼 옛날로 돌아가 결핵이나 걸리면서 살자는 건가요?"

나는 대답한다. "아뇨. 그만한 경제적, 환경적 대가를 치르면서 금속과 플라스틱으로 만든 제빵기라고 부르는 기계를 살 필요가 있는지 가끔 궁금할 뿐입니다."

"뭐, 제빵기가 나오기 전에도 결핵은 있었으니까요."

200년의 산업혁명 동안 더 좋은 제품을 더 많이 생산하게 되면서 어떤 제품들은 절정에 도달했을지 모른다. 우리는 수익이 감소하는 시점에 이르렀을지 모른다. 완벽의 경지에 다다랐을지 모른다. 자원을 쓰면 쓸수록 더 불행해지는, 더 이상의 발전이 불가능한 시점에 이르렀을지 모른다.

지난 200년 동안 해왔던 일을 계속하는 것은 성장이 아니다. 똑같은 일의 반복에 불과하다. 한 길을 걷는 것을 발전이라고 할 수는 없다.

이제는 휴대전화가 너무 완벽해져서 아이폰이 탄생될 지경에 이르렀으니, 예를 들면 닌텐도 위 같은 제품을 만든 똑똑한 사람들이, 마실 물이 없는 10억 인구에게 깨끗한 식수를 제공할 방법을 알아낼 수도 있지 않을까?

발전 이야기가 나왔으니 말인데, 2007년 2월에 유니세프는 건강, 교육, 가족관계 등 여러 가지 요소를 감안해 21개 선진국 어린이들의 전반적인 행복도를 측정한 적이 있었다. 이 21개 나라 중에서 미국은 20위였다. 영국이 21위였다.

하지만 뭐, 그래도 여기 미국에는 제빵기가 있다.

집에서 전기를 쓰지 않으니 줄창 휴가를 즐기는 것 같다고 미셸이 말한다. 매일 밤마다 우리는 밖에서 할 일을 찾는다. 워싱턴 광장 공원에서 이자벨라의 친구들과 분수대에서 놀고 강까지 걸어간다. 그런 다음 어두컴컴한 집으로 돌아와 이자벨라를 재우고 촛불 옆에서 나지막이 대화를 나눈다.

어느 날 밤에는 개똥벌레가 한창이라 유리병을 들고 주말농장에 간다. 우리는 반짝이는 조그만 불빛들을 잡아서 유리병에 넣어서 이자벨라에게 구경시킨 다음 놓아준다.

"아빠, 이거 아주 재미있어요."

이자벨라가 이렇게 말한다. 우리는 컴컴한 아파트로 돌아가봐야 별 의미가 없기 때문에 해가 진 뒤에도 공원에 남아서 일본 음악학도들이 연주하는 바흐를 듣는다.

테크노의 세계는 여기에 끼어들지 못한다. 우리는 잠깐 숨을 돌리는 듯한 기분이다. 여름이 찾아왔고, 농산물 직거래 시장을 통해 온갖 과일들이 우리 생활 속으로 우르르 쏟아진다. 나는 전기가 없어서 어차피 일도 못 하니 이자벨라와 많은 시간을 보낸다.

"아빠, 불 켜요."

전기를 끊은 첫날, 어두컴컴한 아파트로 돌아왔을 때 이자벨라가 말한다.

"이제는 불 없어. 촛불밖에 없어."

내가 말한다.

다음날 밤에 집으로 돌아왔을 때 이자벨라는 눈 하나 깜빡이는 법 없이 이렇게 말한다.

"아빠, 촛불 켜요."

우리는 식탁에 둘러앉아 촛불을 켜고 블루베리와 딸기와 자두를 먹는다. 그런 다음 이자벨라는 자고 미셸과 나는 이야기를 나눈다. 우리는 대부분 열 시면 잠자리에 든다. 사람들이 만날 때마다 우리더러 안색이 좋아 보인다고 한다.

미셸과 내가 토요일 아침 일찍 농산물 직거래 시장을 찾았는데, 아주 기품 있고 교양이 넘치는 숙녀가 삼륜자전거를 타고 우리 옆을 지나간다. 그 안에는 로컬 푸드가 잔뜩 실려 있을 뿐 아니라 뒤쪽의 벤치 비슷한 자리에는 남자아이가, 그 뒤 조그만 공간에는 케언테리어(스코틀랜드 종의 다리가 짧고 작은 개—옮긴이)가 앉아 있다.

"그 여자야."

미셸이 내 귀에 대고 속삭인다.

미셸이 여기저기에서 마주친 적 있는 여자이다. 미셸은 벼룩시장에서 자기 몫으로 중고 슈윈 자전거를 샀지만, 자전거에 이자벨라를 태우는 문제에 대해 여전히 불안해한다. 그녀는 이 여자처럼 멋지고 안전해 보이는 자전거만 구할 수 있으면 고려해보겠다고 했다.

"가보자."

나는 미셸에게 이렇게 말하고, 여자를 뒤쫓아 달린다.

나는 그녀에게 다가가 어디에서 자전거를 샀느냐고 묻고, 그녀는 조지 블리스라는 천재에게 주문 제작했다고 말한다. 조지 블리스는 삼륜 택시를 처음으로 선보인, 뉴욕 자전거업계의 유명인사이다.
"그분한테 부탁해서 만들면 돼요."
여자가 말한다.
"그런데 그게 불가능하네요. 저는 새 물건을 살 수가 없거든요."
나는 그녀에게 노 임팩트 프로젝트에 대해 설명하고, 그래서 중고밖에 못 산다고 말한다.
"혹시 똑같은 걸 한 개 더 가지고 계시지는 않겠죠?"
나는 농담 삼아 묻는다.
"사실 한 개 더 있어요."
그녀가 말한다.
며칠 뒤에 나는 삼륜자전거로 시내 곳곳을 누비고, 이자벨라는 뒷자리에서 그 어느 때보다 즐거워한다. 미셸도 시도해보더니 며칠 뒤에 이렇게 말한다.
"당신은 당신 자전거 타. 이건 내 거야."
뉴욕에서 자기나 딸을 자전거에 태우고 다닐 생각은 하지도 말라고 했던 사람이!
하지만 나도 홀딱 반했다. 알고 보니 삼륜자전거야말로 맨해튼의 교통기관을 완벽하게 대체할 만한 수단이다. 농산물 직거래 시장에서 산 식료품을 집으로 싣고 올 때도 좋고, 이자벨라를 뒤에 태우고 다니면 우리 둘 다 너무 재미있다. 나는 허드슨 강 인근에 있는 조지 블리스의 자전거 가게로 찾아가 —이름이 '허브 스테이션'이다— 새 자전거를 살 수 없는 이유를 설명한다.

"중고품으로 이런 자전거를 만드는 데 도전해보실 생각 없으신가요?"

내가 묻는다. 알고 보니 그가 도전만큼 좋아하는 것도 없다.

그는 중고 다목적 삼륜자전거를 구하고, 여기저기 재활용품 수거함을 뒤져 버려진 베니어판을 줍는다. 그리고 몇 주 뒤에 새로 만든 중고 인력거가 산타의 초록색 썰매 비슷하다고 생각하는 이자벨라와 친구들을 위해 나는 루돌프 사슴으로 변신한다.

갑자기 맨해튼이 섬으로 변한다. 우리는 그 어느 때보다 빠른 기동력을 자랑한다. 우리는 저녁이 되면 지금까지 걸어가본 적은 없고 택시를 타기에는 우스웠던 허드슨 강 공원 잔디밭에서 거의 날마다 뒹군다.

한밤중에 일어난 이자벨라가 시트가 다 젖도록 구토를 한다. 걱정이 된다. 겁이 난다. 하지만 이탈리아 사건이 재연되는 것은 아니다. 이번에는 우리 딸이 죽는 건 아닐까 싶어 두려움에 떨지 않는다. 아직은 그렇다.

이자벨라가 온통 토해놓아서 시트를 갈아주었더니 다시 토해서 시트 두 장과 파자마 두 벌이 못 쓰게 됐다. 이 산더미 같은 빨래를 손으로 할 재간이 없다. 나는 참담한 기분으로 아파트 지하에 있는 세탁기를 돌린다.

그리고 바로 이 순간, 손빨래를 포기한다.

전기 사용 금지 단계에서 가장 크게 깨달은 교훈이 이런 것들이지 싶다. 자원을 쓰지 않는 데에도 마지노선이 있다는 것. 그 밑으로 내려가면 생활이 비참해진다는 것. 아무리 지구를 구한다손 쳐도 자발적으로 그 밑으로 내려가 계속 그렇게 살 수는 없다는 것.

이 시점에 이르자 자원 절약이 생활을 개조하는 수단으로 느껴지지 않는다. 우리 스스로 파업을 외치고 새로운 길을 선택하는 수단으로 느껴지지 않는다. 그 대신 결핍으로 다가온다. 지금까지 나는 적게 써야 행복해진다고 이야기했지만, 행복 곡선이 밑으로 꺾이기 시작하는 시점이 있다.

아이가 시트를 더럽혀놓았는데, 자발적으로 세탁기 사용을 자제할 부모는 없을 것이다. 학교에 들어간 아이에게 스탠드를 사주지 않을 아빠는 없을 것이다.

이것도 감안해야 할 요소이다. 우리는 미국과 서유럽의 일부 국민들이 적게 쓰는 방법을 고민하는 한편으로 남반구의 국민들이 더 많이 누릴 수 있는 방법도 고민해야 한다. 나는 전기를 끊고 나서 문제를 해결할 때 고려해야 할 부분이 두 가지라는 사실을 알게 된다. 첫번째로는 만족스러운 삶이 무엇인지 — 어떤 종류의 자원이 얼마만큼 있어야 행복해지는지— 고민해야 한다. 두번째로는 서양의 기준에서 보았을 때 자원 절약의 마지노선이라고 할 수 있는 그 수준까지 전세계 모든 사람들이 친환경적으로 접근할 방법을 고민해야 한다.

우리는 빨래 문제에서 두 손 들었을 뿐 아니라 커피를 안 마시는 것도 포기했다. 미셸이 금단증상을 견디지 못했다. 그리고 나는 커피숍에 둘이 같이 앉아 있는데, 커피를 마셔야 하는 상황에서 마시지 못하는 그녀의 모습을 견딜 수가 없었다. 그리고 솔직히 고백하건대 우리는 올리브유와 발사믹 식초 앞에서도 마음이 약해졌다.

하지만 몇 가지 부족한 부분을 제외하고는 모든 게 예전과 거의 다름없다. 우리는 쓰레기를 만들지 않는다. 한두 번을 제외하고는 여행하면서 이산화탄소를 배출하지도 않는다. 삼륜자전거를 타고 다닌다. 커피와 샐러드드레싱을 제외하고는 로컬 푸드만 먹는다. 새 물건은 사지 않는다. 세탁기를 돌릴 때 말고는 플러그를 통해 공급되는 전기를 쓰지 않는다. 프로젝트를 시작하고 7개월이 지났다.

물을 쓰는 문제는 몇 군데 손을 봐야 할 것이다. 그리고 긍정적인 영향으로 부정적인 영향을 상쇄할 방법도 연구해야 할 것이다.

하지만 앞으로 5개월 동안 거의 모든 부분에서 계속 이런 식으로 살기만 하면 된다.

아홉

피해를 보상하고 남을 만큼 훌륭한 일

사회 환원 단계로 넘어가기 전에 짚고 넘어가야 할 부분이 있다. 물 문제이다. 이 책에서 다루는 물 문제는 지구 온난화처럼 복잡하지는 않다. 투명한 가스가 배출되지도 않고, 그럴듯한 물리학적인 개념이 동원되지도 않는다. 언론에 거의 보도된 적이 없는 물 문제를 위해 우리 가족이 어떤 조치를 취해야 할지 고민하기 전에 알아야 할 기본적인 사항은 두 가지뿐이었다.

1. 물을 다 써버리면 마실 물이 없어진다.
2. 다 써버리지는 않더라도 유독물질과 오염물질을 계속 흘려보내면 마실 물이 없어진다.

아주 간단하다. 다음으로 알아야 할 사항은 이런 추세가 얼마 동안 계속되면 물을 다 써버리게 되는지, 이미 못 마시게 된 물이 얼마만큼

인지, 문제를 더욱 심각하게 만들지 않으려면 내가 어떻게 해야 되는지이다.

그래서 나는 이런 통계자료부터 읽기 시작한다. 지금으로부터 약 15년이 지나 2025년이 되면 전세계 인구의 3분의 2가 물 부족 현상을 겪을 것이다. 2050년이 되어 인구 30억이 추가되면 물 공급을 80퍼센트 늘려야 농작물을 재배하고 식수로 쓸 수 있다. 이 80퍼센트를 어디에서 구해야 할지는 아무도 모른다. 그런데도 우리는 오염과 남용을 통해 깨끗한 물을 위험한 수준으로 고갈시키고 있다.

미국을 예로 들면 한 가족이 날마다 평균적으로 사용하는 물의 양이 265리터이다. 그중 4분의 1이 변기 물을 내리는 데 쓰인다. 그러니까 전세계 10억 인구가 깨끗한 식수를 마시지 못하는데, 미국인들은 1년에 9조 4650억 리터의 물을 변기로 흘려보내고 있다는 뜻이다.

조사를 시작하기 전에는 나도 물 부족이 남의 나라 이야기인 줄 알았다. 남반구나 그런 데 이야기인 줄 알았다. 그런데 애리조나가 벌써 물이 부족해서 다른 데 손을 벌려야 한다. 캘리포니아는 식수가 20년 치밖에 안 남았다. 뉴멕시코는 10년 치이다. 환경보호협회의 추정에 따르면 지금처럼 계속 물을 헤프게 쓸 경우 앞으로 5년 안에 미국의 36개 주가 물 부족 현상을 겪을 것이라고 한다.

한편 애디론댁(뉴욕 주 북동부에 있는 산맥—옮긴이)의 호수들이 깨끗한 물을 넉넉히 공급해주는 뉴욕에 사는 나 같은 사람은 안전하다는 생각에 무관심해질 수 있다. 하지만 식수가 부족하다는 중국 북부, 아시아와 아프리카의 대부분, 미국 중서부, 남아메리카 일부와 멕시코는 내가 먹는 식량을 재배하는 곳이다.

그곳에 물이 없으면 나는 굶어야 한다.

이미 전세계적으로 예방이 가능한 수인성 질병 환자들이 병실의 절반을 차지하고 있다. 제2차 세계대전 이래 전쟁이나 분쟁으로 목숨을 잃은 사람들 수보다 설사로 죽은 아이들 수가 더 많다. 오염된 식수를 마신 아이들이 8초당 한 명 꼴로 숨을 거두고 있다.

물론 이자벨라는 그럴 일 없겠지, 이자벨라는. 하지만 이탈리아에서 그때, 내가 무릎을 꿇고 하느님에게 우리 딸을 데려가지 말라고 빌었던 그때, 의사들은 원인을 찾지 못했다. 물이 부족해서 탈수현상을 일으켰을 수도 있다고 했다. 아니면 무언가 잘못 마셔서 그런 것일 수도 있다고 했다.

어쩌다 우리는 이 지경이 되었을까? 제3세계에서 배출된 공장폐수의 90센트는 아무 처리도 하지 않은 채 강과 개울과 해변으로 흘러들어간다. 고약한 제3세계라고?

여기 이 뉴욕의 하수도는 비가 오면 땅속으로 흡수되지 않은 빗물 덕분에 1년에 약 50번쯤 넘쳐 1020억 리터의 미처리 하수를 강으로 쏟아낸다. 전국적으로는 하수구에서 넘친 3조 2176억 리터의 물이 강으로 흘러들어간다. 공장과 농경지에서 배출되는 폐수는 제외하고 말이다.

하수를 가야 할 곳으로 제대로 보내 처리하고 가공하고 수분을 없앤 뒤에 남은 고형물은 다시 땅으로 돌아간다. 매립지로 향하거나 일부는 비료로 농경지에 쓰인다.

그런데 하수에 유독물질이 있다면 어떻게 될까? 결국에는 상수도 속으로 스며들게 되어 있다.

예를 들어 2002년에 전국적으로 인공화학물질과 호르몬을 조사한 결과에 따르면 시냇물 80퍼센트가 그런 물질로 오염되어 있었다. 발견된 화학물질 가운데 일부는 실제로 동물과 인간의 호르몬 체계를 어지럽힌다고 밝혀졌고, 또 다른 일부는 어지럽히는 것으로 추정되었다. 미국 일대에서는 고환에 미성숙 난자가 들어 있는 암컷 물고기들이 점점 더 자주 발견되고 있다.

2008년에 미국 지질조사국에서는 '바이오솔리드'—하수 처리시설에서 나온 진흙—를 비료로 사용한 콩밭의 지렁이에서 가정용품에 들어 있는 화학물질이 검출되었다는 조사결과를 발표했다. 우리가 변기로 흘려보낸 화학물질이 물뿐 아니라 농작물을 재배하는 농경지까지 오염시키고 있다.

7년 동안 바이오솔리드를 쓰지 않은 농경지의 지렁이에서도 페놀(소독약에 사용된다), 인산트리부틸(소포제와 내연제로 쓰인다), 벤조페논(비누와 기타 제품의 착향제로 쓰인다), 트리메소프림(살균제) 그리고 합성향료인 갈락솔리드와 토날리드가 검출되었다.

그중에서도 압권은 2007년에 발표된 환경실무그룹의 연구결과인데, 이에 따르면 우리 몸은 적은 양으로도 수컷 물고기를 암컷으로 바꿀 수 있는 화학물질, 즉 내분비계 교란물질로 오염되어 있다고 한다. 매니큐어에서부터 통조림, 항균성 비누, 세정제에 이르기까지 온갖 제품이 이런 화학물질을 함유하고 있다.

하수구와 정화조로 흘러들어간 것은 반드시 흘러나오게 되어 있다.

따라서 집이나 공장이나 논밭에서 사용된 수많은 화학물질은 결국

물로 흘러들어간다. 미국에서는 이런 화학물질이 검출되는지 조사하는 것을 의무조항으로 규정하지 않았기 때문에 생수도 믿을 수 없다.

그래도 내게 희소식은 있다. 노 임팩트 프로젝트의 일환으로 우리 집에서 수많은 화학물질의 사용을 중단하면 물로 흘러들어가지 않을 뿐 아니라 우리 가족이 그런 물질에 노출될 가능성도 사라진다.

그러면 우리는 어떻게 되는 걸까? 우리는 어디로 가고 있는 걸까? 물 운동가이자 『블루 골드』의 저자인 모드 발로에 따르면,

> 대부분 원자력으로 가동되는 담수시설이 전세계 바닷물을 에워싸고, 대기업이 나노기술로 하수를 정화해 민영화된 공기업에 판매하면 그 기업에서는 다시 엄청난 이윤을 붙여 우리한테 되팔고, 부자들은 전세계적으로 몇 군데 안 남은 청정지역에서 생산되거나 대기업이 관할하는 기계를 통해 구름에서 추출한 생수를 마시는 반면, 물 부족으로 사망하는 가난한 사람들은 점점 늘어날 것이다.

이것은 어느 공상과학소설의 이야기가 아니다. 우리가 도덕적, 환경적으로 시급하게 방향을 바꾸지 않으면 세계가 맞이할 운명이다.

사회와 지역사회 차원에서 물을 보존하고, 이를테면 땅속으로 흡수되지 않은 빗물 때문에 하수가 강으로 유입되는 것을 막을 방법은 많다. 친환경 옥상을 널리 사용하면 ―도심 건물 옥상에서 식물을 재배하면 단열효과가 생기기 때문에 냉난방 비용을 절약할 수 있다― 비를 흡수해 강물로 유입되는 오수를 줄일 수 있다.

부엌의 싱크대와 세탁기에서 나온 물을 거르고 재활용하는 생활폐수 시스템을 활용하면 마셔도 될 만큼 깨끗한 물을 변기로 흘려보내지 않기 때문에 식수 소비를 줄이는 데 많은 도움이 된다. 우리 별에도 좋고 우리에게도 좋은 생활 속의 방법은 — 제조업과 농업 분야에서 활용할 만한 방법은 물론이고— 이밖에도 얼마든지 많다.

하지만 아파트에서 집단적으로 행동할 방법이 부족하다보니 내가 쓰는 물이 환경에 아무런 영향을 미치지 않게 하는 조치는 한정적이다. 우리가 할 수 있는 일은 세 가지이다. 물 적게 쓰기, 시판되는 생수 마시지 않기, 폐수를 유독물질로 오염시키지 않기.

물을 적게 쓰기 위해 수도꼭지와 샤워기에 수압을 낮추는 장치를 설치하고, 목욕을 같이 하고, 변기 물 내리는 횟수를 줄이고, 옷을 한 번 이상 입은 뒤에 빨고, 수도꼭지를 꼭 잠근다.

시판되는 생수를 마시지 않으려면 수돗물을 마시면 된다. 이렇게 간단하게 해결할 수 있는 문제이다. 우리는 유리병을 들고 다니면서 음식점에 들어가 공짜로 물을 받는다. 한번은 어느 마음씨 착한 젊은 남자가 "좋은 걸 주겠다"며 자신의 큰 물통에 들어 있는 '폴란드 스프링(미국에서 시판되는 생수 브랜드— 옮긴이)'을 따라준 적도 있다. 나는 그게 왜 좋은 게 될 수 없는지 차마 이야기하지 못했다.

훌륭한 수돗물이 있고 수원이 비교적 풍부한 우리는 세계에서 가장 운이 좋은 나라인데, 사기업에서 생산하는 생수를 마심으로써 그들의 손에 이 나라의 운명을 맡기고 있다. 2008년에 기름값이 천정부지로 솟았는데, 앞으로는 물값이 그렇게 된다고 해서 걱정스럽다. 마시는 물을 기업의 손에 맡기면 지방자치단체에서 양질의 수돗물을 공급하는

데 필요한 세금이 부족해질 테고, 그러면 어느 날 물이 동날 것이다. 물이 동나면 가격이 오를 테고, 그러면 여러 기업에서 현재 매입 중인 수원으로 떼돈을 벌게 될 것이다.

폐수가 유독물질로 오염되는 것을 막으려면 집 주변에서 유독물질을 쓰지 말아야 한다. 아주 간단한 이치이다. 우리는 붕산나트륨과 식초, 베이킹 소다, '닥터 브로너'의 채유(菜油)로 만든 물비누로 청소용 세정제와 목욕용 세정제 만드는 법을 배운다. 알고 보니 겨드랑이 냄새를 없애는 데 베이킹 소다만 한 게 없다. 우리 지역 사람이 채유와 밀랍으로 만든 로션이 지금까지 써본 그 어떤 로션보다 우리 피부에 잘 맞는다.

베이킹 소다로 이를 닦으면 솔직히 상쾌하지는 않다. 하지만 생활용품으로 인한 포장재와 상수도로 흘러드는 유독물질을 아예 없앤다는 데 의의가 있다. 하수구로 들어간 것은 무엇이든 금세 자연분해된다. 우리가 쓰는 세정제 때문에 양성으로 태어날 물고기는 없을 것이다.

거의 모든 게 자리 잡힌 뒤, 노 임팩트 맨의 하루는 이런 식으로 진행된다.

1. 컨디션이 좋은 날은 (전기를 쓰지 않는) 태엽식 자명종이 울리면 두 여자보다 먼저 일어나 명상을 하며 잠깐 조용한 시간을 보낸다. 그렇지 않으면 이자벨라가 새로 산 어린이용 침대에서 우리 침대까지 두 발짝으로 건너올 때 미셸과 함께 눈을 뜬다. 옛날 그 '아기 우리', 아니 아기침대 시절이 얼마나 그리운지.

2. 미셸과 나는 우리에게 허락된 공간 안으로 몸을 구긴다. 그 공간은 침대의 4분의 1이다. 나머지 4분의 3은 자는 동안 서서히 프랭크의 차지가 된다. 이자벨라가 와서 자기도 눕겠다고 하면 우리 몫은 거기에서 또 반 토막이 난다.

3. 이자벨라가 얼마 동안 소리도 요란하게 엄지손가락을 빨다 프랭키를 따라 달리기 시작한다. (에어컨이 없으니) 열어놓은 창문에는 고릴라도 막을 수 있다는 안전 창살이 달려 있지만 이자벨라도 과연 막을 수 있을지 미셸은 의심스러워한다. 우리도 일어나는 수밖에 없다.

4. (물을 틀어놓지 않고) 컵에 물을 받아서 (베이킹 소다로) 이를 닦는다. 목욕하는 날인가 아닌가에 따라 목욕은 할 수도 있고 안 할 수도 있다(어쨌거나 물을 받아서 한 명씩 씻는다). 집에서 만든 아무 향도 안 나는 밀랍비누로 몸을 씻고, 베이킹 소다로 머리를 감는다.

5. 아침은 농산물 직거래 시장에서 산, 너무나도 파릇파릇한 칸탈루프 멜론과 빵이다. 에어컨도 없는데 32도가 넘는 날에 200도가 넘는 오븐을 쓰면 우리 가족이 나하고 못 살겠다고 할 수도 있기 때문에 지난 몇 주 동안 직접 빵을 굽지 못했다.

6. 둘 중 한 명이 — 누가 '말발'에서 이겼는지에 따라 달라진다 — 프랭키를 데리고 9층을 걸어 내려가 동네를 한 바퀴 돌고 다시 9층을 걸어 올라온다(자가동력으로 움직여야 하니 엘리베이터를 쓰면 안 된다). 길모퉁이 쓰레기통을 뒤져서 찾은 비닐봉지로 녀석의 똥을 처리한다.

7. (물을 아끼자고 한 덕분에) 발효되기 일보 직전인 옷으로 차려입는다.

8. 미셸은 가방과 자전거용 헬멧을 들고, 나는 이자벨라를 목마 태우

고, 비틀비틀 계단을 내려간다.

9. 유리병을 들고 '그레이 도그'에 들른다. 직원들이 내 유리병이라면 사족을 못 쓰기 때문에 종종 공짜로 커피를 얻어 마실 수 있다. 야외 벤치에 앉아 지나가는 사람들과 이야기를 나누는데, 우리 동네의 명물이 된 우리 삼륜자전거가 화제인 경우가 많다.

10. 둘 중 한 명이 이자벨라를 새로 옮긴 몬테소리 유치원으로 데려간다. 이동수단은 물론 삼륜자전거. 슬프게도 이자벨라는 얼마 전에 2년 동안 자기를 봐주던 베이비시터와 헤어졌다(페기, 고마웠어요. 항상 보고 싶을 거예요). 고맙게도 유치원은 1층이다(페기, 그 집 6층까지 걸어 올라가던 시절이 그립다고는 말 못 하겠어요).

11. 미셸은 내내 미소를 날리고 뭐라고 중얼거리며 6번가의 형편없는 자전거도로를 따라 삼륜자전거를 타고 출근한다. 나는 내 작업실인 공동작업실로 간다.

12. 미셸은 43층에 근무하기 때문에 여기에서만큼은 엘리베이터를 이용한다. 공동작업실은 12층에 있다. 나는 11층까지 계단으로 올라가 마지막 한 층을 남겨두고 엘리베이터를 탄다. 12층으로 가는 비상계단이 없기 때문이다. 나는 매번 이게 바보 같은 짓인지 아닌지 고민한다(내 다리는 바보 같은 짓이라고 한다).

13. 점심(보통 큼지막한 유리병에 담아온 과일과 치즈이다)을 먹은 뒤 농산물 직거래 시장에서 수천 계단은 됨직한 거리를 왔다 갔다 하며 장을 보고, 장본 물건을 집으로 가지고 와서, 프랭키를 산책시킨 다음 다시 공동작업실로 돌아간다. 농산물 직거래 시장은 제철 농산물로 넘쳐난다. 거기 가서 농민들과 농담을 주고받는 것이 나의 일상이다.

14. 다음날 블로그에 올릴 글을 쓰고 책 작업을 조금 더 한다.

15. 둘 중 한 명이 이번에도 자전거로 이자벨라를 데리러 간다. 내가 데리러 갔을 때는 이자벨라와 '유람'을 한다. 자전거로 여기저기 돌아다니며 모험거리를 찾는다는 뜻이다. 우리는 허드슨 강에 가서 저녁놀을 감상하거나 조지 블리스의 자전거 가게에 들러 그 집 개 스카우트와 놀거나 워싱턴 광장 공원의 분수대에서 논다.

16. 막 어두워지기 시작할 무렵 집으로 돌아가 미셸을 만난다. 저녁 메뉴는 대부분 샐러드와 달걀과 치즈이다(간단하고 신선한 상차림 덕분에 행복해지고 체중이 줄었다). 우리는 식탁에 둘러앉아 이야기꽃을 피운다. 태양열 스탠드를 하나 켜서 책을 읽는다.

17. 미셸과 내가 이자벨라를 재울 사람을 정하기 위해 동전을 던진다. 이자벨라는 졸리지 않다고 말한다. 우리는 언제 졸릴 것 같으냐고 묻는다. 아이는 "오늘 말고 다른 날"이라고 한다.

18. 내가 걸린 날에는 이자벨라의 침대에 앉아 이야기를 들려준다. 아이가 태어난 날과 노스 쇼어 동물보호소에서 프랭키를 구한 날과 내가 어렸을 때 빙 삼촌과 악어 사냥을 하러 나선 척했던 날에 대해 들려준다(물론 이자벨라는 빙 삼촌이 엽총으로 자살한 줄 모른다. 빙 삼촌 이야기를 해달라고 할 때마다 내 가슴이 얼마나 찢어지는지도 모른다. 그때마다 내가 얼마나 기운이 빠지고 속이 타는지도 모른다. 그래도 이야기를 들려주는 이유는 그녀가 원하는 것이라면 뭐든 해주고 싶어서인 줄도 모른다. 이자벨라는 말한다. "하나만 더요…… 하나만 더요, 네?").

19. 미셸과 나는 밀랍양초를 옆에 두고 이를 닦는다. 잠깐 대화를 나

눈다. 둘 중 한 명이 프랭키를 데리고 나간다. 그런 다음 조금 더 이야기를 나누다 아홉 시 반쯤 되면 어둠의 신호를 받은 우리 몸에서 이제 잘 시간이 됐다고 알린다.

커트 보네거트의 표현을 빌리자면 "그렇게 시간이 간다".

사회 환원 단계는 이런 식으로 시작한다.
나는 친구 모건과 함께 웨스트사이드 고속도로를 타고 조지 워싱턴 다리 바로 밑으로 간다. 여기에서 자전거도로로 허드슨 강둑까지 갈 수 있다. 강물의 쓰레기가 바다로 흘러들어가 거북들을 질식사시키기 전에 건져내자는 것이 우리의 계획이다.
우리는 북쪽으로 달리는 동안 어떤 쓰레기들이 있을지 생각해본다. 춥고 바람이 불지만 화창하다.
우리는 난간을 넘어 바위를 걸어 내려간다. 어찌 된 일인지 쓰레기가 내가 상상했던 것보다 훨씬 지저분하다. 축축하다. 게다가 믿어지지 않을 만큼 심각하다. 위에서는 얼마나 많은지 안 보이는데, 내려와보니 바위 사이마다 끼어 있다. 옷가지도 있고, 『뉴욕타임스』를 배달할 때 쓰는 비닐 포장도 있다. 랩은 너무 많다.
바보같이 내가 들고 온 것은 큼지막한 쓰레기봉투 두 개가 고작이다. 나는 한참을 걸어야 이 두 개를 채울 수 있을 줄 알았다. 그런데 강을 따라 5미터도 못 갔을 때 두 개가 가득 찼다. 우리가 치운 비닐봉지와 플라스틱병이 부지기수인데, 플라스틱병 중에서 최소한 두 개는 거기다 볼일을 보고 차로 지나가면서 창밖으로 던진 게 분명했다.

나는 사회 환원의 일환으로, 탄소를 흡수할 수 있게 나무를 심고 싶었다. 뉴욕 시에서는 돌아다니면서 마음 내키는 대로 나무를 심을 수 없기 때문에 여러 환경단체에 전화를 걸어 자원활동을 자청한다. '지속 가능한 사우스 브롱크스'의 활동가 필 실바는 나무 심기란 보기보다 복잡한 일이지만 이미 심은 나무를 죽지 않게 보살피는 방법은 많다고 한다.

알고 보니 지속 가능한 사우스 브롱크스는 뉴욕 시 공원관리부와 협력 아래 길거리 녹화사업을 진행 중이다. 가로수는 이산화탄소를 흡수할 뿐 아니라 도시의 열섬 현상을 완화시켜 에어컨의 필요성을 줄인다. 그런가 하면 공기 중의 디젤 분진을 걸러내고, 땅속으로 흡수되지 않은 빗물의 범람을 줄이며, 통계에 따르면 나무가 있는 것만으로 아이들의 학업성적이 향상된다고 한다. 게다가 가로수가 있는 거리는 기분을 좋게 만든다.

나는 쓰레기를 줍고 나무 구덩이—가로수가 심어진 인도의 구덩이—에 있는 개똥을 치우는 일을 돕는다. 젊은 자원활동가 여러 명과 함께 일을 하니, 왠지 모르게 노 임팩트 프로젝트가 이제야 실감이 난다. 나는 지속 가능한 사우스 브롱크스뿐 아니라 다른 여러 단체와 함께 자원활동을 한다.

'리버 트러스트'에서는 어린 굴의 치수를 측정해 살짝 전류가 흐르는 금속 격자판에 올려놓은 것이 성장속도를 앞당겼는지 알아본다. 뉴욕 주변의 물길에 굴을 다시 정착시키면 수질정화에 도움이 된다. 나는 '맨해튼 아일랜드 트러스트'와 손을 잡고 후원금 모금을 위한 수영대회도 참가한다. 뉴욕 주변의 강과 바다를 수영해도 괜찮을 만큼 깨끗하게 만들고 싶기 때문이다.

나는 여러 단체에서 자원활동을 하면서 환경운동은 적게 쓰는 운동이 아니라 더 많이 베푸는 운동이라는 사실을 깨닫는다. 배를 쑥 집어넣는 운동이 아니라 가슴을 내놓는 운동이다. 환경운동의 대상은 환경이 아니다. 인간이다. 인간을 위해 더 나은 미래상을 제시하기 위한 운동이다.

'대안적인 대중교통'의 폴 스틸리 화이트 소장은 뉴욕의 위험한 거리에서 자전거 사고로 고관절이 부러져 지팡이를 짚고 다닌다. 그는 복잡한 6번가로 나를 데리고 나가 차를 줄여야 한다고 이야기하지 않는다. 나무를 더 많이 심고, 밖에서 노는 아이들과 벤치에 앉아 쉬는 사람들을 늘리고, 스스로 표현하길 '살 만한 거리'를 만드는 방법에 대해 이야기한다. 줄이는 게 아니라 늘리는 게 그의 꿈이다.

'로어 이스트 사이드 환경센터'의 크리스틴 다츠-로메로 회장은 나에게 물건을 버리지 말고 계속 재활용할 수 있게 만드는 방법을 연구해보라고 한다. 그녀는 쓰레기가 제로인 세상, 즉 똑같은 것을 몇 번씩 짓거나 사지 않아도 되는 재료를 이용해 에너지 활용도를 높일 수 있는 방법에 대해 고민한다.

예를 들면 목이 마른 아이들에게 훌륭한 식수를 공급하는 방법 등에 대해서 말이다.

뉴욕의 물 운동가이자 여러 사회운동단체와 함께 SWIM('빗물 처리를 위한 기반시설이 관건이다')을 설립한 케이트 지다는 '평화와 정의를 위한 청소년 사역단' 회원들과 카누를 타고 지저분한 할렘 강을 통해 사우스 브롱크스를 관통하며 미래의 지역사회 지도자가 되는 법을 가르치는 자리에 나를 초대한다.

이렇게 지저분한데도 물고기떼가 우리 밑을 지나간다. 우리 배의 선장인 열여덟 살의 조미라는 지금 사는 동네를 탈출하는 게 부모님의 꿈이지만 지금 사는 동네를 더 살기 좋게 만드는 것이 그녀의 꿈이라는 이야기를 한다. 강에서 수영을 할 수 있으면 얼마나 좋겠어요? 물고기뿐 아니라 우리들을 위해서라도 깨끗하게 청소하면 얼마나 좋겠어요?

'평화와 정의를 위한 청소년 사역단'의 설립자이자 회장인 알렉시 토러스-플레밍은 아들이 이웃에서 흘러나온 유독가스 때문에 천식 발작을 일으켰을 때 아들의 침대에 누워 울었던 이야기를 한다. 그러면서 아이들이 마음껏 숨 쉴 수 있는 세상이 되면 얼마나 좋겠느냐고 한다.

이런 사람들과 만나서 이야기를 나누면 내가 지금까지 착각하고 있었다는 생각이 든다. 나는 무엇을 위해 살고 있었을까? 작년까지만 해도 가장 중요한 것을 외면하며 살고 있었다. 나는 남들을 위해 더 나은 세상을 만드는 데 평생을 바친 이런 사람들을 통해 인생의 진정한 의미를 어렴풋이 깨닫는다.

계절이 바뀌고 있다. 어둠이 찾아온다. 불 없이 살기가 점점 더 어려워지고, 프로젝트는 끝나가고, 나는 혼란스럽다. 어찌 보면 당연한 일이지만, 나는 사회운동단체에서 자원활동을 하며 그 어느 때보다 책임감을 느낀다. 나도 기여하고 싶은데, 프로젝트가 끝나는 날을 손꼽아 기다리는 내 모습이 한편으로는 부끄럽다.

쓰레기를 만들거나 새 물건을 사거나 먼 곳에서 생산된 테이크아웃 음식을 먹고 싶은 마음은 없다. 하지만 여행을 못 하는 것은 지긋지긋하다. 전기를 안 쓰는 것도 지긋지긋하다. 해가 짧아지니 태양전지판으로는 부족해 밤에 책을 읽거나 작업 분량을 늘릴 수가 없다. 어떤 주에는 4일 연속으로 비가 오는 바람에 전기 없이 산 적도 있다.

나는 혼란스럽다. 양심의 가책이 느껴지고 부끄럽다.

결국에는 이런 생활방식을 고스란히 유지할 마음이 있는지 고민하고 있으니 노 임팩트 맨으로 산 1년을 두고 세상 사람들에게 무슨 말을 할 수 있을까? 내가 선택한 일들을 두고 세상 사람들에게 무슨 말을 할 수 있을까? 나는 일을 너무 공개적으로 진행했다. 이제 와서 슬그머니 아무도 모르게 사라질 수는 없다.

사실 우리 부부는 훨씬 적게 써도 아무렇지 않게 살 수 있을 것 같다. 하지만 비행기 여행을 하지 않겠다는 약속은 지키지 못할 것 같다. 장거리 비행 한 번에 배출되는 이산화탄소는 미국에서 1년 동안 자가운전을 했을 때 배출되는 이산화탄소와 맞먹는다. 나는 환경의 순교자가 되지 못할 것이기 때문에 양심의 가책이 느껴진다.

그런데 개인적인 차원에서 자원 소비를 줄이는 것이 과연 진정한 발전인가 싶다. 대부분의 종교에서는 근본적으로 남에게 입히는 피해를 줄이라고 가르치는 한편으로 선행을 늘리라고 한다. 남에게 입히는 피해를 줄이는 데에는 한계가 있다. 하지만 내가 베풀 수 있는 선행에는 한계가 없다. 우리가 베풀 수 있는 선행에는 한계가 없다.

문제는 자원을 사용할 것인지 여부가 아니라 무엇을 위해 사용할 것인지이다. 우리는 삶을 개선하는 데 자원을 쓰고 있을까? 아니면 낭비하고 있을까? 내 인생 자체가 자원이다. 나는 이 자원을 어떤 식으로 활용하면 좋을까?

뜻밖에도 내가 제럴드 내들러 하원의원의 사무실에 나와 있다. 정치가 변화와 실천의 가능성을 잃었다는 판단 아래 손을 떼기로 결심한 뒤 개인적으로 실천할 방법을 모색하기 위해 시작한 것이 노 임팩트 프로젝트였는데 말이다.

하지만 나는 사회운동단체에서 자원활동을 하는 동안 개인적으로 생활방식을 바꾸는 것도 중요하지만, 혼자서 할 수 없는 일을 다 같이 하는 것도 중요하다는 사실을 알게 되었다.

'1스카이'라는 단체에서, 우리 손으로 뽑은 국회의원을 찾아가 기후변화에 대처할 방법을 의제로 상정하도록 촉구하자는 이메일을 보내왔다. 나도 동참한다. 나는 의원 사무실로 찾아가 기후변화에 적극적으로 대처해야 한다고 말한다.

그는 열심히 귀를 기울이고 고개를 끄덕이고 맞장구를 치지만, 거기에는 별다른 의미가 없다. 나와 사적으로 만난 자리에서 찬성하더라도 정치인들이 공개적으로 할 수 있는 일은 별개의 문제이니 말이다.

그래도 사무실로 찾아가고 몇 주가 지났을 때 이메일을 읽어보니 내들러가 새로운 석탄발전소 건립 중지를 요구하는 법안을 공동 발의하는 데 동의했다고 한다.

나는 내가 세상에 기여할 수 있을지 의심스러워하며 이 프로젝트를 시작했다. 하지만 중요한 것은 내가 세상에 기여하는지 여부가 아니다. 내가 노력하는 사람이 되고 싶은지 여부이다. 누구나 세상에 기여할 수 있다. 누구나 세상에 기여할 책임이 있다. 책임감 어쩌고 하는 게 부담스럽게 들릴지 모르겠지만, 나는 억울함과 무력감을 표현하기 위한 방편으로 이 프로젝트를 시작했다. 내가 세상에 기여할 수 있다는 사실을 알고 나니 너무나 홀가분하다.

우리에게 맡겨진 일은 간단하다. 세상에 영향을 미치고 있다고 생각하며 살면 된다. 역설적으로, 내가 무슨 일을 하건 세상은 달라지지 않는다고 생각할 때 남에게 가장 심각한 피해를 입히게 된다. 이익단체들에게는 자본이 힘이지만, 우리에게는 사람이 힘이다.

그런데 내가 앞으로의 방향을 모색하고, 지금까지 배운 것들을 이해하며, 인생이라는 미래 프로젝트의 행로를 결정하려고 노력할 때 어떤 일이 벌어진다.

나는 잠을 자고 있지만 반쯤 깨어 있다. 무슨 소리가 들리는데 정신을 차리기까지 어느 정도 시간이 걸린다. 이자벨라가 잠을 자고 있는 방 한쪽 구석에서 나는 소리이다. 꾸륵꾸륵 하는 소리이다. 나는 영문을 알지 못한 채 비몽사몽 헤맨다. 그러다 문득 깨닫는다.
내 몸이 침대 밖으로 튕겨져나간다. 이자벨라는 몸이 불덩이인데 각목처럼 뻣뻣하고, 물 밖으로 나온 물고기처럼 축 늘어져 있고, 눈동자는 흰자위만 보인다.
"미셸!"
내가 고함을 지른다.

신이시여, 제발.

미셸이 침대에서 튀어나와 비명을 지르기 시작한다.

"도와주세요! 도와주세요!" 그녀는 알몸으로 거실에 서서 고함을 지른다. "도와주세요! 도와주세요!"

하지만 어느 누구의 도움을 받을 수 있을까? 이 늦은 시각에. 집 안에 있는데. 이렇게 캄캄한데. 어느 누구의 도움을 받을 수 있을까?

"구급차 불러."

내가 큰소리로 외친다.

미셸이 통화를 하고 있다. 빌어먹을, 왜 저렇게 느릿느릿 움직이는 거야? 모든 게 왜 이렇게 느릿느릿 움직이는 거야? 이게 어떻게 된 일일까?

이자벨라는 내 무릎 위에 누워 있다. 몸이 위아래로 움찔거린다. 나는 바닥에 눕혀야 한다는 걸 알고 있지만, 그러려고 할 때마다 이자벨라가 소리를 지른다. 우리 딸의 몸에 악마가 들어가 있지만, 그래도 한마디는 할 수 있다. "아빠"라고, 계속 나를 부른다. 나더러 도와달라고 애원한다.

우리 딸이 나더러 도와달라고 애원하는데, 도울 방법이 없다.

내가 너무 멀리 있어서 그런 게 아니다. 나는 바로 옆에 있다. 그런데 나는 멀리 있는 기분이다. 몸은 내 무릎에 누워 있지만, 이자벨라는 밖으로 빠져나가 멀리서 도와달라고 나를 계속 부르는 것 같다.

"괜찮아, 우리 딸. 괜찮아."

나는 이렇게 말하지만, 전혀 괜찮지가 않다.

"아빠...... 아빠...... 아빠."

유령들이 나를 에워싼다. 그들에게 제압당하면 안 된다. 빙 삼촌의 유령. 데이비드의 유령. 이탈리아의 유령. 마음속 저 뒤편에 나 있는 쪽문으로 온몸을 던져 도망치고 싶다. 어떻게 이런 일이 반복될 수 있을까?

이치에 맞는 것은 딱 한 가지뿐이라고 페마 초드론이 말했다. 이 세상은 붙잡을 것도 없고, 안전한 곳도 없고, 영원한 것도 없고, 이치에 맞는 것은 딱 한 가지라고 했다.

구급요원들이 도착해 불을 켜달라고 하지만 태양열 스탠드 말고는 없다. 부엌에 있는 차단기를 올리기만 하면 온 집 안이 눈이 부시도록 환해질 텐데, 너무 당황해서 미처 생각을 하지 못한다. 전기가 옆에 있다는 사실 자체를 잊어버린 것이다. 하지만 이제는 상관없다. 이자벨라의 얼굴에 산소마스크가 씌워졌고, 내가 아이를 안고 있고, 사이렌이 울리기 시작하고, 길에 차가 없는데도 구급차는 너무나 더디게 움직인다.

조만간 알게 되지만, 그 비슷한 시간에 또 다른 구급차가 이자벨라보다 몇 살 많은 흑인 여자아이를 싣고 달리고 있었다. 그 아이의 이름은 섀런이다. 사우스 브롱크스에 살고 있다. 천식 발작을 일으켰다. 연구 결과에 따르면 브롱크스 아이들은 기록적인 수준으로 천식을 앓는데, 뉴욕 시 전역에서 실려온 어마어마한 쓰레기가 인근에서 처리되기 때문이다.

자동문이 열리고, 우리가 구급차 밖으로 뛰어내렸는데, 파란 원피스를 입은 섀런이 산소마스크를 쓴 채 간이침대에 누워 있다. 그 옆에 앉아 있는 아이 엄마의 눈을 들여다보는 순간, "엄마…… 엄마……" 하고 부르는 딸 앞에서 얼마나 속수무책인 기분일지 상상이 된다.

그리고 잠시 후, 시작됐을 때 그랬던 것처럼 순식간에 상황이 종료된다.

이탈리아에서 어떤 상황이었을지 몰라도 그때와 똑같은 증상은 아니라고 의사가 말한다.

이자벨라는 산소마스크를 벗었다. 이제는 소아 응급병동을 마구 뛰어다니면서, 제빙기가 보이자 "아빠, 얼음 먹어도 돼요?" 하고 묻는다. 이자벨라는 얼음을 와삭와삭 씹어먹고, 의사는 웃으며 열성경련이었다고 말한다. 이자벨라는 이제 괜찮다. 고열이 나면 그런 증상을 보이는 아이들이 있다고 한다. 나중에 아버지가 말하길 나도 어렸을 때 그런 적이 있었다고 한다.

이자벨라는 섀런의 침대 근처에 서 있다. 섀런도 마스크를 벗었다. 섀런은 아무에게나 '의사 선생님'이라고 부른다. 나한테도 "의사 선생님, 안녕하세요"라고 한다. 그녀는 돌아다니다 셔츠에 피가 흥건한 환자를 보고도 의사 선생님이라고 한다. 자리를 뜨면서 "의사 선생님, 안녕히 계세요"라고 한다. 섀런이 이자벨라에게 손을 흔든다. 이자벨라도 손을 흔든다.

이자벨라는 나이를 먹으면 열성경련을 졸업하겠지만, 쓰레기 트럭에서 나온 유독가스가 섀런의 폐에 남긴 상처는 없어지지 않을 것이다.

이야기가 해피엔딩으로 마무리되는 것 같지만, 아직 끝이 아니다. 미셸이 아이를 가졌으니 말이다. 그녀는 둘째를 원했고 나는 아니었지만, 러시안 룰렛 게임에서 미셸이 승리를 거두어 아이가 생겼고, 나는 짜증이 났지만 지금은 아니다.

또 한 명의 이자벨라가 태어난다는데 어떻게 짜증을 낼 수가 있을까? 미셸은 임신 8주째이고, 나는 이 상황에 익숙해진다. 방 하나짜리 아파트에서 아이 둘을 키운 친구들이 우리를 초대해 방법이 생기기 마련이라고 장담한다. 나는 미셸의 배에 대고 말을 하기 시작하고, 한술 더 떠서 이자벨라한테도 똑같이 시킨다.

"아가야, 안녕. 이쪽은 네 언니야."

하지만 병원에 갔을 때 미셸은 배에 막대기가 닿자 차갑다고 웃음을 터뜨리는데, 의사가 이상하다며 내진을 해야겠다고 하더니 잠시 후 말한다. 아이의 심장이 뛰지 않는다고.

이럴 때는 누구나 어떻게 하면 되느냐고 묻기 마련이다. 달리 방법이 있을 테니까.

하지만 달리 방법이 없다.

이렇게 잔인할 수가. 나는 둘째를 원하지 않았지만 익숙해지고 사랑하게 되었는데, 이제는 아내가 울고 있다. 두 발을 의자에 올려놓은 채 울고 있다. 나는 그녀를 안아준다. 입고 있던 종이 가운의 뒤가 벌어지고, 그녀는 울음을 멈춘다. 그녀는 쪼개진 과일 같은 눈으로 나를 쳐다보기만 한다.

나는 그 연약함에 가슴이 무너진다. 인간의 연약함에 가슴이 무너진다. 나는 그 병원에서 인간은 누구나 이렇게 연약한 존재임을 깨닫는다. 기후변화를 그대로 놓아두면 바다의 수위가 높아져 섬나라들이 모두 사라질 것이다.

나는 이 프로젝트가 나의 깨달음을 표현하는 도구였음을 이제야 알아차린다. 내가 너무 일찍 알아버린 어떤 것의 표현이었다. 동생과 삼촌을 잃으면서 배운 것의 표현이었다. 나는 그 교훈이 나에게만 해당되고 나의 절망에서만 비롯된 줄 알고 있었다.

하지만 아내가 종이 가운을 입고 우는 동안 나는 그것이 '나의' 절망이 아니라는 사실을 깨닫는다. 이 세상에 나의 절망이나 너의 절망은 없다. 우리의 절망만 있다. 하지만 나는 그 사실을 잊어버린다. 우리 모두 잊어버린다.

이제 나는 빙 삼촌과 데이비드에 대해 이해한다. 누구나 빙 삼촌과 데이비드를 떠나보낸다. 인생의 초반에 떠나보내는 사람도 있고, 중반에 떠나보내는 사람도 있고, 말년에 떠나보내는 사람도 있다. 어떤 이는 아이를 떠나보내고, 어떤 이는 형제를 떠나보낸다. 미셸은 서른아홉 살에 뱃속의 아이를 떠나보냈다. 데이비드는 내가 네 살이었을 때 침대에서 숨을 거두었다. 당신은 어떤가? 또 거기 당신은? 이것이 내 종교적인 믿음의 근간이다. 우리는 다르지 않다는 것이 말이다.

끔찍하기도 하고 근사하기도 하지만 사실이다. 우리는 모두 한 배를 타고 있다. 그것이 위안이다. 나만 두렵고, 외롭고, 걱정되고, 나 자신을 어쩔 줄 모르는 게 아니다. 우리 모두 자기 자신을 어쩔 줄 모른다. 하지만 한 가지, 서로 돕는 법은 알고 있다.

미셸이 울고 있을 때 해줄 일은 오직 한 가지뿐이다. 세상이 울고 있을 때, 폭풍과 전쟁과 유산으로 고생할 때 우리는 어떻게 해야 할까? 석유 때문에 싸워야 할까? 운전 때문에 싸워야 할까? 그들이 느끼는 감정은 우리와 똑같고, 바로 지금 고통은 모든 이의 것이고, 나에게는 여전히 우리 딸 이자벨라가 있다. 하지만 얼마나 더 버틸 수 있을까?

대선사님은 교황을 욕탕으로 초대하려고 했다. 메이어는 반전운동을 했다. 나는 쓰레기를 만들지 않겠다고 했고, 가엾은 아내를 계속 끌고 다녔다. 아이의 무덤가에서 비디오게임이 하나 더 있었으면 좋겠다는 생각을 하는 사람이 있을까? 마지막 숨을 거두면서 더 많이 갖지 못한 걸 아쉬워하게 될까?

나는 딱 한 가지를 아쉬워할 것 같다. 더 사랑하지 못한 것. 더 사랑하지 못하고, 재물과 성공에 정신이 팔려 있었던 것. 인생은 너무나 짧고 금세 끝이 난다. 그 인생을 무엇을 위해 쓸 것인가?

유산이나 이자벨라의 열성경련은 어쩔 도리가 없지만, 물 부족과 설사로 죽는 아이들은 막을 수 있다. 새런이 천식을 앓아야 할 이유가 없다. 새런 같은 아이들을 치료하려면 쓰레기를 줄이면 된다. 자원을 낭비하지 않으면 된다. 인생을 낭비하지 않으면 된다. 내가 이런 말을 하는 이유는 새런이 여러분의 딸이기도 하기 때문이다.

페마가 말하길 이 세상에는 이치에 맞는 게 딱 한 가지라고 했다.

내가 도울 수 있을까? 나는 도움이 될까?

이자벨라는 아무 탈 없다.

실험을 시작한 지 이제 1년이 지났다.

이 모든 일을 겪고 이 모든 생각들을 하고 나니 너무 낯설고 무척 혼란스럽지만, 나는 차단기를 올리고 불을 다시 켠다.

에필로그

화장지 없이 한 해를 지내고 나서

사람들은 노 임팩트 프로젝트에 대해서 이런 것들을 제일 궁금해한다.

1. 가장 어려웠던 부분은?
2. 지금까지 유지하고 있는 것은?
3. 프로젝트가 나를 어떻게 바꾸었는지?
4. 화장지 대신 무엇을 쓰는지?

그런가 하면 나는 아직도 이런 고민을 한다.

1. 과학자들이 말하길 지구 온도가 일정 수준 이상 높아지면 몇 천 종이 사라진다는데, 우리 인간은 어떻게 하면 멸종의 위기를 벗어날 수 있을까?

2. 그러니까 어떻게 하면 지구를 살릴 수 있을까?

3. 나는 죽을 때까지 — 하느님, 굽어살피소서 — 화장지의 굴레에서 벗어날 수 있을까?

우리는 2007년 크리스마스 직전에 다시 불을 켰다. 노 임팩트 프로젝트 기간에 장거리 여행 모라토리엄을 선포한 덕분에 미셸은 1년 넘게 미니애폴리스의 가족들을 만나지 못했다. 그래서 이번 명절 때는 내려갈 생각이었지만, 비행기를 타고 가면 이산화탄소 배출이 너무 심할 테니 기차를 타고 갈까 했다.

그래서 우리는 조사를 시작했다. 걸리는 시간은 편도 이틀이었다(평균시속 40킬로미터로 움직일 경우). 게다가 기차에서 덜컹거리며 이틀을 보내는 동안 이자벨라가 쏟아낼 에너지를 같은 칸 승객들이 달가워할 리 없을 테니 독실을 빌려야 했다. 그러면 다른 건 둘째 치고 드는 비용이 2천5백 달러였다. 뉴욕에서 미니애폴리스까지 우리 세 가족의 왕복 비행기 요금이 고작 1천 달러 정도인데 말이다.

이로써 결론이 내려졌다. 유럽은 평균시속 200킬로미터의 고속열차를 자랑하는데, 여기 미국에서는 환경에 미치는 영향을 최소화한 여행이 실질적으로 아직까지 불가능하다. 미셸과 이자벨라는 비행기를 타고 가기로 했다.

친환경 택시업체에서 프리우스로 두 사람을 공항까지 데려다주겠지만, 나는 아니다.

"비행기 타려니까 기분이 이상해?"

미셸이 물었다.

"응."
내가 대답했다.
"그럼 당신은 가지 마."
노 임팩트 프로젝트가 끝난 지 며칠 만에 차마 비행기를 탈 수는 없었다.

이렇게 해서 나는 일주일 동안 뉴욕의 우리 아파트를 혼자 서성인다. 적응이 안 된다. 밤에 거실에 앉아 있으면 절전형 형광등인데도 불을 켠 내가 못마땅해진다. 한 번에 하나씩만 켜놓고 있어야겠다.
불에 대해서 이렇게 인색하게 구는 내 모습이 한심스럽게 느껴진다. 하지만 또 한편으로는 필요하지도 않은 불을 켜놓은 위선자 같기도 하다. 이상하다. 불을 켜고 끄는 게 무슨 도덕적인 딜레마 같다.
1년 동안 너무나 많은 규칙에 얽매여 산 게 문제이다. 내 생활은 할 수 있는 것과 할 수 없는 것에 따라 그어진 궤적 위로만 움직였다. 그런데 지금은 아무 규칙이 없다. 생태학적인 균형이라는 관점에서 보았을 때 우리 생활에서 어떤 부분이 이치에 맞는지 고민만 하고 있을 뿐이다. 하지만 규칙이라는 경계가 없으니 뿌리가 뽑힌 기분이다.
규칙 안에서 살면 왠지 모르게 마음이 놓인다. 내 블로그를 보면 자기도 환경을 위한 규칙을 만들어놓고 산다는 사람들이 많다. 내 친구인 랍비 스티븐은 ─ 유대교 율법에 따라 만든 음식에 빗대서 ─ 나더러 일종의 '환경 카슈루트(유대교의 음식 규정 ─ 옮긴이)'를 개발했다고 말한다. 가끔은 일련의 규칙과 전통이 공동체의식과 목적을 부여할 때도 있다. 노 임팩트 규칙이 사라진 지금, 나는 누구인가?

아주 오래전에 피자를 먹지 못해서 씁쓸해한 적이 있었는데, 지금도 종이접시에 놓고 팔기 때문에 차마 먹을 수가 없다. 비가 올 때 택시를 타면 목적지까지 비를 맞지 않고 갈 수 있지만, 자동차로 인한 대기오염은 여전하기 때문에 차마 탈 수가 없다. 엘리베이터는 가끔 타지만 양심의 가책을 느낀다.

너무 외롭다. 내가 겪고 있는 이 변화가 얼마나 낯선지 어느 누가 이해할 수 있을까? 프로젝트만 끝난 게 아니다. 내 정체성도 끝났다. 완전히 사라진 것이다. 어제까지만 해도 나는 노 임팩트 맨이었다. 지금은 뭘까? 어중간한 임팩트 맨일까?

내가 듣기에도 황당한 소리이지만, 애니 레너드도 온라인 비디오 〈물건 이야기〉에서 이런 말을 했으니 일반적인 현상이라 할 수 있겠다.

우리는 일을 하고, 가끔은 아르바이트까지 하고, 집에 돌아오면 피곤해서 새로 산 소파에 털썩 쓰러져 텔레비전을 보는데, 광고에서 "너는 글러먹었다"고 하기 때문에 마트에 가서 기분전환용으로 물건을 사고, 얼마 전에 산 물건 대금을 치러야 하니 더 열심히 일을 해야 하고, 집에 돌아오면 더 피곤해서 소파에 앉아 더 열심히 텔레비전에 매달리는데, 텔레비전에서는 다시 마트에 가라고 부추기니 일-텔레비전-소비로 이루어진 어이없는 다람쥐 쳇바퀴를 돌고 있다. 그냥 멈추면 되는데 말이다.

그냥 멈추면 된다.

나는 페마 초드론의 책에서 이런 구절을 읽은 기억이 있다.

"이 방에 있는 우리들은 대부분 재산 때문에 골치를 앓아야 할 만큼 부자도 아니고, 끼니 걱정 말고는 아무 생각도 할 수 없을 만큼 가난하지도 않다. 그러니 중간으로 태어난 것부터 일단 감사하자."

여기에서 '중간으로 태어났다'는 것은 절대 빈곤층으로 태어나지도 않았고, 엄청난 부잣집에서 태어나지도 않았다는 뜻이다. 지독한 가난에 시달리면 삶을 돌아보는 호사를 누릴 수가 없다. 반면에 고생을 너무 모르고 물질적인 풍요로움에 젖어 응석받이로 자라면 현실에 안주해 삶을 돌아보지 못한다. 약간의 어려움이 있는 중간으로 태어나면 역경으로 인해 정신은 차리되 거기에 압도되지는 않는다.

어쩌면 우리가 지구의 위기상황에 적절하게 대처하지 못하는 것은— 애니 레너드가 말한 것처럼 그냥 멈추지 못하는 것은— 대부분 선진국의 편안한 생활에 젖어 현실에 안주하기 때문일지 모른다.

석가모니의 이야기도 이와 비슷하다. 왕이었던 그의 아버지는 아들이 자라면서 그 무엇보다도 고생을 모르길 바랐다. 그래서 아들에게 심란한 광경을 절대 보지 못하게 했다. 그 결과 석가모니는 개인적인 만족을 추구하는 것이 인생의 전부라고 생각하게 됐다. 그는 그럴 이유가 없었기 때문에 자기 인생을 회의한 적이 없었다. 그저 주어진 대로 살 뿐이었다. 어느 날 왕궁 밖으로 외출을 감행하기 전에는 말이다.

그는 난생 처음 환자와 노인과 시체를 보았다. 그는 이것이 궁극적으로 누구에게나 닥칠 운명임을 깨달았다. 인간은 누구나 조만간 고통을 겪는다는 사실을 깨달았다. 그는 늙고 병들어야 할 운명이라면 인생의 의미가 무엇인지 궁금해졌다. 우리가 추구하는 만족이 일시적인 것이라면 무슨 의미가 있을까? 언젠가 사라질 것이라면 내가 왕궁에서 누린 부귀영화가 다 무슨 소용일까?

충격을 받은 석가모니는 안주하던 현실에서 뛰쳐나와 더 나은 삶을 찾기 시작했다. 전해내려오는 이야기에 따르면 더 나은 삶을 찾았으니 다행이다.

선진국에 사는 우리들 입장에서는 온갖 환경위기와 경제붕괴와 지구온난화 현상이 왕궁을 나서 시체와 노인과 환자를 보는 것과 다름없는 일인지 모른다. 어쩌면 그 때문에 잠에서 깨어나 이런 질문을 던질 수 있을지 모른다. 나는 왜 태어났을까? 무엇을 위해 태어났을까? 인생의 의미가 무엇일까? 어떻게 살아야 할까?

어쩌면 그 때문에 잠에서 깨어나 더 의미 있고 충만하고 나은 삶을 찾아나설지 모른다. 우리 자신과 우리 별을 위해서 말이다.

나는 발전에 대해 정말로 궁금한 게 한 가지 있다. 휴대전화의 기능은 점점 더 좋아지지만, 우주에서 우리가 차지하는 위치와 우리 자신에 대한 이해가 동반되지 않는다면 그것을 발전이라고 할 수 있을까? 이런 문제에 대해 고민은 하지 않고 이 장난감에서 저 장난감으로 평생 옮겨 다니기만 하면 이것은 발전일까, 퇴보일까?

삶을 진지하게 되돌아보았을 때 휴가 때는 제트스키를 타고 평소에는 SUV를 타고 다니는 게 인생의 목적이라는 결론을 내리게 될지 모른다. 그래도 좋다. 우리 인생이니까. 우리 별이니까. 마구잡이식이 아니라 고민 끝에 다 같이 내린 결론이라면 뭐든 좋다.

짧고 굵게 살기로 마음먹을 수도 있다. 헌터 S. 톰슨(미국 저널리즘 역사에 한 획을 그은 필자이자 아메리칸 드림의 종말을 상징하는 소설을 쓴 작가—옮긴이)처럼 살자고 다짐할 수도 있다. 내 말은, 제발 잠에서 깨어 적극적으로 결정을 내리자는 뜻이다. 결정은 우리가 내려야 한다. 우리 몫이다. 정부의 몫이 아니다. 대기업의 몫도 아니다. 우리 몫이다.

그런데 우리가 잠에서 깨더라도 헌터 톰슨처럼 밖으로 뛰쳐나가겠다고 할지 조금 의심스럽기는 하다. 커트 보네거트의 아들, 마크 보네거트는 정신병에 걸려 병원 신세를 진 적이 있었다. 비유컨대 그는 왕궁 밖으로 외출을 감행했다. 잠에서 깨어나야 했다. 심각한 고민을 해야 했다. 그래서 아버지가 인생의 목적이 무엇이냐고 물었을 때 그는 제트스키와 SUV를 타는 것이라고 대답하지 않았다. 그 대신 "우리는 뭐가 됐든 함께 헤쳐나가자고 태어난 거예요"라고 대답했다. 서로 돕고 살자는 것이다.

얼마 전에 이런 생각이 들었다. 세상의 평화를 실현하고 싶으면 나부터 마음의 평화를 찾아야 한다.

흔히 마음이 평화로우면 사람이 평화로워진다고 한다. 평화로운 사람이 평화로운 가정을 일군다. 평화로운 가정이 평화로운 마을을 만든다. 평화로운 마을이 평화로운 나라를 만든다. 평화로운 나라가 평화로운 세상을 만든다.

이게 무슨 뜻일까? 세상을 바꾸고 싶으면 나부터 바뀌어야 된다는 뜻이다.

그런데 나는 인생의 의미 어쩌고 하는 문제에 본능적으로 마음이 끌리지만, 요즘 환경운동가들 중 어느 일파는 우리 별을 살리는 문제를 이 문제와 결부시키지 않는다. 그들은 그런 발상이 역효과를 낳는다고 생각한다. 그로 인해 우리 별을 관리하려는 자세에 가까워지는 것이 아니라 오히려 멀어진다는 것이다. 그들은 그뿐 아니라 환경운동을 금욕주의와 절약정신으로 오염시키는 것도 경계한다—나도 그렇다.

그들도 나처럼 인간의 영혼이 발전적이고 배포가 크다고 생각하고, 그 옛날 1970년대의 환경운동 식으로 허리띠를 조이거나 움츠러들거나 하는 것은 인간의 본성에 역행하는 일로 간주한다. 장해물이 나타났을 때 위축되지 않고 일어나 도전하는 정신을 믿는다.

이들은 과학기술—태양전지판, 전기자동차, 기타 우리 별을 살리는 듣도 보도 못한 발명품들—을 신봉한다. 신기술은 젊은이들에게 근사하고 매력적인 분위기로 다가갈 수 있고, 현대적이며, 소외된 빈곤층을 위해 일자리를 창출한다. 그보다 더 중요한 것은, 심지어 전기도 없는 수많은 세계인들에게 허리띠 조이기 정신을 적용할 수 없는 상황에서 과학기술이야말로 친환경적으로 구(舊)경제와 신(新)경제의 발전을 도모할 수 있는 방법이다.

따라서 새롭고 현대적이며 열성적이고 '앞을 내다볼 줄 아는' 이들 환경운동가의 생각은 옳다. 생활을 제한하기보다 포부와 비전과 더 나은 삶에 대한 전망을 갖추는 것이 가장 중요하다. 과학기술은 그 해결책에서 아주 중요한 부분을 차지한다. 그런데 나는 몇 가지 이유에서 그것이 전부는 아니라고 생각한다.

먼저 치명적인 기후변화를 과학적으로 개선하려면 미국은 이산화탄소 배출을 최소한 95퍼센트 절감해야 한다(100퍼센트를 주장하는 과학자들도 등장했다). 그러니까 같은 에너지로 같은 결과를 낳되 환경에 입히는 피해는 20배 줄여야 한다는 뜻이다. 이것은 주스공장 사장에게 오렌지 하나를 주면서 예전에 오렌지 20개를 주었을 때와 똑같은 양의 주스를 만들라고 하는 것과 같은 일이다. 과즙이 더 풍부한 오렌지와 기능이 더 훌륭한 주스기가 있다 해도 오렌지 하나로 20개 분량의 주스를 만들 수 있을까? 더 나은 기술로는 부족할지 모른다. 생활방식까지 바꿔야 할지 모른다.

둘째, 새로운 기술에 전적으로 의존하면 초기에 바이오연료를 밀어붙였을 때 그랬던 것처럼 전혀 새로운 환경문제가 발생할 수 있다. 예를 들어 핵에너지를 활용하기로 해도 마찬가지이다. 폐기물은 어떻게 할 것인가?

셋째, 과학기술에만 의존하면 이런 위기상황을 통해 생활방식을 개선할 수 있는 엄청난 기회를 놓치게 된다. 전기자동차를 만들어도 교통체증은 여전할 것이다. 계속 위성도시를 건설해도 외롭고 쓸쓸하기는 마찬가지일 것이다. 휴대전화 개발을 우선시하면 식수가 부족한 10억의 사람들에게 식수를 공급할 방법을 연구해야 할 위대한 지성들이 휴대전화에만 매달리게 될 것이다. 한마디로 말해서 과학기술을 동원해 영원히 유지될 수 있는 방향으로 현재 제도를 개조하려 들면 현재 제도가 정말로 삶의 질을 보장하는지 의문을 제기할 기회를 놓치게 된다. 인간도 좀더 행복해지고 지구도 좀더 행복해질 기회를 놓치게 된다.

아르바이트까지 해서 기름을 잡아먹는 차 대신 전기자동차를 사면 좋겠지만, 그래도 아르바이트를 해야 하는 건 마찬가지이다. 가장 많은 사람들에게 가장 많은 상품 전달을 기본으로 운영되는 경제체제 안에서는 교육과 보건도 뒷전이다. 자동차 배기가스나 유독성 쓰레기와 같은 외부효과의 비용까지 감안하는 방향으로 우리 경제체제를 개조하면 어떨까? GDP 말고 삶의 질에 대한 평가를 한 나라의 성공의 척도로 삼으면 어떨까? 재화와 에너지 생산량이 아니라 행복하게 사는 데 가장 필요한 요소들을 중심으로 경제체제를 개편하면 어떨까? 우리 환경과 경제를 강타한 위기가 일종의 지표라면, 그것은 이대로는 안 된다는 뜻을 담고 있다.

신(新)환경운동가들의 생각은 옳다. 우리는 발전적이고 배포가 커야 한다. 재생에너지 생산과 친환경적인 과학기술 개발에 막대한 예산을 할애해야 하는 것도 맞다. 하지만 과학기술을 발전과 연결짓는 발상은 200년 묵은 것이다. 배포가 큰 발상이 아니다. 그리고 이것이 진정한 의미의 발전도 아니다. 그럴 게 아니라 우리는 어떤 게 행복한 삶인지 파악한 다음 거기에 맞춰 사회와 과학기술 체제를 개조해야 한다. 어떤 사람들은 이를 가리켜 사회기술적 설계라고 한다.

이렇게 해서 다시 인생의 의미 문제로 되돌아온다. 사회적, 과학기술적 설계가 제대로 이루어지려면 이런 고민을 거쳐야 하니 말이다. 우리는 왜 태어났을까? 인생의 목적은 무엇일까? 우리를 행복하고 뿌듯하게 만드는 것은 무엇일까? 한마디로 행복한 인생은 어떤 것일까? 행복한 인생의 정의에 따라 설계의 향방이 달라질 테니 반드시 짚고 넘어가야 한다.

그런데 행복한 인생이 어떤 것인지 결정하는 사람은 누구일까?

우리이다.

그리고 그 결정에 책임을 지는 사람은 누구일까?
우리이다.

환경운동 내에서도 개인적인 실천과 집단적인 실천의 장단점을 놓고 논쟁이 벌어지고 있다. 2007년에 『뉴욕타임스』의 칼럼니스트인 톰 프리드먼은 개인적인 실천에 대해 이렇게 썼다.

"전등을 바꿀 수는 있다. 차도 바꿀 수 있다. 하지만 지도자를 바꾸지 않으면 개인적인 실천은 딕 체니가 말한 '개인적인 도덕성'을 표현한 것에 불과하다."

한편 『뉴스위크』의 기사에 따르면 대통령 선거운동 당시 버락 오바마는 친환경적인 선택에 대한 브라이언 윌리엄스의 질문에 답변을 해야 하는 상황이 되었을 때 답답해하며 이렇게 대답했다고 한다.

"사실 우리 집의 그 ×어먹을 전구를 바꾼다고 지구 온난화를 해결할 수는 없습니다. 집단적인 조치가 필요한 일이니까요."

나는 노 임팩트 프로젝트를 진행하는 내내 이 비슷한 비난을 들었다. 일개 개인이 어떤 영향을 미칠 수 있겠느냐고 말이다. 물론 그 사람이 아무 노력도 하지 않으면 아무런 영향도 미치지 못할 것이다. 하지만 자신이 주변사람들에게 얼마만큼 영향을 미치는지 아는 사람이 있을까? 우리 중 어느 누가 능력과 노력을 다해 소신을 펼치는 마틴 루터 킹 주니어나 로버트 케네디나 베티 프리던이나 넬슨 만델라가 될 수 있을지 어느 누가 장담할 수 있을까?

위인들이 모든 운동에서 가장 중요한 부분을 차지하는 것은 아니다. 그들은 낙타의 허리를 부러뜨렸다는 우화 속의 마지막 지푸라기(어떤 한계를 넘게 만든 계기를 뜻한다―옮긴이)와 같다. 수십만 개의 지푸라기가 쌓여야 마지막 지푸라기로 낙타의 허리를 부러뜨릴 수 있다. 이때 다른 지푸라기들보다 더 중요한 지푸라기는 없다. 심지어 마지막 지푸라기도 마찬가지이다. 마지막 지푸라기도 어쩌다보니 기억에 남게 됐을 뿐이다. 도미노로 도미노 현상을 일으키려면 우리들 하나하나가 줄을 맞춰서 연쇄반응이 일어나도록 만들어야 한다.

물론 기후변화에 다 같이 대처해야 한다고 한 프리드먼과 오바마의 말은 맞다. 친환경적인 기반시설에 막대한 투자를 해야 한다. 규제를 통해 기업의 남용을 막아야 한다. 이런 것들은 개별적으로 할 수 없는 일이다. 환경문제에 관심이 있는 사람은 정치에 참여해 정치인들에게 이런 쪽으로 압력을 가할 방법을 찾아야 한다.

하지만 집단적인 실천과 개인적인 실천을 상호 배타적이거나 심지어 서로 별개라고 생각하는 것은 옳지 않을뿐더러 위험한 발상이다. 사회의 변화방식과, 시민들의 책임감과, 변화의 주체가 될 수 있는 우리의 역량을 무시한 발상이다. 집단적인 실천은 개인적인 실천의 집합체에 불과하다. 그리고 개인적인 실천은 집단적인 실천에 대한 참여를 배제하지 않는다. 오히려 적극적으로 요구한다. 이 두 가지는 함께 움직인다.

생각해보자. 자전거를 매일 타고 다니는 사람이 도시에 자전거 전용도로를 설치하자고 하면 얼마나 더 설득력이 있을까? 똑같이 기후변화 완화를 촉구한다면, 지하철을 타고 다니는 사람과 SUV를 타고 다니는 사람 중에 어느 쪽이 더 설득력이 있을까? 일상생활의 모든 영역―사적인 영역에서부터 공적인 영역에 이르기까지―에서 가치관을 실천해야 일관성이 있고 확신 있게 회의론자들을 설득할 수 있다. 개인적인 실천과 집단적인 실천을 놓고 쓸데없이 논쟁을 벌일 게 아니라 '참여하는 시민의식'과 같은 포괄적인 단어로 뭉뚱그려 함께 홍보하면 어떨까?

기후 문제로 드러난 두번째 문제가 있다. 우리 사회가 신속하게 결정적인 변화를 이루어내지 못하고 있다는 것이다. 기후 문제에 대해 뭔가 조치를 취하려면 어느 채널을 통해 우리의 관심을 표현해야 할까? 연방정부는 너무 몸이 무겁고 제도화된 이해관계에 매여 있어 근본적인 변화를 주도하지 못한 전적이 있다. 세금과 정부의 개입을 늘렸다 줄였다 하며 요요처럼 왔다 갔다 한다. 좀더 광범위한 사회변화를 주도하는 데 영 신통치가 않다.

기후 문제는 워낙 거대한 문제라 사회적인 변화가 필요하다. 우리가 어떤 식으로 살고 있는지 살펴보아야 한다. 에너지와 재화의 생산량에 관계없이 행복하게 살 수 있는 방법을 찾아야 한다. 그리고 정부의 임무는 어떤 식으로 살아야 되는지 지시하는 것이 아니다. 국민들이 선택한 생활방식을 도모하는 것이 정부의 임무이다. 계속 우리 별의 지원을 받고 싶으면 우리는 다른 방식을 선택해야 한다. 이것은 단순히 표를 노리는 게 아니라 사람들의 머리와 마음을 얻기 위한 싸움이다. 그리고 사람들의 머리와 마음을 사로잡는 것은 정부가 아니라 사람이다.

체제를 바꿔야 하는 것은 맞지만, 체제는 개인이 모인 것에 불과하다는 사실도 잊지 말아야 한다. 체제의 움직임은 각 개인이 시민으로서, 주주로서, CEO로서, 제품 디자이너로서, 소비자로서, 친구로서, 가족의 일원으로서, 유권자로서 보인 행동의 집합체에 불과하다. 이제는 체제가 바뀌기를 기다리지 말고, 우리가 가정과 직장에서 내린 온갖 결정이 '체제'로 축적된다는 사실을 되새겨야 한다.

길거리에서는 사람들이 농담을 주고받는다. 부딪치면 서로 미안하다고 한다. 서로 도우려고 한다. 그런데 직장에서는 개인적인 판단이 아니라 '업무적인' 판단을 내린다. 제도는 인간의 따뜻한 마음을 반영하지 못한다. 우리는 기업을 이윤에만 집중하도록 내버려두고 있다. 정치 제도가 재선에만 집중하도록 내버려두고 있다. 이제는 인간을 위해 존재하는 제도가 인간의 속성을 속속들이 반영해야 한다. 이 제도 안에서 우리는 찻길을 건너는 데 어려움이 있는 노인을 만났을 때와 똑같이 행동해야 한다.

우리는 개인의 자격으로 —예를 들면 제품 디자이너나 회계사나 CEO의 자격으로— 세상에 영향을 미칠 중요한 사항을 결정한다. 이제는 체제가 바뀌기를 기다리지 말자. 우리 개개인이 모인 것이 체제이다.

이제 우리는 참여하는 시민의식의 새로운 모델을 찾고, 각자의 생활방식이 주변 모든 사람들에게 영향을 미친다는 사실을 깨달아야 한다. 우리에게 주어진 책임을 감당하고 확고하게 다질 새로운 방법을 개발해야 한다. '참여민주주의'를 새로운 수준으로 끌어올려, 우리가 원하는 사회를 만들어줄 지도자를 뽑는 것이 아니라 우리 스스로 책임감 있게 원하는 사회를 만들어야 한다.

그 대가로 얻을 수 있는 것이, 체제의 노예가 아니라 주도자로 활약하는 세상에서 충만하게 사는 만족감이다. 그곳은 물려받은 게 아니라 스스로 선택한 세상이다. 몽유병 환자처럼 걸어다니지 않고 당당하게 활보하는 세상이다. 우리가 우리 운명의 진정한 주인이 되는 세상이다.

화장지는 어떻게 하고 있고, 프로젝트의 어떤 부분을 계속 유지하고 있느냐는 질문에 대답하자면,

나는 맨해튼 한복판의 어느 라디오 방송국에서 BBC 월드 서비스 뉴스 캐스터와 생방송으로 인터뷰를 하고 있었다. 그가 화장지에 대해 물었다. 나는 몬트리올에서부터 텔아비브에 이르기까지 온 나라 기자들이 똑같은 질문을 해대는 통에 지겨워하고 있던 참이었다. 그때마다 이건 그렇게 사소한 문제가 아니라는 식으로 답변을 피하면서 말이다.

나는 세계가 위기에 직면했는데, 왜 내 화장실 습관을 이야기하느라 시간을 낭비해야 하느냐고 물었다. 이산화탄소를 흡수해주는 나무를 베어내 변기 속으로 흘려보내다니 이 얼마나 어리석은 짓이냐고 했다. 그보다 더 좋은 방법이 있다고 했다.

하지만 이 BBC 뉴스 캐스터는 호락호락 넘어가지 않았다.

"맞습니다. 하지만 우리 청취자들은 콜린 씨가 화장지 대신 뭘 쓰는지 알고 싶을 겁니다."

마침내 나는 매섭게 쏘아붙였다.

"저는 라디오에서 제 화장실 습관을 운운할 생각이 없는데, 이 문제를 계속 집요하게 물어보시면 청취자 여러분도 거북스러워할 겁니다. 수백만 명이 듣는 방송에서 그렇게 개인적이고 난감한 질문을 하는 것에 대해 당신 어머니께서 자랑스럽게 생각하실까요? 제가 그런 질문을 한다면 저희 어머니께서는 자랑스럽게 생각하지 않을 게 분명한데요."

이로써 상황이 종료되었다.

그리고 어떤 부분을 계속 유지하고 있는가 하면, 일단 내가 첫 주에 겪었던 당황스러움과 죄책감은 사라졌다는 사실부터 밝히는 게 좋겠다. 냉장고는 다시 쓰기 시작했지만, 별도로 있던 냉동고는 쓰지 않는다. 식기세척기는 1년 동안 쓰지 않았더니 고장이 났는데, 새것으로 바꾸지 않았다. 에어컨을 치워버려서 여름 내내 땀을 뻘뻘 흘리지만 계속 그렇게 지낼 생각이다. 라디에이터는 계속 꺼놓고 있다. 텔레비전은 없지만 어쩌다 한 번 컴퓨터로 이자벨라에게 영화를 보여주기는 한다. 유리병을 들고 다니며 커피와 물을 마시는 데 쓰고, 거의 대부분의 경우 자전거로 이동한다. 프로젝트가 끝난 뒤 1년에 열 번쯤 택시를 탔고, 비가 오면 지하철을 탄다.

머리는 여전히 베이킹 소다로 감고 있고, 베이킹 소다를 탈취제로도 활용하고 있다. 로션과 비누도 유독물질을 넣지 않고 집에서 만든다. 고기는 지금도 먹지 않는다. 그런데 슬프게도 이제 세 돌 반이 된 이자벨라가 화를 내며 이제는 채식주의자가 싫다고 했다. 다른 친구들처럼 자기도 고기를 먹고 싶다고 했다.

"고기가 동물인 건 아니?"

내가 물었다.

"네."

"그러니까 고기를 먹으면 동물을 먹는 거야. 그렇지?"

"알아요. 동물 먹고 싶어요."

이자벨라가 말했다.

그래서 이번 추수감사절에 미셸과 나는 이자벨라에게 친구 루비 네 집에서 칠면조 고기를 먹어도 좋다고 허락한다. 정작 칠면조 고기가 나왔는데, 이자벨라는 한 입 먹더니 싫다고 했다. 치즈를 달라고 했다.

노 임팩트 실험을 마치고 남은 여러 가지 고민 중에서 가장 큰 고민은 이것이다. 어떻게 하면 지구를 살릴 수 있을까? 어떻게 하면 인류의 멸종을 막을 수 있을까? 내 말이 섬뜩하게 들리겠지만, 여러분도 과학 자료들을 읽어보면 기후 문제가 언론에서 떠드는 것보다 훨씬 더 심각하다는 사실을 알 수 있을 것이다.

앞에서 던진 질문에 대답하자면 내가 생각하기에 그 방법을 완벽하게 아는 사람은 없는 것 같다. 이 문제를 정부에 온전히 맡길 수 없는 이유도 그 때문이다. 우리 모두 총력을 기울여야 하기 때문이다. 하지만 총력을 기울이기 전에 먼저 우리가 세상을 바꿀 수 있다고 믿어야 한다. 내가 세상을 바꿀 수 있다고 믿게 된 것이야말로 프로젝트의 가장 큰 수확이다.

역설적인 이야기이지만, 내가 가장 크게 기여한 부분은 쓰레기를 줄이고 어쩌고 한 그 자체가 아닐지 모른다. 내가 열심히 노력하고 있다고 공개선언하고, 그 노력하는 모습을 보여준 것일지 모른다. 1년 동안의 극단적인 체험이 이런 데 대한 나의 생각을 달라지게 했다. 이것도 실험의 또 다른 수확이다. 주변 사람들이 바뀐 것—개인적인 실천의 보이지 않는 결과이다—도 또 하나의 수확이다. 나는 이런 문제에 대해 계속 생각하고, 프로젝트를 진행할 때처럼 극단적이지는 않지만 최선을 다함으로써 주변 사람들을 계속 변화시키고 있다. 누구나 자기 자신을 바꾸면 주변 사람들을 바꿀 수 있다.

나는 지금도 가끔 실수를 저지른다. 완벽과는 거리가 먼 사람이다.

가끔 잔인하고 무신경할 때도 있다. 나의 사소한 관심사에만 몰두한다. 사실 나를 잘 아는 사람들은 이 무심한 면 때문에 나를 위선자라고 부르기도 한다. 어떻게 노 임팩트 맨을 자청할 수 있느냐고 한다. 맞는 말이다.

하지만 나는 최소한의 노력이라도 계속 기울이고 있다.

나는 어떻게 살아갈 것인지 스스로 선택할 수 있다. 정치적으로 참여할 수 있다. 강연회를 열어 사람들의 생각을 바꾸려고 노력할 수 있다. 마을농장 일을 거들며 도심 속의 농사라는 발상이 인기를 모으고 있는지 살펴볼 수 있다. 어디든 유리병을 들고 다닐 수 있다. 비행기 여행을 줄일 수 있다. 블로그를 운영할 수 있다. 사람들에게 이야기할 수 있다. 사회적인 차원에서 환경문제를 해결하는 데 동참할 새로운 방법을 모색할 수 있다.

나는 순교자가 될 생각은 없다. 하지만 앞으로도 계속 심사숙고해가며 살 것이다. 나는 지난 45년 동안 충분히 노력한 적이 거의 없었다. 내가 세상에 기여할 수 있는 사람인가 하는 고민에만 집착했다. 나는 1년 동안 프로젝트를 진행하면서 그것이 얼마나 어리석은 고민인지 깨달았다. 내가 시도하려는 사람인지 아닌지 고민해야 맞는 일이다.

나는 이 책을 쓰면서 처음부터 끝까지 지구를 살리는 일이 내 손에 달렸음을 보여주고 싶었다. 하지만 설교는 하고 싶지 않았다. 지구를 살리는 일이 내 손에 달려 있기는 하다. 하지만 화장지 없이 1년을 살면서 제대로 깨달았다. 당신의 손에 달려 있기도 하다는 것을 말이다.

자, 이제 당신은 어떻게 할 것인가?

제작 후기[*]

친환경적인 책 만들기의 한계를 초월하기란 쉽지 않은 일이다. 처음에는 대체재, 그러니까 일반적인 나무가 아니라 다른 것으로 만든 종이로 이 책을 출간하려고 했다. 코코넛 섬유부터 대나무에 이르기까지 모든 대안을 연구해보았다. 하지만 어떤 것은 인쇄가 잘되지 않았고, 또 어떤 것은 공급되는 양이 넉넉하지 않았다. 그래서 보통 종이를 쓰지 않으려던 계획을 포기했다.

종이로 출간하기로 결정하자 이번에는 친환경적으로 관리되는 숲의 나무로 만든 새 종이를 쓸 것인지 다른 종이를 재활용한 재생용지를 쓸 것인지의 문제가 대두되었다. 그런데 재생용지는 기름을 잡아먹는 화물차를 이용해 아주 먼 거리의 제지공장에서 인쇄소로 운반해야 한다는 문제가 있었다. 어느 쪽이 더 나을까?

앞에서도 이야기했던 것처럼 친환경적으로 실천하고 생활하고 생산하는 게 식은 죽 먹기처럼 쉬워야 하는데, 사실은 복잡하고 기준도 없고 어렵다. 이건 바뀌어야 한다. 우리가 바꿔야 한다.

아무튼 이 책은 염소를 쓰지 않고 100퍼센트 재활용한 종이와 판지로 제작되었음을 매우 자랑스럽게 밝히는 바이다. 뿐만 아니라 재생지를 제조하는 데 생물가스 에너지가 사용되었다.

이로써 출판사들이 책을 친환경적으로 제작하는 것이 관행이 되는 그날에 한 걸음 가까워졌다는 의의를 찾고 싶다.

* 한국어판도 저자의 뜻에 따라 재생지에 인쇄했다.

부록

당신도 세상에 기여할 수 있다!

친환경적으로 생활방식을 개조하고 동참하는 시민이 되는 방법과, 계속되는 나의 길찾기가 궁금한 분은 NoImpactMan.com을 참고하기 바란다.

우리 서식지에 닥친 위기에 사회적으로 대응하는 데 동참하고 싶은 분은 NoImpactProject.org를 참고하기 바란다.

여러분이 이 책을 통해 다른 것은 몰라도 그저 재활용을 하고, 하이브리드 자동차를 타고, 절전형 형광등으로 바꾸고, '친환경' 제품만 사용하면 되는 것이 아니라는 사실만큼은 분명히 깨달았으면 좋겠다. 단순히 알맞은 정치인을 선출하면 되는 일도 아니다. 인간과 기타 동식물을 부양하는 능력이 차츰 떨어져가는 우리 별의 위기에 사회적으로 대처하려면 시민들이 대규모로 참여해야 한다. 이제는 우리가 정부와 기업의 고삐를 틀어쥐고, 우리가 원하고 필요로 하는 변화를 강요해야 할 시간이다. 지도자를 기다리면 안 된다. 우리가 지도자이다.

우리는 각자의 환경과 능력에 따라 해야 할 역할이 있다. 우리 별의 부양능력에 맞춰 생활을 정비하고, 또한 그렇게 하도록 남을 이끄는 데 능한 사람도 있을 것이다. 언변이 뛰어나고 이상이 원대해서 우리 사회의 운용방식에 대한 생각을 바꾸도록 남을 설득하는 데 능한 사람도 있을 것이다. 동지들과 함께 생산적인 사회운동을 조직해 지방과 지역과 중앙 정부의 관심을 끌 만한 능력이 있는 사람도 있을 것이다. 함께 힘을 합하면 우리가 바꿀 수 있다.

아직까지는 누구나 쉽게 참여할 수 있는 거국적인 기구가 없다. 회원으로 동참할 단체도 없고, 방향을 제시해줄 사람이나 기관도 없다. 사실 나만 해도 사회 환원 단계에서 자원활동을 할 만한 단체를 찾느라 무척 애를 먹었다. 환경단체에서 일을 하는 분들은 관심 있는 사람들이 동참할 수 있는 방법을 빨리 찾아주었으면 좋겠다. 사회운동에 참여하려는데 자리가 없다는 말만큼 의욕을 꺾는 것도 없으니 말이다.

하지만 이런 핑계로 변화를 위한 운동에서 우리 자리를 찾으려는 노력을 게을리하면 안 된다. 나는 무엇을 어떻게 하면 좋을지 판단이 서지 않았을 때 친구에게 전화를 걸어서 허드슨 강변에 쓰레기를 주우러 같이 다녀왔다. 그것이 첫 시도였고, 첫 반응이었다. 그 뒤로 노력을 계속 기울인 끝에 동참할 만한 기관과 탁월하고 획기적인 방법을 찾았다. 하지만 우리 모두 각자의 위치에서 출발해야 한다. 마음에 드는 단체가 없으면 만들면 된다. 시작하자. 지금 당장. 제발 부탁이다.

나는 이 글을 통해 자세한 참고자료를 소개할 예정이다. 그런데 도입부만 읽고 책장을 덮을 독자 여러분을 위해 일반적인 것부터 소개하겠다.

생활방식을 바꾸는 데 관심이 있는데 이 책이나 내 블로그의 정보로는 부족한 독자들에게는 다음의 책들이 유용할 것이다. 쉬운 것부터 극단적인 것까지 스타일은 서로 다르지만, 단순히 전등을 교체하자는 수준을 넘어서는 사고의 전환을 촉구한다.

Depletion and Abundance: Life on the New Homefront, by Sharon Aystk.

The Urban Homestead: Your Guide to Self-Sufficient Living in the Heart of the City, by Kelly Coyne and Eril Knutzen.

Toolbox for Sustainable City Living, by Scott Kellogg and Stacy Pettigrew.

Seven Wonders for a Cool Planet: Everyday Things to Help Stop Global Warming, by Eric Sorensen.

'센터 포 뉴 아메리칸 드림'의 홈페이지에는 우리 별의 자원을 덜 쓰면서 좀더 만족스럽게 살고 싶은 사람들이 보면 좋을 자료들이 많다. 홈페이지 주소는 NewDream.org이다.

마이클 폴런은 개인적인 실천과 생활방식의 변화를 주제로 『뉴욕타임스 매거진』에 기고한 글(www.nytimes.com/2008/04/20/magazine/20wwln-lede-t.thml?partner=permalink&exprod=permalink)에서 이런

제안을 했다.

살아가면서 기부나 투표 말고, 세상을 뒤흔들지는 못하더라도 현실적이고 특별하며 (그리고 상징적이며) 뭐가 되었건 나름의 보상이 따르는 그런 일을 찾아야 한다. 예를 들어 육식을 포기하면 탄소 배출량을 4분의 1이나 줄일 수 있다. 안식일을 지키는 것도 한 가지 방법이다. 일주일에 하루씩 경제활동을 완전히 금하고 쇼핑도, 운전도, 전기 사용도 자제하는 것이다.

아니면 직접 먹거리를 길러보는 것도 좋다고 한다.

생활방식 변화 그 자체는 엄두가 안 나지만 환경에 미치는 영향을 줄이고 싶은 사람에게는 마이클 브라워(Michael Brower)와 워렌 리온(Warren Leon)이 쓴 *Consumer's Guide to Effective Environmental Choices: Practical Advice from the Union of Concerned Scientists* (Three Rivers Press, 1999)를 추천하고 싶다. 출간된 지는 좀 오래되었지만 단순한 리스트 나열에 그치는 게 아니라 올바른 선택을 하는 법을 가르쳐주는 책이다.

유명인사의 글을 좋아하는 사람이라면 에드 베글리 2세(Ed Begley, Jr.)의 *Living Like Ed: A Guide to the Eco-Friendly Life*(Clarkson Potter, 2008)도 재미있게 읽을 수 있을 것이다.

'굿가이드닷컴(GoodGuide.com)'에서는 현명한 소비자가 될 수 있는 근사한 방법을 알려준다.

단체에 가입하고 싶은 사람은 이 글을 통해 힘을 보낼 만한 기관을 찾을 수 있을 것이다. 그런데 내가 소개하려는 곳은 많은 분들이 직접 참여하거나 후원해주었으면 하는, 내가 좋아하는 환경단체들이다. 엉뚱한 기준이기는 하지만, 노 임팩트 프로젝트를 진행하는 동안 알게 된 사람들이 속한 단체들을 골랐다. 이들이 나의 생각을 널리 알릴 수 있도록 도와주는 친구가 되었음은 물론이다. 나는 시민들의 참여를 최대한 늘리기 위한 그들의 공통적인 접근방식에 감탄하게 되었다.

내가 좋아하는 전국 각지의 기관들

'350.org'는 환경운동가 빌 매키번이 미들베리대학 졸업생 및 전세계인들과 더불어 조직한 단체로, 시민들의 힘을 모아 대기 중의 이산화탄소 농도를 우리 별이 감당할 수 있을 만한 수준으로 낮추는 정책을 입안하도록 정치인들을 설득하는 것이 목적이다.

'1Sky.org'는 워싱턴에서 활동 중인 시민단체 겸 로비단체로서, 시민들의 실천을 촉구하고, 단순히 정치적으로 가능한 수준이 아니라 과학적으로 필요한 수준의 기후 목표를 충족시킬 수 있는 정책 수립을 목적으로 한다.

'브레이크스루 인스티튜트(TheBreakThrough.org)'는 시민단체는 아니지만 성실하게 환경운동을 벌이고 있다. 설립자인 테드 노드하우스(Ted Nordhaus)와 마이클 셸런버거(Michael Shellenberger)는 전반적인 활동과 저서(*Break Through: From the Death of Environmentalism to the Politics of Possibility*)를 통해 인간의 욕구를 제한하는 환경운동이 아니라 인간의 야망을 포용하는 환경운동으로 지구를 치유하자는 주장을 펼친다. 환경운동이 지구뿐 아니라 인간에게도 도움이 되어야 한다는 생각을 확신시킨 주인공이 테드와 마이클이다.

앞에서도 언급이 되었던 센터 포 뉴 아메리칸 드림은 개인, 기관, 지역사회, 기업과 손을 잡고 천연자원을 보존하고, 우리 사회의 상업화에 반기를 들고, 상품 생산과 소비 방식의 긍정적인 변화를 유도한다. 14만3천 명의 온라인 회원이 주축이 되어 생수 소비 줄이기에서부터 이산화탄소 배출 억제하기에 이르기까지 여러 캠페인을 벌인다. '뉴 드림의 책임감 있는 소비 네트워크'는 친환경 정보를 얻을 수 있는 유익한 공간이다. 회원제로 운영되며, 다국적기업과 주 정부를 비롯해 125명이 넘는 소비 주체들의 공조 아래 사회적, 환경적으로 책임이 있는 상품과 서비스를 확인하고, 구입하고, 유지하고, 처분하거나 다른 용도에 맞게 가공한다.

유아 천식이나 암과 같은 환경문제가 심각한 곳은 경제적으로 가장 궁핍한 도시 빈민가이다. 예를 들어 재생에너지 산업과 같은 지방정부의 투자혜택을 가장 많이 받는 곳도 마찬가지로 이런 지역이다. '엘라 베이커 인권센터(EllaBakerCenter.org)'는 환경운동을 사회정의 실현의 일부분으로 간주하는 점이 돋보이는 단체이다. "교도소가 많고 경찰이 많은 곳이 가장 안전한 동네가 아니다. 좋은 학교가 있고 환경이 깨끗하며 젊은이와 노동자 들에게 기회가 많은 곳이 안전한 동네이다. 우리가 꿈꾸는 미국의 도시가 그런 곳이다. 시스템은 정의롭고, 도시는 기회가 넘치고, 길거리는 평화로운 곳이다."

'푸드 앤드 워터 워치(FoodandWaterWatch.org)'는 깨끗한 물과 안전한 먹을거리를 확보하는 것이 목표이다. 자체 연구, 대중과 정책 입안자 교육, 언론과 로비를 통해, 인도적이고 지속 가능한 방식으로 생산된 안전하고 건강에 좋은 음식, 개인적인 차원이 아니라 공적인 차원의 수질 관리(여기에는 바다와 강과 지하수가 포함된다)를 보장하고자 한다. 내가 이 단체에서 가장 관심을 갖는 부분은 주간(州間) 고속도로처럼 연방신탁자금을 운용해 하수구와 식수 관리에 공적 자금을 지속적으로 투입하자는 주장이다.

'그린 포 올(GreenforAll.org)'은 '더 행복한 지구, 더 행복한 인간'이라는 접근방식을 야심차게 추구하는 단체이다. '내 탓이오, 우리가 소비를 줄여야 하오' 식의 철학 대신, 인간을 가난에서 구제할 수 있을 만큼 강력하고 포괄적인 친환경 경제를 구축하는 데 전념한다. 『그린칼라 이코노미』의 저자 반 존스가 설립한 그린 포 올은 특히 열악한 환경의 주민들에게는 지방, 주, 연방정부 차원의 일자리 창출과 직업훈련을, 기업에는 새롭게 부상하는 친환경 경제를 활용할 수 있는 기회를 제공하자고 주장한다.

'헤이즌(Hazon.org)'은 설립 몇 년 만에 미국에서 가장 큰 유대계 환경단체가 되었다. 헤이즌('이상'을 뜻하는 히브리어이다)은 "더 건강하고 지속 가능한 세계의 전 단계로, 더 건강하고 지속 가능한 유대인 공동체를 창조"하는 것이 목적이다. 헤이즌 외에도 종교를 바탕으로 한 환경단체로는 지속 가능성과 종교적인 가치관을 긴밀하게 결부시킨 '복음주의 환경 네트워크(CreationCare.org)'가 있다.

애니 레너드가 설립한 '물건 이야기 프로젝트(StoryofStuff.org)'는 산업모델과 경제체제, 소비패턴이 공중보건, 사회정의, 지역사회의 복지,

지구 그 자체를 훼손하기보다 지속시키는, 사회를 추구한다. 동명의 인터넷 영화를 탄생시키기도 한 물건 이야기 프로젝트는 시민들의 실천을 촉구하기 위해 앞으로 영화를 추가 제작하고 홈페이지를 개설할 계획이다.

뉴욕에서 시민의 참여를 조직화하는 탁월한 방법

정신과 의사들이 말하길 인간의 가치관을 바꾸려면 태도를 바꾸어야 된다고 한다. 사람들에게 온갖 생각을 주입시켜 정보 과부하를 유발하면 안 된다. 현재 품고 있는 가치관이 틀렸다는 말로 자극해서도 안 된다.

먼저 태도를 바꾸게 만들면 생각과 가치관은 저절로 바뀐다. "우리가 정말 기가 막힌 걸 생각해냈잖아?" 사람들은 이렇게 말할 것이다.

따라서 지구를 구해야 한다고 사람들을 설득하면 안 된다. 스스로 나서도록 만들어야 한다. 스스로 나선 사람들은 결국 지구를 구해야 한다는 확신을 가지게 된다. 톰 소여가 허클베리 핀을 꾀어 페인트칠을 하게 만들었던 것처럼 말이다. 뉴욕의 여러 단체들 중에서 이런 접근방식의 대표적인 모델로서 내가 선호하는 곳들을 소개하자면 다음과 같다.

먼저 먹을거리를 중심으로 다양한 단체와 개인을 연결하는 곳들부터 소개하겠다. '저스트 푸드(JustFood.org)'는 뉴욕 시와 그 일대의 삶의 질 개선을 추구하는 단체이다. 낙후된 지역에 양질의 음식을 공급하고, 모든 시민에게 친환경 로컬 푸드를 제공하는 두 가지 목표를 추구한다.

저스트 푸드는 지역사회가 후원하는 농민단체를 조직하고, 도심농업을 홍보하고, 양봉과 양계와 식생활 교육을 주장하면서 시민들의 참여를 유도한다. 다른 상품과 다르게 먹을거리는 인간과 환경을 직접적으로 연결시켜주는데, 이렇게 결정적인 분야에서 시민들의 참여를 유도하면 큰 성과를 얻을 수 있다.

'로어 이스트 사이드 환경센터(LESEcologyCenter.org)'는 지역사회 중심의 재활용과 퇴비 프로그램을 통해 기존의 도시 연석 프로그램을 보완하고, 개방된 공공장소를 지역적으로 관리할 방법을 개발하며, 환경교육 프로그램을 통해 지역사회의 인식과 참여를 높이고 청소년을 육성한다. 특히 퇴비 뿌리기 프로그램은 시민들에게 환경위기를 각성시켜 더욱 심층적인 참여와 가치관의 변화를 유도한다는 점에서 매우 중요한 접근방식이라 할 수 있다.

'리버 프로젝트(RiverProject.org)'의 프로그램과 쌍방향 전시는 허드슨 강어귀에 대한 대중의 이해를 높이고 그 안에 거주하는 생태계를 바르게 인식하게 만든다. 강가와 그 밑에 무엇이 있는지 밀착해서 바라보면 도시민들 입장에서는 행복감이 높아지고, 뉴욕의 입장에서는 살기 좋고 일하기 좋은 도시라는 이미지가 더 확대된다. 하지만 내가 생각하기에 리버 프로젝트의 가장 중요한 운동은 수로 청소에 수백 명을 동참시킨 굴 살리기 프로젝트가 아닌가 싶다. 시민의 참여를 조직화한 의미 있는 시도이니 말이다.

어류 양식 교육을 위한 '사우스홀드 프로젝트(counties.cornell.edu/suffolk/spat/home.html)' 홈페이지에 따르면 이 프로그램은 "만의 조개를 되살릴 수 있도록 지역사회 주민들에게 환경에 대한 주인의식을 고취하기 위해" 만들어졌다. 즉 이 프로그램의 대표를 맡고 있는 킴 테트로가 나에게도 설명했던 것처럼 자원활동가들이 그 프로그램을 통해 조개를 살리는 것보다, 그 프로그램이 자원활동가들에게 환경에 대한 주인의식을 심어주는 데 더 큰 가치가 있다.

'대안적인 대중교통(TransAlt.org)'의 임무는 자동차들이 점거한 뉴욕 시의 길거리를 되찾고, 자전거, 걷기, 대중교통이 최상의 교통수단임을 홍보하는 것이다. 내 관점에서 보았을 때 이것은 공공의 공간, 특히 거리 환경이 그곳을 통과하는 기계들을 위한 것이 아니라 그 안에 거주하는 사람들이 온전히 누릴 수 있는, 좀더 살기 좋고 활기 넘치고 건강하고 행복하고 지속 가능한 도시를 만든다는 의미이다. 이 단체는 자전거 족과 보행자를 위해 수많은 문제점을 개선했고, 뉴욕 시에서 자동차 이용 자제를 촉구하는 데 앞장섰다. 자전거 타기에 좋은 도시를 만드는 것은 대중교통이 발달한 뉴욕 시에서조차 자가용에게 장악당한 교통 시스템을 전면 개혁해야 한다는 것을 의미한다.

'평화와 정의를 위한 청소년 사역단(YMPJ.org)'의 사명은 젊은이들을 평화와 정의의 선지자로 양성해 환경적, 경제적으로 열악한 브롱크스 강 일대와 사우스 브롱크스의 사운드뷰와 브루크너를 재건하는 것이다. 이들이 추구하는 방식은 정치 교육, 영적 성장 그리고 청소년과 지역사회의 육성과 조직이다. 이 단체의 한 리더는 "지금 사는 동네를 탈출하는 게 우리 부모님의 꿈이지만, 지금 사는 동네를 더 살기 좋게 만드는 것이 저의 꿈이에요"라고 나에게 말했다.

앞에 소개된 (그리고 앞으로 소개할) 기관들은 성격이 상당히 다양하지만, 여러분이 관심 있는 사안과 지역은 아닐 수도 있다. 그렇다면 당신이 나설 차례이다!

친구들과 이웃주민들을 규합하자. 그저 말만 하는 게 아니라 실천을 이야기하는 블로그를 만들자. 잡담의 영역에서 실천의 영역으로 넘어가려면 블로그의 영역이 필요하다. 학교에 강연을 자청한다. 지역 신문에 논평을 게재한다. 처음에는 생각을 달리하는 사람들에게도 상냥하고 친절하게 대해야 한다.

스스로 변화를 주도하고자 할 때 도움이 될 만한 자료를 소개하자면 다음과 같다.

> 인터넷 봉사와 참여를 처음 시작하는 사람들을 위한 넷액션의 독학 과정: www.netaction.org/training/index.html.
>
> 학생환경실천연합의 단체 조직 길잡이(학생이 아닌 경우에도 좋다): seac.org/sog/index/shtml.
>
> *Rules for Radicals*, by Saul Alinsky. (『급진주의자를 위한 규칙』, S. D. 알린스키, 아르케)
>
> *Grassroots: A Field Guide for Feminist Activism*, by Jennifer Baumgardner and Amy Richards.
>
> *Building Powerful Community Organizations: A Personal Guide to Creating Groups That Can Solve Problems and Change the World*, by Michael Jacoby Brown.
>
> *Momentum: Igniting Social Change in the Connected Age*, by Allison Fine.

Generation Change: Roll Up Your Sleeves and Change the World, by Zach Hunter.

Building Communities from the Inside Out: A Path Toward Finding and Mobilizing a Community's Assets, by John P. Kretzmann and John L. McKnight.

The One-Hour Activist: The 15 Most Powerful Actions You Can Take to Fight for the Issues and Candidates You Care About, by Christopher Kush.

Against the Stream: A Buddhist Manual for Spiritual Revolutionaries, by Noah Levine.

The Impossible Will Take a Little While: A Citizen's Guide to Hope in a Time of Fear, by Paul Loeb.

How to Save the World in Your Spare Time, by Elizabeth May.

The Lifelong Activist: How to Change the World Without Losing Your Way, by Hillary Rettig.

Taking On the System: Rules for Radical Change in a Digital Era, by Markios Moulitsas Zúniga.

다음으로는 각 장의 주제에 따라 생활방식을 개조하고 단체행동을 취할 때 좀더 구체적인 도움이 될 만한 배경지식과 제안을 소개한다.

1장과 2장 (우리의 환경위기에 대한 배경지식)

기후변화에 대해서 파악하고자 할 때 읽어야 할 가장 중요한 자료는 '기후변화에 관한 정부간 협의체 제4차 보고서' 이다. 전체 보고서는 수천 장에 달하지만, www.ipcc.ch/pdf/assessment-report/ar4/syr/ar4_syr_spm.pdf로 들어가면 정책 입안자들을 위해 마련된 간략한 요약본을 볼 수 있다.

www.columbia.edu/~jeh1에서는 미국의 수석 기후학자인 짐 핸슨(Jim Hansen)의 보고서와 논문을 볼 수 있다.

기후변화와 기타 환경문제와 관련해서 훌륭한 자료를 갖추고 있는 블로그와 홈페이지를 소개하면 다음과 같다.

"밝은 녹색 미래를 건설하기 위해 가장 중요하고 혁신적이고 새로운 수단과 모델과 아이디어를 전세계 독자들에게" 전하는 Worldchanging.com.

『그리스트』(미국의 비영리 온라인 잡지―옮긴이)의 환경 관련 소식과 논평을 전하는 gristmill.grist.org.

클린턴 정부에서 에너지 효율과 재생에너지와 관련해 에너지 담당 차관서리를 역임했던 조지프 롬의 블로그, climateprogress.org.

전세계 오피니언 리더들 사이에서 중요한 세계문제를 사실 위주로 알기 쉽게 분석하는 것으로 유명한 독립연구기관인 월드워치연구소의 홈페이지, www.worldwatch.org.

폭넓은 정치적 견해를 허용하는 환경단체의 홈페이지에서도 유용한 정보를 얻을 수 있다.

천연자원보호위원회 www.nrdc.org.
의식 있는 과학자 협회 www.ucsusa.org.
환경보호기금 www.edf.org.

책

From Apocalypse to Way of Life: Environmental Crisis in the American Century, by Frederick Buell.

Collapse: How Scientists Choose to Fail or Succeed, by Jared Diamond. (『문명의 붕괴』, 제레드 다이아몬드, 김영사)

An Inconvenient Truth: The Planetary Emergency of Global Warming and What We Can Do About It, by Al Gore.(『불편한 진실』, 앨 고어, 좋은생각)

Peak Everything: Waking Up to the Century of Declines, by Richard Heinberg.

Field Notes from a Catastrophe: Man, Nature, and Climate Change, by Elizabeth Kolbert. (『지구 재앙 보고서』, 엘리자베스 콜버트, 여름언덕)

Earth: The Sequel: The Race to Reinvent Energy and Stop Global Warming, by Fred Krupp and Miriam Horn. (『지구, 그 후』, 미리암 혼, 프레드 크럽, 에이지21)

The Long Emergency: Surviving the End of Oil, Climate Change, and Other Converging Catastrophes of the Twenty-first Century, by James Howard Kunstler.

The Revenge of Gaia: Earth's Climate Crisis and the Fate of Humanity, by James Lovelock. (『가이아의 복수』, 제임스 러브록, 세종서적)

Six Degrees: Our Future on a Hotter Planet, by Mark Lynas. (『6도의 악몽』, 마크 라이너스, 세종서적)

The End of Nature, by Bill McKibben. (『자연의 종말』, 빌 맥키벤, 양문)

The End of the Wild, by Stephen M. Meyer.

With Speed and Violence: Why Scientists Fear Tipping Points in Climate Change, by Fred Pearce. (『데드라인에 선 기후』, 프레드 피어스, 에코리브르)

The Song of the Dodo: Island Biogeography in an Age of Extinction, by David Quammen. (『도도의 노래 1, 2』, 데이비드 쾀멘, 푸른숲)

Hell and High Water: Global Warming—the Solution and the Politics— and What We Should Do, by Joseph Romm.

Break Through: From the Death of Environmentalism to the Politics of Possibility, by Michael Shellenberger and Ted Nordhaus.

The World Without Us, by Alan Weisman. (『인간 없는 세상』, 앨런 와이즈먼, 랜덤하우스코리아)

The Future of Life, by E. O. Wilson. (『생명의 미래』, 에드워드 윌슨, 사이언스북스)

State of the World 2008: Toward a Sustainable Global Economy, by the WorldWatch Institute.

3장과 4장 (자원 낭비하지 않기)

자원 낭비의 주범은 일회용품이다. 앞에서도 이야기했던 것처럼 우리가 쓰는 제품의 80퍼센트가 한 번만 쓰고 버리도록 만들어진다. 그런가 하면 쓰레기의 40퍼센트가 포장이다. 예전에는 에너지와 자원으로 일회용품 위주의 경제를 지탱할 수 있었을지 몰라도 지금은 아니다. 더 나은 방법을 찾아야 한다.

내가 쓰레기를 줄이기 위해 했던 일들은 noimpactman.typepad.com/blog/2008/04/lv-grn-42-ways.html에 소개되어 있다.

광고 우편물을 없애는 법은 noimpantman.typepad.com/blog/2007/05/stopping_thejuhtml을 참고하면 된다.

플라스틱 물통과 커피 컵 대신 유리병을 쓰는 방법은 noimpactman.typepad.com/blog/2007/07/my-ultra-cool-r.html에 소개되어 있다.

쓰레기 매립지에서 썩어가는 음식물 쓰레기가 두번째로 많은 메탄가스를 배출하는 만큼, 퇴비를 만들면 엄청난 변화를 불러일으킬 수 있다. 퇴비를 만드는 방법은 noimpactman.typepad.com/blog/2007/03/wake_up_and_sme.htm과 noimpactman.typepad.com/blog/2007/07/slimy-pets-to-e.html에 소개되어 있다.

종이 쓰레기를 하나라도 없애고 싶으면 그린피스에서 한 말을 생각해보자.

전세계 티슈 브랜드 중에서 가장 유명한 크리넥스가 원시림을 파괴하는 원흉이다. 크리넥스를 생산하는 킴벌리-클라크는 관행 개선을 거부한 채 북아메리카의 침엽수림 등 원시림을 완전벌채해 종이와 펄프 생산을 계속하고 있다. 킴벌리-클라크가 기후변화에 대처하는 데 결정적인 역할을 하고 카리부(북미산 순록 — 옮긴이), 늑대, 독수리, 곰과 같은 야생생물의 보금자리가 되는 이 원시림을 싹쓸이해 변기에 흘려보내거나 내버리는 제품으로 만들고 있다.

그린피스는 kleercut.net/en을 통해 미용 티슈를 만들기 위한 원시림 벌채에 반대하는 캠페인을 벌이고 있다.

'전세계 소각 반대 연합', 즉 GAIA(www.no-burn.org)는 우리 별의 자원에 한계가 있고, 생물권이 위태롭고, 오염과 비효율적인 제작 관행과 건강을 해치는 쓰레기 처리방식이 인간을 비롯한 기타 생물의 건강을 위협하고 있다는 사실을 인지한 전세계 사회운동단체와 개인 들이 모인 곳이다.

'시에라 클럽 전국 제로 쓰레기 위원회(www.sierraclub.org/committees/zerowaste)'는 지방정부가 담당하는 전통적인 쓰레기 '사후 처리'를, 기업이 계획하고 비용을 부담하고 관리하는 '요람에서 요람까지' 재활용 시스템으로 전환하는 운동을 주도한다. 제품 디자인을 개선하고, 지역경제를 활성화하고, 교통수단 및 에너지 집약적인 제품 사슬이 기후변화에 미치는 영향을 축소시키는 것이 이들의 목표이다.

'제로 쓰레기 세계연합(www.zwia.org)'은 대중 교육과 제로 쓰레기 원칙의 실질적인 활용을 통해 쓰레기 없는 세상을 꿈꾼다.

'보통사람들의 재활용 네트워크(www.grrn.org)'는 제로 쓰레기 방침을 교육하고 지지하는 사람들로 이루어져 있다.

'알갤리타 해양연구재단(www.algalita.org)'은 플라스틱 쓰레기와 파편들이 전세계 해양에 미치는 영향을 연구한다.

베스 테리는 블로그 www.fakeplasticfish.com을 통해 폐기물류에서 플라스틱이 차지하는 비중을 소개하고 있다.

책

Good Stuff? A Behind-the-Scenes Guide to the Things We Buy, by Brian Halweil.

Gone Tomorrow: The Hidden Life of Garbage, by Heather Rogers. (『사라진 내일』, 헤더 로저스, 삼인)

Garbage Land: On the Secret Trail of Trash, by Elizabeth Royte.

Waste and Want: A Social History of Trash, by Susan Strasser. (『낭비와 욕망』, 수전 스트레서, 이후)

5장 (교통수단, 살기 좋은 도시, 토지 사용)

쉽지 않지만 간단한 방법: 직장 근처에 살거나 집 근처에서 일을 한다. 자기 자신의 건강과 우리 별의 건강을 위해 걷는다. 걸을 수 없으면 자전거를 탄다. 자전거를 못 타면 대중교통을 이용한다. 대중교통을 이용할 수 없으면 카풀을 한다. 카풀을 할 수 없으면 에너지 효율이 높은 차를 탄다. 그리고 비행기 여행을 줄인다. 앞에서도 말했다시피 간단하다. 쉽지는 않겠지만.

전국 자전거 타기, 걷기 운동본부: www.bikewalk.org.
미국자전거연맹: www.bikeleague.org.
차에 치이지 않는 법 등 자전거를 탈 때 알아야 할 중요한 안전수칙을 가르쳐주는 곳: bicyclesafe.com.
전국대중교통운동연합(www.napta.net)은 연방정부 차원에서 대중교통에 대한 지원을 늘릴 것을 촉구하는 각 지방 교통연합이다.
환경보호협회의 친환경 자동차 길잡이: www.epa.gov/greenvehicles.
GreenCar.com은 자동차 애호가, 환경운동가, 일상적인 운전자들에게 친환경 자동차, 친환경 에너지, 친환경 과학기술에 대해 알려준다.
카풀 연결해주는 곳: www.rideamigos.com과 www.erideshare.com.
살기 좋은 거리 네트워크(www.livablestreet.com)는 좀더 건강하고 지속 가능한 도시 환경을 만들기 위해 도시를 재정비하고, 수십 년 동안 자동차 위주였던 입안과 정책을 바꾸려고 한다. 이들의 블로그는 매일 소식을 전하고, 온라인 커뮤니티를 조성하고, 정치적인 힘을 규합하는 역할을 한다.
'미국을 위한 대중교통'은 대중교통에 현명한 투자를 함으로써 우리 경제를 활성화하고 미래에 투자할 것을 의회에 촉구한다. t4america.org.

책

Divorce Your Car! Ending the Love Affair with the Automobile, by Katie Alvord. (『당신의 차와 이혼하라』, 케이티 앨버드, 돌베개)

How to Live Well Without Owning a Car: Save Money, Breathe Easier, and Get More Mileage Out of Life, by Chris Balish.

Farewell, My Subaru: An Epic Adventure in Local Living, by Doug Fine. (『굿바이 스바루』, 덕 파인, 사계절)

Asphalt Nation: How the Automobile Took Over America and How We Can Take It Back, by Jane Holtz Kay.

The Geography of Nowhere, by James Howard Kunstler.

Biking to Work, by Rory McMullan.

6장 (지속 가능한 식생활)

노 임팩트 맨이 말하는 지속 가능한 식생활이란 냉동이나 가공처리 되지 않고 유기농이거나 유기농에 가까우며 포장이 되어 있지 않은 제철 로컬 푸드를 먹고, 쇠고기와 유제품과 생선을 되도록 삼가며 곡류와 채소 위주로 섭취하는 것을 의미한다(그 이유는 noimpactman.typepad.com/blog/2007/07/the-no-impact-s.html를 참고하기 바란다).

채식하는 법을 알고 싶으면: '채식주의 지원모임(www.vrg.org)' '채식주의로!(www.goveg.com)'.

로컬 푸드를 알고 싶으면: '이트 로컬 챌린지(www.eatlocalchallenge.com)'.

집에서 직접 유기농 채소를 재배하고 싶으면: '베지터블 가드닝 구루(www.vegetablegardeningguru.com)' '더 좋은 채소 기르기 모임(love applefarm.typepad.com/growbetterveggies)'.

통조림으로 만들거나 건조시키거나 냉동시키는 방식으로 여름 농산물을 겨울에 먹는 방법: www.preservefood.com.

식품안전센터(www.centerfoodsafety.org)는 법적인 조치, 시민 결집, 정책 평가, 대중 교육, 등 다각적인 방법을 통해 건강에 해로운 식료품 제조 기술에 문제 제기를 하고, 지속 가능한 대안을 제시하는 비영리 공익단체이자 환경운동단체이다.

'지역사회 식품안전연합(www.foodsecurity.org)'은 모든 지역사회 주민들이 안전하고, 문화적으로 아무 문제없고, 영양이 풍부한 식생활을 할 수 있도록 자립과 사회정의를 극대화한 지속 가능한 식품 유통, 관리 체제를 도입해야 한다고 주장한다.

책

Uncertain Peril: Genetic Engineering and the Future of Seeds, by Claire Hope Cummings.

Food Not Lawns: How To Turn Your Yard into a Garden and Your Neighborhood into a Community, by Heather Coburn Flores.

Sharing The Harvest: A Citizen's Guide to Community Supported Agriculture, by Elizabeth Henderson and Robyn Van En.

Food Fight: The Citizen's Guide to a Food and Farm Bill, by Daniel Imhoff.

The Revolution Will Not Be Microwaved: Inside America's Underground Food Movements, by Sandor Ellix Katz.

Animal, Vegetable, Miracle: A Year of Food Life, by Barbara Kingsolver. (『자연과 함께한 1년』, 바바라 킹솔버 외, 한겨레출판)

Grub: Ideas for an Urban Organic Kitchen, by Anna Lappé.

Getting a Grip, Clarity, Creativity, and Courage in a World Gone Mad, by Frances Moore Lappé. (『살아 있는 민주주의』, 프란시스 무어 라페, 이후)

Hope's Edge: The Next Diet for a Small Planet, by Frances Moore Lappé and Anna Blythe Lappé. (『희망의 경계』, 안나 라페, 프란시스 무어 라페, 이후)

The Meat You Eat: How Corporate Farming Has Endangered America's Food Supply, by Ken Midkiff.

Food Politics: How the Food Industry Influences Nutrition and Health, by Marion Nestle.

What to Eat, by Marion Nestle.

In Defense of Food, by Michael Pollan. (『마이클 폴란의 행복한 밥상』, 마이클 폴란, 다른세상)

The Omnivore's Dilemma, by Michael Pollan. (『잡식동물의 딜레마』, 마이클 폴란, 다른세상)

Second Nature, by Michael Pollan. (『세컨 네이처』, 마이클 폴란, 황소자리)

The End of Food, by Paul Roberts.

Appetite for Profit: How the Food Industry Undermines Our Health and How to Fight Back, by Michele Simon.

The 100-Mile Diet: A Year of Local Eating, by Alisa Smith and J. B. Mackinnon.

Closing the Food Gap: Resetting the Table in the Land of Plenty, by Mark Winne.

7장 (비과시적 소비)

노 임팩트 맨이 생각하는 지속 가능한 소비는 어떤 것일까? 양말과 속옷 말고는 새것을 사지 않는 것이다(내가 정한 규칙은 noimpact man.typepad.com/blog/2007/03/if_im_dead_tomo.html을 참고하기 바란다). 그래도 벼룩시장과 중고품 할인점과 중고품 전문점에서 누릴 건 다 누리고 있다.

'컴팩트(sfcompact.blogspot.com)'는 (1) 재활용을 넘어 우리 별과 환경과 사회경제에 부정적인 영향을 미치는 미국의 소비자 문화를 배격하고, 전세계 조합주의에 저항하며, 지방 기업과 농장과 기타 등등을 지원하며 (2) 가정의 쓰레기와 낭비를 줄이고 (3) 생활을 간소화하겠다는 비소비자 선언이다.

'프리사이클(www.freecycle.org)'은 "전세계적인 기증 운동을 통해 쓰레기를 줄이고, 소중한 자원을 절약하며, 쓰레기 매립지의 부담을 더는 한편, 회원들에게 좀더 넓어진 지역사회의 혜택을 누리도록 하는" 온라인 기증 네트워크이다.

가까이 사는 사람과 옷을 교환하고 싶으면: www.swaporamarama.org.

'프리건(freegan.info)'은 "이윤 추구로 윤리적인 조치가 무색해지고, 너무나도 복잡한 생산체계로 인해 우리가 어떤 물건을 구입하건 뜻하지 않게 부정적인 영향을 미치게 만드는 경제체제를 전면 보이콧하여, 한 악덕 기업의 제품을 피하느라 다른 악덕 기업을 키우기보다 구입 자체를 최대한 자제하는" 운동을 벌인다. 쓰레기 뒤지기가 그들의 작전 리스트 상단을 차지하고 있다.

'심플 리빙 네트워크(www.simpleliving.net)'에 따르면 "자발적인 간소함"은 무엇이 자신한테 중요하거나 '충분'한지 결정한 뒤 그 나머지를 버리는, 검열을 거친 생활을 말한다. 이 네트워크에서는 의식 있고 간소하며 건강하고 치유적인 생활에 도움이 될 만한 자료와 도구, 수단, 연락처를 제공한다.

'스톱 쇼핑 교회(www.revbilly.com)'는 '스톱 쇼핑' 복음을 전파하는 유쾌하고 활기 넘치는 단체이다. 이들은 카리스마 넘치는 빌리 목사의 인도 아래 가두행진을 벌이고, 소매점 개입 운동을 조직하는데, 심지어는 카운터 계산기 화형식도 거행했다고 한다.

소비 관련 문제를 다루는 단체에 대해 알고 싶으면 애니 레너드의 '물건 이야기' 사이트의 참고자료 페이지(www.storyofstuff.com/resources.html)를 검색하는 것이 가장 좋다.

책

The Circle of Simplicity: Return to the Good Life, by Cecile Andrews.

Slow Is Beautiful: New Visions of Community, Leisure, and Joie de Vivre, by Cecile Andrews.

Consumed: How Markets Corrupt Children, Infantilize Adults, and Swallow Citizens Whole, by Benjamin R. Barber.

Biomimicry: Innovation Inspired by Nature, by Janine Benyus.

The Consumer's Guide to Effective Environmental Choices: Practical Advice from the Union of Concerned Scientist, by Michael Brower.

Affluenza: The All-Consuming Epidemic, by John de Graaf. (『어플루엔자』, 존 더 그라프 외, 한숲출판사)

Take Back Your Time: Fighting Overwork and Time Poverty in America, by John de Graaf.

How Much is Enough? The Consumer Society and the Future of the Earth, by Alan Durning.

Voluntary Simplicity: Toward a Way of Life That Is Outwardly Simple, Inwardly Rich, by Duane Elgin. (『소박한 삶의 철학』, 듀안 엘진, 바다출판사)

Un-Jobbing: The Adult Liberation Handbook, by Michael Fogler.

Manufacturing Consent: The Political Economy of the Mass Media, by Edward S. Herman and Noam Chomsky. (『여론조작』, 에드워드 허먼, 노엄 촘스키, 에코리브르)

We Know What You Want: How They Change Your Mind, by Martin Howard.

The High Price of Materialism, by Tim Kasser.

Psychology and Comsumer Culture: The Struggle for a Good Life in a Materialistic World, edited by Tim Kasser and Allen D. Kanner.

No Logo: No Space, No Choice, No Jobs, by Naomi Klein. (『노 로고』, 나오미 클라인, 랜덤하우스코리아)

Culture Jam: How to Reverse America's Suicidal Consumer Binge— And Why We Must, by Kalle Lasn.

Not Buying It: My Year Without Shopping, by Judith Levine.

Cradle to Cradle: Remaking the Way We Make Things, by William McDonough and Michael Braugart. (『요람에서 요람으로』, 윌리엄 맥도너, 미하엘 브라우가르트, 에코리브르)

Deep Economy: The Wealth of Communities and the Durable Future, by Bill McKibben.

Radical Simplicity: Small Footprints on a Finite Earth, by Jim Merkel. (『단순하게 살기』, 짐 머켈, 황소자리)

Born to Buy: The Commercialized Child and the New Consumer Culture, by Juliet B. Schor. (『쇼핑하기 위해 태어났다』, 줄리엣 B. 쇼어, 해냄)

The Overspent American, by Juliet B. Schor.

The Overworked American, by Juliet B. Schor.

Made to Break: Technology and Obsolescene in America, by Giles Slade.

The Not So Big Life: Making Room for What Really Matters, by Sarah Susanka.

8장 (가정의 에너지 사용 줄이기)

'오프 더 그리드(www.offthegrid.com)'는 태양열, 풍력, 초수력 발전을 통해 에너지 독립할 수 있는 방법을 소개한다.

완전한 독립이 불가능하면 최소한 전력의 절반 이상을 풍력과 태양열, 기타 클린 에너지 자원을 통해 공급하는 '그린-e(www.green-e.org)'도 시도해볼 만하다. 전력공급업체를 선택할 여지가 없는 지역에 살고 있더라도 전기요금 청구서 상의 선택사항을 통해 재생에너지를 지원할 수 있다.

아니면 천연자원보호위원회에서 알려주는 클린 에너지 구입 방법을 참고해도 좋다. www.nrdc.org/air/energy/gcleanen.asp.

미국 에너지자원부에서도 친환경 에너지 공급업체와 제품, 소비자 보호 문제, 친환경 에너지 시장에 영향을 미치는 정책에 관한 정보를 제공하고 있다. apps3.ecrc.energy.gov/greenpower.

천연자원보호위원회(www.nrdc.org/greenliving/toolkit.asp)와 미국 환경보호협회(www.energystar.gov/homeimprovement)에서도 가정과 생활방식의 에너지 효율을 높이고 이산화탄소 배출을 줄이는 방법을 알려준다.

책

The Homeowner's Guide to Renewable Energy: Achieving Energy Independence Through Solar, Wind Biomass, and Hydropower, by Dan Chiras.

The Complete Guide to Reducing Energy Costs, edited by Consumer Reports.

Big Coal: The Dirty Secret Behind America's Energy Future, by Jeff Goodell.

Powerdown: Options and Actions for a Post-Carbon World, by Richard Heinberg.

The Carbon-Free Home: 36 Remodeling Projects to Help Kick the Fossil-Fuel Habit, by Stephen and Rebekah Hren.

The Renewable Energy Handbook: A Guide to Rural Energy Independence, Off-Grid and Sustainable Living, by William H. Kemp.

The Home Energy Diet: How to Save Money by Making Your House Energy-Smart, by Paul Scheckel.

Power to the People: How the Coming Energy Revolution Will Transform an Industry, Change Our Lives, and Maybe Even Save the Planet, by Vijay V. Vaitheeswaran.

The Homeowner's Guide to Energy Independence: Alternative Power Sources for the Average American, by Christine Woodside.

9장 (사회 환원)

노 임팩트 프로젝트에서 사회 환원은 환경에 긍정적인 영향을 미치는 것을 의미한다. 여러분이 사는 지역의 강변에서 일주일에 한 번씩 쓰레기를 줍거나 앞에 소개되어 있는 단체에 참여하거나 후원하는 식의 간단한 일도 사회에 환원하는 한 방법이다.

십일조도 훌륭한 방법이다. 기부를 하면 자신에게 얼마나 긍정적인 영향을 미치는지 궁금한 사람은 noimpactman.typepad.com/blog/2007/11/it-pays-to-be-c.html을 참고하기 바란다. 수입의 10퍼센트만 기부해도 어떤 식으로 전세계의 빈곤을 해결할 수 있는지에 대한 피트 싱어(Pete Singer)의 훌륭한 글은 www.utilitarian.net/singer/by/20061217.htm에서 읽을 수 있다.

마지막으로 내 블로그 독자들이 엮은, 환경적으로 깨어 있는 시민이 될 수 있는 40단계가 궁금한 사람은 noimpactman.typepad.com/blog/2008/08/50-ways-to-go-g.html을 참고하기 바란다.

한국어판 부록

한국의 환경단체들

환경운동연합 운영국장 김춘이

영화관에서 화장실에 다녀온 친구가 물었다. 손을 씻고 전기건조기로 손을 말리는 것과 휴지를 닦아 손을 말리는 것 중 어느 것이 환경적으로 피해가 덜한지? 둘 다 사용하지 않고도 환경에 전혀 피해를 주지 않으려면 손수건을 사용하면 된다고 했더니 친구는 '그렇게 가까운 데 환경을 살리는 방법이 있을 줄이야' 하며 손바닥을 쳤다.

한국 사회의 환경운동은 1980년대 반공해 운동, 1990년대 생태계 보전 운동을 거쳐 21세기 '시민의 실천'이 주요한 의제로 대두하고 있다. 그동안 정부와 기업의 정책변화를 환경단체와 함께 요구하던 시민들은 이제 자신들의 일상생활까지도 변화시키지 않으면 안 된다는 결론에 도달했기 때문이다.

물론 1980년대와 1990년대에도 시민들의 그러한 노력이 없었던 것은 아니었다. 폐식용유로 비누를 만들어 사용하고, 화학성분의 샴푸가 아닌 빨랫비누로 머리를 감는 사람들이 외계인 취급을 받으면서도 있기는 있었다. 주부 및 여성을 중심으로 1987년 시작한 공해반대시민운동협의회가 그 대표적인 예다. 모두가 비닐과 종이 봉지를 아무 의식 없이 사용할 때도 장바구니 사용하기, 합성세제 안 쓰기, 나무젓가락 안 쓰기, 젓가락집 갖고 다니기 등의 캠페인을 통해 끊임없이 우리에게 지구와 친구할 것을 권했다.

비누를 만들던 조그마한 소모임, 석유화학기지로 인한 반공해 운동 등 첫 출발의 이유는 다양했지만 현재 한국의 환경단체들은 기존 정책활동 외에도 시민들의 '일상적 삶의 방식'을 바꾸는 활동에 많은 관심을 두고 있다. 텀블러 가지고 다니기, 천연 생리대와 천연 화장품 직접 만들어 사용하기 등은 사실 나로부터 지구를 살린다는 패러다임 전환의 좋은 예라 하겠다.

환경 운동 및 실천은 여러 가지 형태로 진행된다. 환경운동단체에 매월 회비를 납부함으로써, 환경단체의 정책활동에 동참함으로써 그리고 직접 생활 속에서 실천함으로써 모두 가능하다. 환경단체의 회원이 되고 난 후 실천하는 회원들이 늘어나고 있다. 환경단체 가입 후 사내에서 종이컵을 없앴다거나, 출퇴근을 자전거로 하고 있다거나, 교회에서 일회용품 안 쓰기 운동을 하고 있다거나 하는, 직접 시민이, 회원이 실천하는 이야기는 활동가들에게 큰 힘이 되곤 한다. 여기 시민과 함께 환경 정책과 실천의 현장에서 고민하는 한국의 환경단체를 소개한다.

1. 국가와 기업의 환경정책 변화를 요구하는 단체들

● **환경운동연합** www.kfem.or.kr

우리나라 최초의 환경단체로 전국 50여 개의 지역조직과 4만 명의 회원이 함께하고 있다. 대만 핵폐기물 북한 반입 반대, 새만금 갯벌 보전 운동, 동강 살리기 운동 등 국내의 굵직굵직한 환경운동을 국내외로 전개하였다. 탄소고백 운동을 통해 시민들의 에너지소비량을 측정하는 활동을 전개했으며 노 임팩트 맨 한국 프로그램도 진행하고 있다.

● **녹색연합** www.greenkoreaunited.org

백두대간 보호, 야생동물 보호 등 생태계 보호운동을 광범위하게 전개하고 있으며 미군의 한강 독극물오염 사건 등과 같은 중요한 의제를 사회에 전파시켰다. '녹색인으로 살아가는 방법 A부터 Z까지'를 통해 시민실천의제들을 확산시키고 있다.

● **환경정의** www.eco.or.kr

초록으로 그리는 아름다운 세상을 목표로 하고 있으며 다음 지키기 (미래세대 보호), 생명의 물, 초록사회를 위한 활동들을 하고 있다. 역시 지구로의 영향을 줄이기 위한 각종 작은 실천 캠페인들을 전개하고 있다.

● **녹색교통운동** www.greentransport.org

어린이, 노약자, 장애인들이 마음 놓고 걸어다닐 수 도시교통문화 조성, 사람 중심의 교통, 동넷길 보존, 자전것길 실현 등을 주요 목표로 활동하고 있다.

● **자원순환연대** www.waste21.or.kr

전국 180여 개의 환경·소비자·여성·시민단체가 참여하여 친환경적인 쓰레기 관리, 재활용 체계의 구축 등을 위해 활동하고 있다. 생활실천운동으로 일회용품과 포장폐기물 줄이기, 음식물 줄이기 시민운동을 전개하였으며 이를 통해 연간 3천억 원 이상의 국비를 절약하고 있다.

● **기후변화행동연구소** http://climateaction.tistory.com

국내외 기후변화 의제를 중심으로 한국내 논의확산을 위해 탄생한 신생 연구소다. 소를 키우는 데 아마존 삼림이 목초지로 조성되고 엄청난 양의 곡물과 물이 사용되는 데 착안하여 매주 월요일 '육식 안 하기 운동(Meat Free Monday)'을 전개하고 있다.

● **에너지 나눔과 평화** www.energypeace.or.kr

햇빛과 바람으로 만드는 세상을 추구하며 에너지 저소득층과 제3세계에 녹색을 전하는 활동을 주로 하고 있다. 에너지 빈곤층에게 햇빛과 바람 에너지를 지원하기 위한 사랑의 나눔발전소를 운영하고 있다.

● **생태지평** www.ecoin.or.kr

현장과 이론이 만나는 환경운동을 시도하는 곳으로 아토피 제로 운동 등을 전개하고 있다.

● **생태보전시민모임** www.ecoclub.or.kr

인간들의 파괴에 생존을 위협받고 있는 새 한 마리와 나무 한 그루의 친구가 되고자 하는 생태적 가치와 이념을 지향하는 단체로 각종 환경생태교육을 진행하고 있다.

● **국립공원을 지키는 시민의 모임** www.npcn.or.kr

자연생태계의 마지막 보루인 국립공원을 지키기 위해 국민, 지역사회와 함께 국립공원 보전활동을 전개하고 있다. 특히 대한민국의 영산인 지리산국립공원을 댐 건설, 케이블카 건설로부터 지켜내기 위해 노력하고 있다.

● **녹색소비자연대** www.gcn.or.kr

지구환경 보전을 위해 녹색소비가 일상생활에서 실천될 수 있도록 다양한 정보를 제공하고 있다.

● **에너지시민연대** www.enet.or.kr

에너지 절약을 위한 자발적인 시민운동 '에너지 절약 백만 가구 운동'을 전개하여 에너지 절약에 대한 시민의식을 고취시키는 활동을 전개하고 있다.

2. 종교적 신념으로 환경을 지키는 단체들

생명과 자연이 신의 섭리로 이루어졌다고 믿는 종교수행자들에게 종교와 환경, 종교와 생명의 만남은 매우 자연스런 일이라 하지 않을 수 없다. 종교환경단체들은 정책 위주의 환경단체보다 특별히 더 환경적 실천을 강조하고 있는 것이 사실이며 그렇다고 해서 국가적 환경의제에 침묵하거나 하지는 않는다.

● **기독교환경연대** www.greenchrist.org

녹색교회를 통한 창조질서보전을 목적으로 하고 있으며 1981년도부터 온산병 규명을 시작으로 활동했다. '교회를 푸르게' '생태감수성 회복을 위한 교회지도자교육' 프로그램을 운영한다. 자원 재활용, 생명의 쌀 나눔 등을 실천덕목으로 하고 있으며 매해 사순절이면 '사순절 탄소 금식' 캠페인을 전개한다.

● **불교환경연대** www.budaeco.org

2000년 지리산에 댐 건설 계획이 발표되자 지리산 살리기, 댐 백지화 운동을 전개하면서 단체가 태동하였다. 청정국토 보전과 환경보살을 향한 힘찬 발걸음을 모토로 하고 있다. 실천내용으로는 '사찰을 푸르게 가꾸는 빈 그릇 운동'을 전개하고 있으며 스님들의 환경법회를 통해 생명살림의 길을 전파해내가고 있다.

● **에코붓다** www.ecobuddha.org

생명존중사상을 중심으로 한 불교의 근본 가르침을 토대로 가치관과 생활양식의 변화를 통해 삶을 근본적으로 바꾸어나가고자 활동하고 있다. 실천의 방법으로 풍요와 소비의 상징인 쓰레기를 화두로 '쓰레기 제로 운동'을 시작했으며 최근에는 빈 그릇 운동과 지렁이를 이용한 음식물 쓰레기 퇴비화 활동에도 역점을 두고 있다.

3. 유기농 먹거리 판매처 혹은 유기농 식당

안전한 식품에 관심이 많아지면서 사람들의 쇼핑장소는 대형 식료품 매장에서 자연을 닮은 유기농법으로 생산된 먹거리가 있는 '생협'으로 바뀌었다. 그러나 생협은 단순한 유기농 먹거리 판매점이 아니라 지역, 농업, 생명의 철학이 함께한다는 차원에서 그리고 푸드마일리지 운동을 통한 기후변화 방지의 대안이 된다는 점에서 매우 유의미하다. 생명의 찬거리를 제공하고 자연을 닮은 밥상이 있는 곳은 다음과 같다.

- 에코생협 www.ecocoop.or.kr

건강한 먹거리와 건전한 지역활동을 기치로 시작되었으며 소재지 지역 주민들에게 안전한 먹거리의 주요공급처로 자리잡고 있다. 대형 슈퍼마켓으로의 편입을 거부하고 시민들과 함께 생산자와 소비자가 직접 손잡고 생활인으로서의 주권을 찾기 위한 활동을 하고 있다.

- 한살림 www.hansalim.or.kr

밥상살림, 농업살림, 생명살림의 기치 아래 과실, 축산, 수산, 가공식품, 화장품에 이르기까지 모두 밥상·농업·생명을 살리는 물품들을 소비자에게 공급하고 있다. '아름다운 지구인은 빈병을 쓰고 또 씁니다' 라는 캠페인을 통해 한살림에서 구입한 병은 모두 회수하고 있다. 병을 사용하는 경우 자원절약, 이산화탄소 저감, 오수방지, 쓰레기 줄이기 등 다양한 효과가 가능하기 때문이다.

- 에코밥상 www.ecotable.co.kr

자연과 생명을 생각하는 친환경 상차림을 하는 곳이다. 좋은 날 친환경 요리, 우리 몸의 면역력을 위한 음식 등을 개발하여 고객들에게 제공하고 있다. 매실울금두부조림, 우리밀쌈, 한방백숙, 강된장비빔밥 등을 메뉴로 두고 있다.

- 문턱 없는 밥상

서울 서교동에 위치한 식당으로 딱 먹을 만큼만 담는 빈 그릇 운동을 진행하며 윤구병 선생의 변산공동체와 생협을 통해 공급 받는 식재료로 상을 차린다. 점심시간에는 1천 원 이상 기부금 형식의 '문턱 없는' 가격으로 제공하고 저녁은 정상가격으로 받고 있다.

주석

1. 나처럼 어리석은 인간이 이와 같은 허세에 말려든 사연

22 교토의정서: United Nations, "Kyoto Protocol to the United Nations Framework Convention on Climate Change," 1998; unfccc.int/resource/docs/convkp/kpeng.pdf (accessed December 8, 2008).

24 북극곰: Will Iredale, "Polar Bears Drown as Ice Shelf Melts," *Times Online*, December 18, 2005; www.timesonline.co.uk/tol/news/uk/article767459.ece (accessed December 8, 2008).

27 2050년까지 온실 가스 배출을 최소한 80퍼센트 줄여야: Intergovernmental Panel on Climate Change, "Climate Change 2007: Synthesis Report," November 2007; www.ipce.ch/pdf/assessment-report/ar4/syr/ar4_syr.pdf (accessed December 8, 2008).

27 "지구 온난화가 기정사실이 아니라 하나의 가설로 다시 자리매김 하도록": Al Gore, perf., *An Inconvenient Truth*, dir. Davis Guggenheim (Lawrence Bender Productions, 2006).

28 플라스틱 쓰레기장: Algalita Marine Research Foundation; www.algalita.org.

28 1만4천 개의 캐나다 호수: Lester R. Brown, *Eco-Economy: Building on Economy for the Earth* (New York: W. W. Norton, 2001).

28 삼림지를 해마다 1295만 헥타르씩 잘라내고 있기 때문에: Food & Agriculture Organization of the United Nations, "Deforestation Continues at an Alarming Rate," FAO Newsroom, November 14, 2005; www.fao.org/newsroom/en/news/2005/1000127/index.html (accessed December 8, 2008).

28 사우스 브롱크스에 사는 아이들은 네 명 중 한 명 꼴로 천식을 앓고 있는데: New York University School of Medicine and Robert F. Wagner Graduate School of Public Service, "South Bronx Environmental Health and Polity Study"; www.med.nyu.edu/SBEHPS (accessed December 8, 2008).

28 수많은 질병의 원인: Collaborative on Health and the Environment, "CHE Toxicant and Disease Database"; database.healthandenvironment.org (accessed December 8, 2008).

2. 모든 게 엄청난 실수로 밝혀진 첫날

43 한 아이가 두 돌이 될 때까지 쓰는 종이 기저귀는 약 4천 장: Joyce A. Smith and Norma Pitts, "The Diaper Decision: Not a Clear Issue," Ohio State University, July 2, 2001; www.mindfully.org/Plastic/Diaper-Not-Clear.htm (accessed December 8, 2008).

46 '쾌락의 쳇바퀴': Michael W. Eysenck, *Happiness: Facts and Myths* (New York: Psychology Press, 1994).

47 위스콘신의 메노미니 족: William McDonough and Michael Braungart, *Cradle to Cradle: Remaking the Way We Make Things* (New York: North Point Press, 2002).

49 날마다 18만여 명이 도시 한복판으로 거처를 옮기고 있다: Anna Tibaijuka, "Urban Millennium," United Nations Human Settlements Programme, June 8, 2001; www.unhabitat.org/istanbul+5/booklet3.pdf (accessed December 8, 2008).

49 뉴욕의 일인당 평균 이산화탄소 배출량: Jonathan Dickinson, "Inventory of New York City Greenhouse Gas Emissions," New York City Mayor's Office of Long-Term Planning and Sustainability, April 2007; www.nyc.gov/html/om/pdf/ccp_report041007.pdf (accessed December 8, 2008).

49 대기오염의 80퍼센트를 차지하는 자동차와 트럭의 배기가스 탓에 맨해튼

주민들은: Environmental Defense Fund, "New York City Faces a Transit Crisis," November 20, 2008; www.edf.org/page/cfm?tagID=19899 (accessed December 8, 2008).

49 미국에서 대기 중의 화학물질로 인한 암에 걸릴 확률이 가장 높다: U.S. PIRG Education Fund, "Dangers of Diesel: How Diesel Soot and Other Air Toxins Increase Americans' Risk of Cancer," October 2002; static.uspirg.org/usp.asp?id2=8122&id3=USPIRG& (accessed December 8, 2008).

49 408만 톤에 달하는 쓰레기: New York City Police Department, "Chapter 10: Solid Waste and Sanitation Services," *Public Safety Answering Center II*, August 18, 2008; www.nyc.gov/html/nypd/downloads/ pdf/public_information/10_chapter_10_solid_waste.pdf (accessed December 8, 2008).

49 1022억 리터의 미처리 하수: Natural Resources Defense Council, "New York City to Clean Up Waterways by Greening Roadways and Roofs," January 30, 2008; www.nrdc.org/media/2008/080130.asp (accessed December 8, 2008).

49 전세계 온실 가스의 약 1퍼센트를 배출: Dickinson, "Inventory of New York City Greenhouse Gas Emissions."

51 기저귀가 쓰레기에서 차지하는 비중이 4퍼센트: Real Diaper Association, "Diaper Facts"; www.realdiaperassociation.org/diaperfacts.php (accessed December 8, 2008).

3. 쓰레기 속에서 내 인생을 발견했을 때 드는 생각

58 미국인들의 평균치인 하루 2킬로그램: U.S. Environmental Protection Agency, "Municipal Solid Waste Generation, Recycling, and Disposal in the United States: Facts and Figures for 2006"; www.epa.gov/ epawaste/nonhaz/municipal/pubs/msw06.pdf (accessed December 8, 2008).

62 식품 포장지가 미국 전체 폐기물의 20퍼센트를 차지: Kenneth Marsh and Betty Bugusu, "Food Packaging: Roles, Materials, and Environmental Issues," *Journal of Food Science*, April 2007; members.ift.org/NR/rdonlyres/C3FC4F7C-BE99-4124-BA67-A5C3A77D1B05/0/FoodPkgEnviron.pdf (accessed December 8, 2008).

74 우리가 사용하는 제품의 80퍼센트가 일회용으로 만들어진다: Heather Rogers, *Gone Tomorrow: The Hidden Life of Garbage* (New York: New Press, 2005).

74 일회용 종이 냅킨, 타월, 컵, 접시가 480만 톤: U.S. Environmental Protection Agency, "Municipal Solid Waste in the United States: 2007 Facts and Figures"; www.epa.gov/epawaste/nonhaz/municipal/pubs/ msw07-rpt.pdf (accessed December 8, 2008).

74 일회용 제지를 생산하는 수많은 회사 중 하나에 불과한 킴벌리-클라크: Natural Resources Defense Council, "Paper Industry Laying Waste to North American Rainforests," December 2, 2007; www.nrdc.org/land/forests/tissue.asp (accessed December 8, 2008).

75 미국의 삼림이 해마다 처리하는 이산화탄소가 8억 2700만 톤: U.S. Department of Agriculture (Northern Institute of Applied Carbon Science), "Forests Absorb Carbon Dioxide," May 23, 2008; nrs.fs.fed.us/niacs/forests (accessed December 8, 2008).

4. 피자를 종이접시에 놓고 팔지만 않았던들

80 비닐봉지에 세금을 부과하거나 사용을 규제: Brian Halweil, "Good Stuff? A Behind-the-Scenes Guide to Things We Buy," Worldwatch Institute, 2004; www.worldwatch.org/system/files/GS000.pdf (accessed December 8, 2008). See also Lisa McLaughlin, "Paper, Plastic or Prada?" *Time*, August 2, 2007; www.time.com/time/magazine/article/0,9171,1649301,00.html (accessed December 8, 2008); and BBC News, "Irish Bag Tax Hailed Success," August 20, 2002; www.bbc.co.uk

/1/hi/world/europe/2205419.stm (accessed December 8, 2008).
80 전세계적으로 폐기처분되는 비닐봉지가 연간 4조에서 5조 개: Alana Herro, "New Bans on Plastic Bags May Help Protect Marine Life," Worldwatch Institute, January 9, 2008; www.worldwatch.org/node/5565 (accessed December 8, 2008).
80 비닐봉지를 재활용하는 비율은 1퍼센트에도 못 미치고: Halweil, "Good Stuff?"
80 일회용 봉지가 미국 내 도시 폐기물 중에서 400만 톤을 차지: U.S. Environmental Protection Agency, "Municipal Solid Waste in the United States: 2007 Facts and Figures" www.epa.gov/epawaste/nohaz/municipal/pubs/msw07-rpt.pdf (accessed December 8, 2008).
81 바람에 날리는 비닐봉지가 1퍼센트: The Allen Consulting Group, "Phasing Out Light-Weight Plastic Bags: Costs and Benefits of Alternative Approaches," Environment Protection and Heritage Council of Australia, May 2006; www.ephc.gov.au/sites/default/files/PS_PBag_Rpt__ACG_Phasing_out_light_weight_plastic_bags_CBA_200605.pdf (accessed December 8, 2008).
81 롱아일랜드 해변: Edward Laws, *Aquatic Pollution: An Introductory Text* (New York: Wiley, 2000).
81 바다 1.6제곱킬로미터 당 4만6천 조각의 플라스틱: United Nations Environmental Programme, "Action Urged to Avoid Deep Trouble in the Deep Seas," June 16, 2006; www.unep.org/Documents.Multilingual/Default.asp?DocumentID=480&ArticleID=5300&l=en (accessed December 8, 2008).
81 '쓰레기 더미': Charles Moore, "Great Pacific Garbage Patch: Plastic Turning Vast Area of Ocean into Ecological Nightmare,"*Santa Barbara News*, October 27, 2002; www.mindfully.org/Plastic/Ocean/Pacific-Garbage-Patch27oct02.htm (accessed December 8, 2008).
824 플라스틱을 주워 새끼들에게 실수로 먹인 경우가 97퍼센트: Heidi J. Auman et al., "Plastic Ingestion by Laysan Albatross Chicks on Sand Island, Midway Atoll, in 1994 and 1995," in Albatross Biology and

Conservation, ed. G. Robinson and R. Gates (Chipping Norton: Surrey Beatty & Sons, 1997); www.mindfully.org/Plastic/Ocean/Albatross-Plastic-Ingestion1997.htm (accessed December 9, 2008).

82 공업용 화학물질이 최고 100가지나: U.S. Centers for Disease Control, *Third National Report on Human Exposure to Environmental Chemicals*, 2005; www.cdc.gov/exposurereport/pdf/thirdreport_summary.pdf (accessed December 8, 2008).

85 '인티그럴 요가 내추럴 푸드': www.integralyoganaturalfoods.com (accessed December 8, 2008).

96 악명 높은 '쓰레기벌레': Heather Rogers, *Gone Tomorrow: The Hidden Life of Garbage* (New York: New Press, 2005).

5. 탄소 배출량을 줄이는 동시에 엄마를 자극하는 방법

105 비행기가 내뿜는 온실가스는 전세계 배출량의 3퍼센트: United Nations Environment Programme, "World's First Carbon Neutral Airline Gets on Board UNEP' Climate Initiative," November 20, 2008; www.unep.org/Documents.Multilingual/Default.asp?DocumentID=550&ArticleID=5991&1=en (accessed December 9, 2008).

106 장거리 왕복비행 한 번으로 배출되는 3톤의 이산화탄소: BBC Green, "60 Second Guide to (…) Transport Emissions"; www.bbcgreen.com/Travel/Green-Transport/Sixty-Second-Guide-to-transport-emissions (accessed December 9, 2008).

110 지하철도 발전시설에서 이산화탄소가 배출된다: Transportation Alternatives, "Rolling Carbon: Greenhouse Gas Emissions from Commuting in New York City," October 2008; www.transalt.org/files/newsroom/reports/rolling_carbon.pdf (accessed December 9, 2008).

114 '선순환': James Hansen et al., "Target Atmospheric CO2: Where Should Humanity Aim?" *The Open Atmospheric Science Journal*, vol. 2 (Oak Park, Ill.: Bentham Science Publishers, 2008); www.columbia.edu/

~jeh1/2008/TargetCO2_20080407.pdf (accessed December 9, 2008).
115 세계 인구의 고작 5퍼센트밖에 안 되는 미국: United Nations Department of Economic and Social Affairs, Population Division, "Population Database," in *World Population Prospects: The 2006 Revision*, 2007; esa.un.org/unpp/ (accessed December 9, 2008).
115 온실 가스로는 세계 1등: Jane A. Leggett and Jeffrey Logan, *CRS Report for Congress: China's Greenhouse Gas Emissions and Mitigation Policies*, Federation of American Scientists, Congressional Research Service, September 10, 2008; www.fas.org/sgp/crs/row/FL34659.pdf (accessed December 9, 2008).
115 거의 25퍼센트를 방출: Lila Buckley, "Carbon Emissions Reach Record High," Earth Policy Institute, 2004; www.earthpolicy.org/Indicators/CO2/2004.htm (accessed December 9, 2008).
115 탄소 배출량의 약 3분의 1이 교통수단에서 비롯된다: U.S. Department of Energy, Energy Information Administration, *Emissions of Greenhouse Gases in the United States, 2007* (Washington, D.C.: GPO, 2008); ftp://ftp.cia.doe.gov/pub/oiaf/1605/cdrom/pdf/ggrpt/057307.pdf (accessed December 9, 2008).
115 전세계 자동차로 인한 온실가스의 거의 절반이 이 나라 운전자들 몫이다: John DeCicco and Freda Fung, "Global Warming on the Road: The Climate Impact of America's Automobiles," Environmental Defense Fund, 2006; www.edf.org.docu ments/5301_Globalwarmingontheroad. pdf(accessed December 9, 2008).
127 보네거트: Mark Vonnegut on Kurt Vonnegut. Clowes Hall, Butler University, Indianapolis, Indiana, April 2007.
127 "'아빠, 우리는 뭐가 됐든 함께 헤쳐나가자고 태어난 거예요.'": Kurt Vonnegut, "Cold Turkey," *In These Times*, May 10, 2004.
128 추수감사절 대이동: American Automobile Association, "AAA Projects Slight Decline in Thanksgiving Travel for First Time Since 2002," November 18, 2008; www.aaanewsroom.net/main/Default.asp?Page SearchEnginePageSize=&LoosenSearch=&FileSearchEnginePageSize=10

000&ArticleSearchEnginePageSize=&CategoryID=8&ArticleID=649 (accessed December 9, 2008).
128 주행하는 거리가 3915억 킬로미터: U.S. Department of Transportation, Federal Highway Administration, "Traffic Volume Trends–November 2007"; www.fhwa.dot.gov/ohim/tvtw/07novtvt/page2.htm(accessed December 9, 2008).
128 핀란드와 아일랜드가 1년 동안 배출하는 온실가스를 다 합한 것보다 더 심각한 피해를 입는다: U.S. Environmental Protectoin Agency, "Emission Facts: Greenhouse Gas Emissions from a Typical Passenger Vehicle," February 2005; www.epa.gov/otaq/climate/420f05004.htm (accessed December 9, 2008).
129 하루 평균 72분: Brian Halweil, "Good Stuff? A Behind-the-Scenes Guide to the Things We Buy," Worldwatch Institute, 2004; www.worldwatch.org/system/fi les/GS0000.pdf (accessed December 8, 2008).
129 아버지가 아이들과 평균적으로 보내는 시간: U.S. Bureau of Labor Statistics, "American Time Use Survey–2006 Results," June 28, 2007; www.bls.gov/news.release/archives/atus_06032008.htm (accessed December 9, 2008).
129 미국 가계수입의 평균 17퍼센트: U.S. Department of Labor, Bureau of Labor Statistics, *Consumer Expenditures in 2005* (Report 998) (Washington, D.C.: GPO, February 2007); mobility.tamu.edu/ums (accessed December 9, 2008).
129 휴가철에 교통체증으로 허비하는 시간이 연간 1억 500만 주: David Schrank, and Tim Lomax, "The 2007 Urban Mobility Report," Texas Transportation Institute, September 2007; tti.tamu.edu/documents/mobility_report_2007_wappx.pdf (accessed December 9, 2008).
130 출퇴근 시간이 10분 늘어날 때마다 친구나 지역사회와 10퍼센트씩 멀어진다: Robert Putnam, *Bowling Alone: The Collapse and Revival of American Community* (New York: Simon & Schuster, 2001).
130 내가 사는 지역의 교통량이 많을수록 친구가 적어진다: Joshua Hart, "Driven to Excess: Impacts of Motor Vehicle Traffic on Residential

Quality of Life in Bristol, UK," University of the West of England, April 2008; www.livingstreets.org.uk/cms/downloads/0-driven_to_excess_full_report.pdf (accessed December 9, 2008).

130 대기오염의 70~80퍼센트가 자동차와 트럭 때문: Jane Holtz Kay, *Asphalt Nation: How the Automobile Took Over America and How We Can Take It Back* (Berkeley: University of California Press, 1998).

130 도보나 자전거나 대중교통으로 출퇴근하는 사람이 많은 나라일수록 비만 인구가 적다: Mohseni M. Lindstrom, "Means of Transportation to Work and Overweight and Obesity: A Population-Based Study in Southern Sweden," *PubMed* (United States National Library of Medicine), July 17, 2007; www.ncbi.nlm.nih.gov.pubmed/17706273 (accessed December 9, 2008).

130 행복하게 출퇴근할 가능성이 24퍼센트 높다: Martin Turcotte, "Like Commuting? Workers' Perceptions of Their Daily Commute," *Statistics Canada*, Cat. No. 11-008, July 11, 2007; www.statcan.gc.ca/pub/11-008-x/2006004/pdf/9516-eng.pdf (accessed December 9, 2008).

131 '행복햇수': Nic Marks et al., "The (Un)Happy Planet Index: An Index of Human Well-Being and Environmental Impact," New Economics Foundation, 2006; www.neweconomics.org/gen/uploads/dl44k145g5scuy453044gqbu11072006194758.pdf (accessed December 9, 2008).

133 제너럴모터스의 주도 아래 연합전선을 구축: Bill Bryson, *Made in America* (New York: Harper Perennial, 1996).

6. 양배추 요리가 세상을 구한다

147 로리 테일러에게 조언을 구했다: Real Diaper Association; www.realdiaperas sociation.org.

159 「인생선(人生線)」: Kwan Um School of Zen, 99 Pound Road, Cumberland, R.I., 02864-2726; www.kwanumzen.org.

161 57종의 농약: U.S. Department of Agriculture, Agricultural Marketing

Service, *Rules and Regulations*, 7 Code of Federal Regulations Part 205, Vol. 72. No. 199 (October 16, 2007), 58469=59470; www.ams.usda.gov/AMSv1.0/getfile?dDocName=STELPRDC5066629&acct=nosb (accessed December 2, 2008).

162 2004년 4월에 미국 농무부가 대규모 식품가공업체의 요구에 못 이겨: Organic Trade Association, "OTA's 2007 Manufacturer Survey: Executive Summary," 2007; www.ota.com/pics/documents/2007ExecutiveSummary.pdf (accessed December 2, 2008).

163 진짜 하드코어 부부: Alisa Smith and J. B. Mackinnon, *Plenty: Eating Locally on the 100-Mile Diet* (New York: Three Rivers Press, 2008). See also their blog: 100milediet.org/category/the-latest.

163 식료품이 생산농가에서 소비자의 식탁까지 이동하는 거리: Brian Halweil, "Home Grown: The Case for Local Food in a Global Market," Worldwatch Paper 163, November 2002, Worldwatch Institute; www.worldwatch.org/system/files/EWP163.pdf (accessed December 2, 2008).

163 농산물 재배에 쓰이는 석유가 17퍼센트: Dale Allen Pfeiffer, "Eating Fossil Fuels,"Wilderness Publications, October 2004; www.fromthewilderness.com/free/ww3/100303_eating_oil.html (accessed December 2, 2008). See also U.S. Department of Agriculture, "2007 Farm Bill Theme Paper: Energy and Agriculture 2006," August 8, 2006; www.usda.gov/documents/Farmbill07energy.pdf (accessed December 2, 2008).

165 '저스트 푸드': justfood.org.

166 스페인의 야외에서 길러 영국으로 공수한 토마토: AEA Technology Environment, "The Validity of Food Miles as an Indicator of Sustainable Development: Final Report,"Department for Environment, Food & Rural Affairs, July 2005; statistics.defra.gov.uk/esg/reports/foodmiles/final.pdf (accessed December 2, 2008).

168 소규모 지역농장에서 단위면적당 생산하는 농작물이 기업형 농장보다 많고: Bill McKibben, *Deep Economy: The Wealth of Communties and the Durable Future* (New York: Times Books, 2007). See also Jan

Cottingham, "Small Farms Sustaining Agriculture," *Heifer International World Ark*, September 2004: 6; www.heifer.org/arf/cf/%7BE384D2DB-8638-47F3-A6DB-68BE45A16EDC%7D/04%20SEPT-OCT%20WA.PDF (accessed December 2, 2008).

168 물을 가장 많이 쓰는 농업이 수질오염의 가장 큰 원흉: U.S. Environmental Protection Agency, Nonpoint Source Control Branch, Office of Watersheds, "Nonpoint Pointers: Pointer Number 6: Managing Nonpoint Source Pollution from Agriculture," March 1996; www.epa.gov/nps/facts/point6.htm (accessed December 2, 2008).

168 토양을 침식하고 목초지와 습지를 사라지게 만드는 주범: U.S. Department of Agriculture, Economic Research Service. "Briefing Rooms: Irrigation and Water Use"; www.ers.usda.gov/Briefing/WaterUse (accessed December 2, 2008). See also U.S. Fish and Wildlife Service, "Finding Solutions to Habitat Loss," January 2002; www.fws.gov/birds/documents/HabitatLoss.pdf (accessed December 2, 2008); and U.S. Environmental Protection Agency, "Ag 101: Soil Preparation," September 11, 2007; www.epa.gov/oecaagct/ag101/cropsoil.html (accessed December 2, 2008).

168 2만 540제곱킬로미터의 사해: Michelle Perez, "Trouble Downstream: Upgrading Conservation Compliance," September 2007: Environmental Working Group; www.ewg.org/fi les/EWG_Compliance_wholereport.pdf (accessed December 2, 2008).

168 9만5천 톤의 비료: Henry Jackson, "U.S. Corn Boom Has Downside for Gulf," Associated Press, December 17, 2007, Environmental Working Group; www.ewg.org/node/25804 (accessed December 2, 2008).

168 살모넬라균이 창궐: "FDA Closing In on Source of Tomato Scare," Associated Press, MSNBC, June 11, 2008; www.msnbc.msn.com/id/25075424 (accessed December 2, 2008).

168 병원성 대장균에 오염된 시금치의 리콜 소동: California Certified Organic Farmers; www.ccof.org.

168 6만5천 톤의 쇠고기를 회수: Andrew Martin, "Largest Recall of Ground

Beef Is Ordered," *New York Times*, February 18, 2008; www.nytimes.com/2008/02/18/business/18recall.html?ref-us%22 (accessed December 2, 2008).

169 이 나라 농경지의 85퍼센트가 사용: U.S. Department of Agriculture, National Agricultural Statistics Service, "Agricultural Statistics 2006"; www.nass.usda.gov/Publications/Ag_Statistics/2006/index.asp (accessed December 2, 2008).

170 미국 농무부가 국가적인 차원의 유기농 기준을 규정했을 때: International Food Information Council, "USDA Launches Organic Standards: New Rules Welcomed, But Are Organics Better?" *Food Insight*, May 2003; www.ific.org/foodinsight/upload/May-June-2003-PDF.pdf (accessed December 2, 2008). See also U.S. Department of Agriculture, Food Safety and Inspection Service, "abeling and Consumer Protection: FSIS Responses to Questions from the National Organic Standards Board (NOSB) Regarding Organic Meat and Poultry Products Labeling," May 2002; www.fsis.usda.gov/oppde/larc/Organic/FSISRespons.htm (accessed December 2, 2008).

172 마이클 폴란이 『잡식 동물의 딜레마』에서 말한 것처럼: Michael Pollan, *The Omnivore's Dilemma: A Natural History of Four Meals* (New York: Penguin Press, 2007).

172 소 15억 마리가 우리 별의 환경에 미치는 영향: "Food and Agriculture Organization of the United Nations," in *Livestock's Long Shadow: Environmental Issues and Options* (Rome: FAO, 2006); ftp://ftp.fao.org/docrep/fao/010/A0701E/A0701E00.pdf (accessed December 2, 2008).

173 2048년이면 해양이 척박해진다: *Marine Stewardship Council*. www.msc.org.

180 미국인들은 하루 평균 네 시간 반 동안 텔레비전을 보는데: Gary Holmes, "Nielsen Media Research Reports Television's Popularity Is Still Growing," *Nielsen Media Research*, September 21, 2006; www.nielsenmedia.com/nc/portal/site/Public/menuitem.55dc65b4a7d5adff3f659361

47a062a0/?vgnextoid=4156527aacccd010VgnVCM100000ac0a260aRCRD (accessed December 2, 2008).

7. 과시적 비소비

194 미국의 GDP는 1950년 이후 550퍼센트 성장했다: Auggie Tantillo, "New Trade Policy Needed to Restore Health of U.S. Manufacturing," American Manufacturing Trade Action Coalition, April 10, 2008; www.amtacdc.org/SiteCollectionDocuments/Amtac/Director/New%20Trade%20Policy%20Needed%20to%20Restore%20Health%20of%20US%20Manufacturing%2004%2010%2008.pdf (accessed December 10, 2008).

194 거의 0에 가깝다: Richard Layard, *Happiness: Lessons from a New Science* (London: Penguin, 2006).

194 그 성장의 40퍼센트는 가장 부유한 1퍼센트의 주머니 속으로 직행한다: World Institute for Development Economics Research, Income Distribution Database, United Nations University, 2006; www.wider/unu.edu/research/Database/en_GB/wiid (accessed December 10, 2008).

195 지속적으로 행복지수를 높인다: Gordon Dickson, "Kinesiology, Happiness and Positive Psychology," Australian Kinesiology Association, 2006; www.akakinesiology.org.au/DesktopModules/ViewDocumentacec.pdf?Club=kinesiology&DocumentID-8F2B8BE1-A198-44E9-B7AE-C9DE31B59B37 (accessed December 10, 2008).

197 실리콘 밸리의 백만장자들: Gary Rivlin, "In Silicon Valley, Millionaires Who Don't Feel Rich," *New York Times*, August 5, 2007; www.nytimes.com/2007/08/05/technology/05rich.html?_r=1&fta=y (accessed December 10, 2008).

201 2050년이면 이 행성의 인구가 90억이 되는데: United Nations Department of Public Information, News and Media Division, "World Population Will Increase by 2.5 Billion by 2050," Press Release, March 13, 2007;

www.un.org/News/Press/docs/2007/pop952.doc.htm (accessed December 10, 2008).
202 1년 동안 정말로 필요한 소모품 말고는 아무것도 사지 않았다: Judith Levine, *Not Buying It: My Year Without Shopping* (New York: Free Press, 2006).
203 summum bonum(라틴어로 '최고선'을 뜻한다)을 추구하는 것: James Hastings, ed., *A Dictionary of Christ and the Gospels* (Honolulu: University Press of the Pacific, 2004).
204 "속세를 포기한 사람이 피해야 할 양극단": E. H. Brewster, *The Life of Gotama the Buddha* (London: Trubner & Co., 1926).
207 '콤팩트'라는 단체: Rachel Kesel, *The Compact*; sfcompact.blogspot.com (accessed December 19, 2008).
215 야후의 프리사이클: The Freecycle Network; www.freecycle.org.

8. 딸깍 불이 꺼지고

226 '2차 수면' 현상: A. Roger Ekirch, "Dreams Deferred," *New York Times*, February 19, 2006; www.nytimes.com/2006/02/19/opinion/19ekirch. html?ex=1298005200&en=7a2362011318c171&ei=5090&partner=rs suserland&emc=rss (accessed December 14, 2008).
231 16억 명이 아직도 전기 없이 살고 있다: International Energy Agency, "The Developing World and the Electricity Challenge: Investment Needs, Barriers and Prospects," IEA Electricity and Development Workshop, January 17, 2005; www.iea.org/Textbase/work/2005/poverty/blurb.pdf (accessed Decem ber 14, 2008).
231 전기를 쓰지 못하고 깨끗한 물을 마시지 못하고: "Électricité de France/Direction de la Prospective et des Relations Internationales," *Electricity for All: Targets, Timetables, Instruments*, Global Energy Network Institute, October 2002; www.geni.org/globalenergy/library/media_ coverage/electricite-de-france/electricity-for-all–targets-timetables-instuments.

shtml (accessed December 14, 2008).
233 일반 주택에서 사용하는 전기는 전체의 37퍼센트: U.S. Department of Energy, Energy Information Administration, *Annual Energy Review 2007*, June 2008.
233 지구의 석탄기: Eric Roston, *The Carbon Age: How Life's Core Element Has Become Civilization's Greatest Threat* (New York: Walker & Company, 2008).
233 대기 중 이산화탄소의 90퍼센트가 당시에는 땅속에 묻혀 있었기 때문: Jennifer C. McElwain, "Plants as a Force of Nature," *American Scientist* 96, no. 3 (May 2008).
234 우리 사회의 에너지 효율을 50퍼센트씩이나 늘릴 수 있다: Robert Socolow et al., "Solving the Climate Problem: Technologies Available to Curb CO_2 Emissions," *Environment* 46, no. 10 (December 2004).
234 전세계적으로 필요한 에너지의 양이 45퍼센트 증가: International Energy Agency, *World Energy Outlook 2008* (Paris: Électricité de France/ Direction de la Prospective et des Relations Internationales, November 2008).
235 10년 안에 석탄 사용을 전면 중단해야 된다: Victoria Johnson, "100 Months," New Economics Foundation, July 2008; www.onehundred months.org.
236 전세계 GDP의 20퍼센트가 소모: Nicholas Stern, "Stern Review on the Economics of Climate Change," UK Office of Climate Change, January 2007.
242 '단지 속의 단지': Alex Steffen, *Worldchanging: A User's Guide for the 21st Century* (New York: Abrams, 2006).
252 선진국 어린이들의 전반적인 행복도: UNICEF, "Child Poverty in Perspective: An Overview of Child Well-being in Rich Countries," in *Innocenti Report Card 7* (Florence: UNICEF Innocenti Research Centre, 2007).

9. 피해를 보상하고 남을 만큼 훌륭한 일

260 전세계 인구의 3분의 2가 물 부족 현상을 겪을 것이다: Maude Barlow, *Blue Covenant: The Global Water Crisis and the Coming Battle for the Right to Water* (New York: New Press, 2007).

260 날마다 평균적으로 사용하는 물의 양이 265리터: American Water Works Association, "Water Use Statistics"; www.drinktap.org/consumerdnn/Default.aspx?tabid=85 (accessed December 12, 2008).

260 그중 4분의 1이 변기 물을 내리는 데 쓰인다: U.S. Environmental Protection Agency, "Indoor Water Use in the United States," *WaterSense* www.epa.gov/WaterSense/pubs/indoor.htm (accessed December 11, 2008).

260 9조 4650억 리터의 물을 변기로 흘려보내고 있다: U.S. National Wild and Scenic Rivers System, "River and Water Facts," January 1, 2007; www.rivers.gov/waterfacts.html (accessed December 12, 2008).

260 미국의 36개 주가 물 부족 현상을 겪을 것: U.S. General Accounting Office, "Freshwater Supply: States' Views of How Federal Agencies Could Help Them Meet the Challenges of Expected Shortages," in *Report to Congressional Requesters* (Washington, D.C.: GPO, July 2003).

261 예방이 가능한 수인성 질병 환자들이 병실의 절반을 차지: Maude Barlow, "Where Has All the Water Gone?" *American Prospect*, June 21, 2008; www.prospect.org/cs/articles?article=where_has_all_the_water_gone (accessed December 12, 2008).

261 설사로 죽은 아이들 수가 더 많다: Michael Specter, "The Last Drop: Confronting the Possibility of a Global Catastrophe," *The New Yorker*, October 23, 2006.

261 여기 이 뉴욕의 하수도는 비가 오면: Mike Plumb, "Sustainable Raindrops: Cleaning the New York Harbor by Greening the Urban Landscape," Riverkeeper, 2006; www.riverkeeper.org/special/Sustainable_Raindrops_FINAL_2008-01-08.pdf (accessed December 12, 2008).

261 하수구에서 넘친 3조 2176억 리터의 물이 강으로 흘러들어간다: Rebecca Sutton, "Down the Drain: Sources of Hormone-Disrupting Chemicals in San Francisco Bay," Environmental Working Group, July 11, 2007; www.ewg.org.book/export/html/20919 (accessed December 12, 2008).

262 지렁이에서도 페놀 (…) 토날리드가 검출되었다: Chad A. Kinney et al., "Bioaccumulation of Pharmaceuticals and Other Anthropogenic Waste Indicators in Earthworms from Agricultural Soil Amended with Biosolid or Swine Manure," Environmental Science and Technology 42, no. 6 (2008); pubs.acs.org/doi/abs/10.1021/es702304c (accessed December 12, 2008).

262 내분비계 교란물질로 오염되어 있다: Environmental Working Group, "A Survey of Bisphenol A in U.S. Canned Foods," March 5, 2007; www.ewg.org/ reports/bisphenola (accessed December 12, 2008).

263 "대부분 원자력으로 가동되는 담수시설이……": Barlow, "Where Has All the Water Gone?"

270 가로수는 이산화탄소를 흡수할 뿐 아니라: Lynne M. Westphal, "Benefits of Trees in an Urban Setting," USDA Forest Service, North Central Research Station (Evanston, Ilinois); na.fs.fed.us/urban/treespayusback/vol2/default%20no%20links.htm (accessed December 12, 2008).

273 장거리 비행 한 번에 배출되는 이산화탄소: Clean Air Conservancy, "Air Travel CO2 Emissions"; www.cleanairconservancy.org/calculator_air_info.prp (accessed December 12, 2008).

에필로그: 화장지 없이 한 해를 지내고 나서

286 "우리는 일을 하고, ……": Annie Leonard, Story of Stuff, dir. Louis Fox, Tides Foundation and Funders Workgroup for Sustainable Production and Consumption, 2007.

293 "전등을 바꿀 수는 있다……": Thomas L. Friedman, "Save the Planet: Vote Smart," New York Times, October 21, 2007; www.nytimes.com/

2007/10/21/opinion/21friedman.html.
293 "사실 우리 집의 그 ×어먹을 전구를 바꾼다고······.": *Special Election Report: Secrets of the 2008 Campaign, Newsweek*, November 2008; www.newsweek.com/id/167581 (accessed December 12, 2008).

감사의 말

 우리가 서로 연결되어 있고 상호의존적이라는 사실을 일깨워주는 일이 있다면 바로 이와 같은 책을 집필하는 작업이다. 노 임팩트 프로젝트가 성공할 수 있도록 소중한 시간과 전문적인 지식을 나눠준 사람들이 너무나도 많았다.
 두말하면 잔소리겠지만, 그중 첫번째가 아내 미셸이다. 우리가 어떤 일을 벌이고 있는지 우리 둘 다 알지 못했다. 그런데도 미셸은 내내 응원을 아끼지 않았고 적극적으로 동참해주었다. 우리의 예쁜 딸로 태어나주었고, 프로젝트를 진행하는 동안은 물론이고 항상 사랑과 열린 마음과 적응력과 현실을 즐기는 것과 용서가 무엇인지 가르쳐주는 이자벨라에게도 고맙다는 말을 하고 싶다. 우리 집 애완견 프랭키의 이름도 한 번 부르고 넘어가야겠다. 이자벨라가 네 살이 된 지금까지 '우리 언니'라고 부르는, 그 한 가지 이유 때문에라도 말이다.
 원래 작가들은 대부분 감사의 말 끝부분에 가족을 언급한다. 하지만 이 책의 경우에는 미셸과 우리 가족의 응원이 그 어떤 작품보다 결정적이었다. 예를 들어 우리 부모님과 형제들은 찾아가서 만나지 못하는 우리 사정을 받아들여야 하는 상황에서도 그 어느 때보다 물심양면으로 응원을 아끼지 않았다. 키스 베번과 베스 베번, 주디 베번, 수전 올리버와 토드 올리버에게 사랑을. 미셸의 부모님인 에디 콘린과 조앤 콘린, 미셸의 형제자매들에게도 사랑을.

지적이고 날카로운 NoImpactMan.com의 블로그 독자들로 이루어진 커뮤니티의 도움도 많이 받았다. 고맙습니다!

얼마 전 이 책의 집필작업이 거의 막바지에 이르렀을 때 뉴욕대학교를 졸업한 케이트 크로프트가 느닷없이 내 앞에 나타나 어떤 식으로든 돕고 싶다고 했다. 내 일을 도우려고 등장한 천사였다. 케이트는 이 책의 부록과 주석을 편집하고 틀을 잡는 데 헌신적인 노력을 아끼지 않았다. 그녀는 주도면밀하고 체계적인 것이 무엇인지를 보여주는 상징이다.

지난 수십 년 동안 환경에 미치는 영향을 줄이면서 더욱 행복하게 살 수 있는 방법을 연구한 사람들은 셀 수 없이 많다. 고맙게도 그들 대부분이 나에게 시간을 내어 충고와 지원을 해주었다. 그중에서도 특히 빌 매키벤, 줄리엣 쇼어, 애니 레너드, 베시 테일러, 마이클 셸런버거, 리사 와이즈, 머조라 카터에게 감사의 마음을 전하고 싶다. 이제는 미국기업연구소 연구원이 된 아서 브룩스에게도 지적인 대화와 웃음과 격려에 대해, 가장 중요하게는 우리나라에 꼭 필요한 '초당파적인' 대화가 가능할 뿐 아니라 유익하고 의미 있음을 일깨워주어 고맙다는 말을 하고 싶다.

친구이자 내가 '나의 랍비'라고 부르는 (작은따옴표를 쓴 것은 내가 유대인이 아니기 때문이다) 스티븐 그린버그는 노 임팩트 프로젝트와 관련해서 철학적이고 종교적인 깨달음을 이루 헤아릴 수 없을 만큼 많이 가르쳐주었다. 그뿐 아니라 관음선종의 리처드 슈로브, 켄 케셀, 스티븐 코헨, 바비 로즈, 제인 도비스 사부님들에게도 사랑과 감사를 전한다. 엘리자베스 디살보도에게도.

뉴욕의 사회운동단체들 중에서도 '대안적인 대중교통'의 폴 스틸리화이트, '저스트 푸드'의 재키 버거, '로어 이스트 사이드 환경센터'의 크리스틴 다츠-로메로, '리버 트러스트'의 JT 보엠, '뉴스쿨'의 필 실바, (예전에는 친환경적인 브롱크스 소속이었다), '평화와 정의를 위한 청소년 사역단'의 알렉시 토러스-플레밍, '솔라 원'의 크리스 니들 그리고 뉴욕대학교의 제레미 프리드먼과 애덤 브록에게도 감사의 마음을 전하고 싶다. 그리고 내 친구 케이트 지다에게도 마찬가지이다.

로라 개벗, 저스틴 샤인, 에덴 웜펠드는 근사한 다큐멘터리로 이 책을 완성시켰다. 그들은 함께하는 여행자 겸 절친한 친구가 되었다. 이런 그들에게 무한한 애정을. 그리고 영화 제작을 후원하고 전체 프로젝트를 위해 수고를 아끼지 않은 임팩트 파트너스와 플레질링 펀드에도 마찬가지이다. 댄 코건, 다이애나 배럿 그리고 에밀리 베럴린. 우리, 또 사람들을 바꿔보자고요!

에릭 사이머노프는 에이전트로 보나 친구로 보나 한마디로 최고이다. 스테파니 코번, 스테파니 리버먼, 도로시 빈센트, 이디 클렘, 잰클로 & 네스빗에 근무하는 에릭의 동료들도 마찬가지로 최고이다. 유나이티드 탤런트 에이전시의 하위 샌더스와 소라 리컨도 참 고맙다. 그리고 개인적으로 응원을 보내준, 오랜 세월을 함께한 내 가장 친한 친구 태너 프리먼과 미셸의 좋은 친구들 모두에게도 감사의 뜻을 전하고 싶다. 헬가 그런버그, 힐다 애런슨, 고마워요.

그리고 내가 가장 마음 깊이 고마워해야 할 사람들은 이 책을 편집하고 출간하느라 애를 쓴 분들이 아닐까 싶다.

날카롭고 유익한 충고를 아끼지 않은 작가 조애나 허숀과 캐서린 로이드 리치. 내 글을 읽을 수 있을 만한 수준으로 근사하게 다듬어준 FSG의 편집자 드니즈 오스월드와 폴 엘리. 처음부터 이 프로젝트를 지원했고, 이 책이 독자를 만날 수 있게 해준 제프 세로이와 새리타 바머. 근사한 책 표지를 만들어준 샬럿 스트릭, 본문 디자인을 맡은 조너선 리핀코트. 빠른 손과 현명한 제안의 완벽한 조화를 자랑했던 교열자 에드 코헨. 제작을 담당한 와밍 창. 그리고 모든 부품의 기름칠을 맡은 제시카 페리와 조지아 쿨.

모두 고마워요!

찾아보기

ㄱ

간디 119
갈락솔리드 262
공장형 농장 168
관음선원 106
광우병 183
교토의정서 22
국내총생산(GDP) 193
굿가이드닷컴 306
『그것을 사지 않기』 202
『그리스도와 복음 사전』 203
『그리스트』 315
그린워싱 43
『그린칼라 이코노미』 309
그린 포 올 309
그린피스 319
긍정심리학자 45

ㄴ

나손 98
『나 홀로 볼링』 130
남천선사 30
내셔널 퍼블릭 라디오 90
노동통계국 129
노 임팩트 프로젝트 35

농산물협동조합 169
뉴 드림의 책임감 있는 소비 네트워크 308
『뉴스위크』 293
『뉴욕타임스』 35

ㄷ

다이옥신 73
단지 속의 단지 242
대선사님 158
대안교통 살리기 시민모임 111
대안적인 대중교통 271, 312
더스트볼 93
『도덕경』 44
동물보호단체 183

ㄹ

레이산알바트로스 82
레이첼 카슨 170
레이첼 케슬 207
로니브룩 팜 90
로니 오소프스키 182
로렌 탤벗 174
로리 테일러 147
로버트 퍼트넘 130

로어 이스트 사이드 환경센터 271, 311
로저 에커처 227
로카보어스 163
로컬 푸드 162
루돌프 슈타이너 212
루이스 브랜다이스 188
리버 트러스트 270
리버 프로젝트 311
리사이클 어 바이시클 110

ㅁ

마이클 폴란 172
마크 보네거트 289
맨해튼 아일랜드 트러스트 270
메노미니 족 47
모드 발로 263
〈물건 이야기〉 103
미국 농무부 161
미국을 아름답게 96
미국자동차협회 128
미처리 하수 261
미하엘 브라운가르트 47

ㅂ

「바가바드 기타」 98
바이오솔리드 262
바이오연료 137
반 존스 309
배터리 산 73
버락 오바마 293
벤조페논 262

병원성 대장균 168
복음주의 환경 네트워크 309
〈브라이언 레러 쇼〉 223
브래드퍼드 스넬 133
브레이크스루 인스티튜트 307
『블루 골드』 263
비스페놀 A 82
빌 맥키벤 167

ㅅ

사라 리 162
『사라진 내일: 쓰레기는 어디로 갔을까』 74
사우스홀드 프로젝트 311
『사이언스』 172
사해 168
산성비 28
살모넬라균 168
살충제 169
삼륜자전거 254
삼림청 75
샌드 섬 82
생산자책임확대제도 97
생태발자국 지수 131
석가모니 203, 287
선순환 114
성장호르몬 161
성향(바비로즈)선사 106
센터 포 뉴 아메리칸 드림 305, 308
솔라 원 243
수산업 172
수질오염 168

스리 스와미 사치다난다 85
스콧 사이먼 90
스테픈 슈나이져 212
스티븐 그린버그 68
시에라 클럽 전국 제로 쓰레기 위원회 319
시장실패 235
식량농업기구 172
신경제재단 131
『심오한 경제』 167
쓰레기 더미 81
쓰레기벌레 96

『월드 체인징』 242
월드워치연구소 80
윌리엄 맥도너 47
유니세프 252
유독성 화학물질 28
유엔기후변화협약 22
유엔환경계획 81
의식 있는 과학자 협회 316
이산화탄소 24
『이코노미스트』 166
인산트리부틸 262
「인생선(人生線)」 159
인티그럴 요가 39

ㅇ

아메리칸 캔 컴퍼니 96
알렉스 스테픈 242
알렉시 토러스-플레밍 272
애니 레너드 103
앨리사 스미스 163
에릭 로스틴 233
에티큐리언 163
엑손 27
엘라 베이커 인권센터 308
연방간선도로국 128
열대우림 75
예수 159
오계(五戒) 70
오언스-일리노이 글래스 컴퍼니 96
온실가스 22
완전벌채 47
외부효과 235
『요람에서 요람으로』 47

ㅈ

『잡식동물의 딜레마』 172
장수거북 81
재생에너지 228
저고도 오존 113
저스트 푸드 165
전세계 소각 반대 연합 319
제너럴모터스 133
제임스 매케넌 163
제임스 핸슨 114
제임스 헤이스팅스 203
제철음식 166
제초제 169
조지 블리스 255
조지프 롬 315
주디스 레빈 202
주저앉는 소 183

주터 스쿠터 135
줄리엣 쇼어 204
지구 온난화 21
지구행복지수 131
지속 가능한 사우스 브롱크스 270
지질조사국 262

ㅊ

참기저귀협회 51
천연자원보호위원회 316
축산업 172
「축산업의 긴 그림자」 172
『침묵의 봄』 170

ㅋ

캐러 프레이버 165
커트 보네거트 127
케이트 지다 271
콤팩트 207
쾌락의 쳇바퀴 45
크리스틴 다츠-로메로 271
킥보드 135
킴벌리-클라크 74

ㅌ

『탄소 시대』 233
탈무드 69
테크노라티 196
텍사스교통문제연구소 129
토날리드 262
〈토크 오브 네이션〉 90

톰 프리드먼 293
트리메소프림 262
티핑 포인트 113

ㅍ

페놀 262
페마 초드론 218
평화와 정의를 위한 청소년 사역단 271
폴 스틸리 화이트 271
폴라 루카즈 165
푸드 앤드 워터 워치 308
『풍요로움: 환경위기 시대의 경제학』 204
프로작 126
프리사이클 215
프리우스 106
『플렌티(Plenty)』 180
필립 모립스 162
필 실바 270

ㅎ

하인즈 162
할로겐화탄소 113
항생제 161
해양관리협회 173
핵에너지 241
행복햇수 131
헌터 S. 톰슨 288
헤더 로저스 74
헤이즌 309
혐기성(嫌氣性) 소화기 240
호손 밸리 212

화석연료 24
환경보호기금 130, 316
환경보호협회 62
환경실무그룹 262

기타

BBC 297
GAIA 319
KAB 96
PETA 20
SWIM 271
WNYC 223
『100마일 식생활』 180
160킬로미터 식생활 프로젝트 163
1스카이 274
1sky.org 307
2차 수면 226
350.org 307

옮긴이 이은선
연세대학교 중어중문학과와 같은 학교 국제학대학원 동아시아학과를 졸업했다.
출판사 편집자, 저작권 담당자를 거쳐 번역가로 활동 중이다.
옮긴 책으로는 『딸에게 보내는 편지』 『누들메이커』 『기적』 『굿독』 『몬스터』
『그대로 두기』 등이 있다.

노 임팩트 맨

1판 1쇄	2010년 5월 10일
1판 13쇄	2024년 8월 1일

지은이	콜린 베번
옮긴이	이은선
펴낸이	김정순
책임편집	김경태
디자인	김리영
마케팅	이보민 양혜림 손아영

펴낸곳	(주)북하우스 퍼블리셔스
출판등록	1997년 9월 23일 제406-2003-055호
주소	04043 서울시 마포구 양화로 12길 16-9(서교동 북앤빌딩)
전자우편	editor@bookhouse.co.kr
홈페이지	www.bookhouse.co.kr
전화번호	02-3144-3123
팩스	02-3144-3121

ISBN 978-89-5605-453-7 03810

노 임팩트 맨이 되기 위한 7단계 프로젝트

1. 쓰레기를 만들지 않기
일회용품은 절대금지이므로, 천기저귀 접기의 달인이 된다. "종이봉지를 드릴까요, 비닐봉지를 드릴까요?" 하고 묻는 점원 앞에 당당하게 빈 유리병을 내놓을 줄 안다.

2. 교통수단을 이용하지 않기
비행기와 자동차는 물론 엘리베이터도 타지 않는다. 자전거와 삼륜차, 킥보드를 타고, 가까운 거리는 두 다리로 부지런히 걷는다. 그래도 못 가는 곳(처갓집)은 가지 않는다.

3. 우리 고장에서 난 로컬 푸드를 먹기
반경 400킬로미터 안에서 생산된 제철음식을 먹는다. 채식을 하므로, 어린 딸이 고기가 먹고 싶다고 조르면, 정말로 '동물'이 먹고 싶은 거냐고 되묻는다.

4. 쓸데없이 소비하지 않기
새것을 사지 않고, 빌려쓰거나 중고를 구입한다. 무엇보다 쇼핑만 하면 모든 게 괜찮아질 거라고 하루에 3천 번씩 속삭이는 텔레비전부터 치운다.

5. 집에서 사용하는 에너지 줄이기
우선 그냥 전기 차단기를 내려버린다. 그리고 나서 대안을 강구하다가, 속 편하게 밝을 때만 일하고 어두울 때는 나가 놀거나 잠을 자기로 결론을 내린다.

6. 물을 아끼고 오염시키지 않기
물을 받아서 한 명씩 돌아가며 밀랍비누로 씻는다. 겨드랑이 냄새를 없애는 데 베이킹소다만 한 게 없다고 굳게 믿으며, 옷은 발효되기 직전까지 빨지 않고 입는다.

7. 사회에 환원하기
강가에서 쓰레기 줍는 것부터 시작해, 나중에는 환경단체에서 자원활동까지 한다. 그러다 보면 어느 날 국회의원을 찾아가 기후변화에 대해 설득하는 경지의 자신을 발견한다.

"이 세상이 그렇게 하면서까지 구원받아 마땅한 곳이길……"